제3의 임상미술치료개론

개정판

개정판

제3의 임상미술치료개론

김영민 지음

이담
Books

『제3의 임상미술치료개론』 개정판을 내며

　미술로 치료한다. 임상미술치료는 치료적 개념이 강하다. 미술이란 장르가 어떻게 치료할 수 있는가에 대해 많은 사람들이 의문을 갖는다. 그도 그럴 것이 임상미술치료는 시간이 뒷받침 되어야 하기에 그렇다. 치료약은 몸에 즉각적인 반응을 보이나 임상미술치료는 약물과 달리 시각, 촉각과 같이 연결된 뇌 회로에 작용하여 그 결과의 측정치에 근접한 결과를 얻기에는 시간이 걸린다는 것이다.

　많은 사람들이 임상에서 미술치료라는 학문을 재활치료의 일환으로 본다. 물론 그 견해는 나 또한 동감하며 미술이 가지는 효용성을 무시할 수는 없다. 하지만 많은 시간 임상미술치료를 하면서 미술이 가지는 매력과 치료라는 유용한 가치성을 함께 경험하는 사람들이 많다.

　미술이란 어떤 매체일까?

　미술이란 감각의 총체이며 오감의 총체이다. 미술이란 재료의 특성과 그리고 활동하면서 느끼는 신체적 활력, 시각이 주는 뇌의 활성 이 모든 것이 과학적으로는 아직 접근하기는 어렵다고나 하나 분명한 것은 정신적·신체적 치료의 효능이라 할 수 있다.

　인간에게 가장 중요한 것은 무엇일까?

　인간은 무엇으로 사는가?

인간의 뇌는 어디에 반응하는가?

등을 생각할 때 인간이 가장 즉각적으로 보이는 것은 보상이다.

그림은 이러한 활동에 가장 근접해 있는 학문이며 뇌에 보상을 주는 학문이다.

성취감은 가장 짧은 시간에 뇌 회로에 성취를 이루는 보상물이며 이는 즉 그림이라는 장르인 것이다.

감각을 다루고 인성을 다루고 시간을 다루며 시각화로 뇌 회로에 영향을 준다.

그러므로 임상에서 미술치료는 다양한 매체로써 각각의 매체적 특성을 이용한 시각언어이며 이는 말과 같아서 심리적 평가도구로 현재 상황, 미래적 암시적인 내용까지도 유추할 수 있도록 도와준다.

이에 이 책이 임상미술치료 개론서로서, 그리고 2007년 저술 후 새롭게 개정한 미술치료 개론서로서 임상미술치료란 학문이 어떤 것인지를 일러 주는 지도서로 학습자에게 도움을 주리라 생각한다.

새롭게 단장하여 개정판을 출간할 수 있게 해 준 한국학술정보(주)에 감사드리며 2010년 4월의 끝자락에 꽃들이 만발한 가운데 고마운 마음을 드린다.

김영민

 목차 CONTENTS

007 ' PART 01 임상미술치료의 이해

029 ' PART 02 임상미술치료의 심리학적 이해

083 ' PART 03 임상미술치료의 재활

111 ' PART 04 제3의 치료 임상미술치료

305 ' 참고자료

PART 01
임상미술치료의 이해

Part 01

임상미술치료의 이해

1. 임상미술치료적 정의

　임상미술치료는 인지적 수행능력을 획득하기 위하여 심리적 정서 활동과 치료 중재를 사용한다. 인지적 수행능력을 획득한다는 것은 신체 손상이나 신체적 질환, 기능장애, 인지손상, 정신사회장애, 정신질환 등으로 불리한 환경적 상황, 발달장애, 학습장애를 가진 이들의 최대한 가능한 수준의 독립성을 이루도록 임상미술치료 활동으로 치료, 재활하는 것이다.

2. 임상미술치료대상자 정의(트리트먼터: treatmenter)

　일반적으로 기존 임상미술치료의 대상자를 환자, 내담자, 미술치료대상자로 분류하여 왔었다. 하지만 임상미술치료에 있어서 임상미술치료대상자는 트리트먼터이다. 트리트먼트(treatment)에 사람을 지칭하는 −er이 합성됨으로써 트리트먼터

(treatmenter)로 불러야 마땅할 것이다. 트리트먼트의 사전적 의미는 다음과 같다.

1. (사물의) 취급 (방법)
2. 대우, 대접
3. (의사의) 치료(법): 치료제[약]
4. 표현법, 다루는 방법: (문제 등의) 논술법
5. 처리과정

이때 임상미술치료는 취급방법에 있어서 첫째, 트리트먼터(treatmenter)에게 미술이라는 임상미술활동을 통하여 환자의 마음의 상처를 어루만져 주고 사회적 기능을 회복시켜 사회로 다시 환원하는 기능과 교육을 통하여 자아를 성찰하는 기능을 임상미술치료는 가지기 때문이다. 둘째는 대우와 대접의 문제로 트리트먼터(treatmenter)의 심리적 문제를 다루며 트리트먼터(treatmenter)의 심리적 이완과 심리적 안정감을 찾아 그들의 일상생활을 도와주는 역할을 하기 때문이다. 셋째는 치료법과 치료제로서 임상미술치료는 미술활동을 이용하는 치료적, 기술적, 교육적 효과라고 할 수 있다. 넷째는 표현방법을 다루는 방법과 문제 등의 논술법으로 임상미술치료는 트리트먼트(treatmenter)의 심리적 문제를 임상미술치료가 가지는 심리적 대화법, 면접법, 상담법, 심리검사 등 다양한 치료적 방법을 이용한다는 것이다. 트리트먼트의 본래적 의미는 대상에게 영양분을 주어 기능을 회복한다는 의미이다. 그러므로 임상미술치료에서는 미술치료대상자 트리트먼터(treatmenter)의 심리적 문제를 다루어 그들의 기능을 향상시키고 그들의 자아를 발견하여 그들의 문제를 해결할 수 있도록 도움으로써 트리트먼터(treatmenter) 사회활동의 기능회복과 함께 정신보건영역에서의 임상미술치료 사업 활동을 의미하는 것으로서 정신적, 정서적, 심신장애로 어려움을 받고 있는 사람들의 치료 및 재활은 물론 정신질환 문제의 발생 시 조기 개입하여 도와주고 예방활동을 통하여 국민 정신건강을 증진시키려는 임상미술치료사들의 전문적 활동을 의미한다(김영민, 2007).

3. 임상미술치료의 역사적 고찰

미술이 지니는 치료적 힘은 많은 문화발생의 기원으로부터 오늘에 이르기까지 오래 전부터 널리 알려지고 있다. 이는 그림을 그리는 행위가 단지 의식의 상을 그리지만 육체적, 정신적 에너지를 사용함으로써 인간에게 긍정감을 높여 주기 때문이다.

임상차원의 미술치료적 접근은 그리 오래되지 않는다. 그 이면에는 미술이라는 활동이 예술 활동으로 국한되어 왔으며 창작적, 창조적 행위로 미술의 일반 기능성을 위주로 발전하였기 때문이다. 하지만 현재 임상에서의 미술활동은 미술이 가지는 원초적인 초자연적 속성을 가지며 원리 탐구적이며 심리적인 갈등을 표현하고 그것을 해결하기 위한 단계로 발전하고 있다. 그 이면에는 미술이란 것이 마음의 형상 지도를 만드는 과정이기에 그러하다. 특히 임상에서 미술치료적 접근은 재활치료와 같은 효과를 갖는다. 미술의 힘이 과거에는 기능 기술의 영역에서 힘이었다면 오늘날의 미술은 문화적 전초 기지적 생산성의 효율증대와 마음을 다루는 영역에서는 미술의 의식흐름의 해결로써 그 역할을 하고 있기 때문이다. 이는 과거의 오랜 역사성 속에서 미술이 단지

기능, 기술만을 추구한 것이 아니기 때문이다. 기능과 기술은 미술에 접목되면서 사람의 마음을 움직이는 역할을 그 사회 일선에서 담당해 왔기 때문이다. 이는 미술이 가지는 무한의 가능성이 일반인의 마음에 작용하고 활용되기 때문이다. 이러한 미술적 기원으로 인해 미술은 심리적 이완, 긴장완화, 스트레스의 감소 효과라는 효능적 측면을 가진다. 그것이 직접적인 활동이 될 때에는 육체와 심리를 건강하게 만드는 역할을 한다는 것이다. 그러면 미술치료의 기원은 어떻게 보아야 할 것인가?

미술치료의 기원은 그 나라의 풍습과 종교 기원의 의미와 달리하고 있다. 그리고 미술의 치료적 도입기는 대략 19세기 초반, 독일의 정신병원 의사들이 미술활동을 통하여 작업치료라는 치료적 관점과 여가활동의 관점으로 환자치료에 미치는 예술적, 정서적 효과로 받아들이면서부터 시작되었다고 할 수 있다(Domma, 1990). 그러나 이 시기에는 미술치료라는 개념은 아직 사용되지 않았으며 미술에 대한 막연한 인식만 있을 뿐 그것이 왜 효과적으로 치료가 되는지에 대한 의식의 논의성이 부족하였다. 그 후 미술치료의 필요성을 일반적으로 인식하게 된 것은 19세기 후반 산업화의 발전으로 노동과 생산형태가 변하면서, 인간 개인의 생활양상뿐만 아니라 그로 인한 인간성까지 변질되어 가는 사회적 현상에 근거하게 된다(Putz, 1982; Bloch, 1982; Richter, 1984 etc).

이 시기 산업화에 따라 기계문명이 급속하게 발전하며 인간의 합리적 사고와 분석적 능력을 높이 평가하는 경향이 많아졌다. 이러한 시대적 현상에 따라 인간은 급변하는 환경에 적응하는 데 어려움을 겪을 뿐만 아니라, 사회에서 개인의 존재는 점차 수단화되고 소외되어 가는 상황에 직면하게 되었다. 이러한 과학기술의 발달은 인간의 정신병리적 현상도 증가시켰다. 이와 관련하여 유럽에서는 19세기 후반부터 프랑스와 이탈리아 등의 정신과 의사 및 법의학자인 따르디유(Tardieu, 1872), 시몽(simon,

1876), 롬브로조(Lombroso, 1890)는 정신병자들의 그림에 대한 글을 기고하기 시작하였다. 독일의 정신과 의사였던 프린츠호온은 1919년에서 1921년까지 정신병원의 환자들이 그린 5,000여 장의 그림, 소묘, 콜라주, 조소 등을 수집하여, 1922년 [정신병자들의 그림](Die Bildnerei der Geisteskranken)이라는 책으로 출판하였다(Karaus, 1996). 그는 여기에서 조형예술과 심리학과 정신병리학에 대한 논의를 통하여, 미술활동이 환자들의 심리에 접근하는 데 중요한 의미를 지니고 있다는 것을 제시하였다.

미술활동을 정신병리적 관점에서 소개한 이러한 시도는 그 시대의 화가들, 예를 들어 클레, 에른스트, 뒤 뷔페, 브르통 등에게 큰 영향을 끼쳤다. 또한 그 시기에 심리학과 문학과 미술 분야에서는 인간의 무의식에 관심이 높아지면서, 예술적 표현을 통하여 인간의 내적 세계를 이해하고 분석하려는 시도가 활발해졌다(Richter, 1984; Rubin, 1999).

이러한 점에서 프린츠호온은 독일에서 미술치료의 시작과 발전에 중요한 역할을 한 인물이라고 할 수 있다. 의사들뿐만 아니라 정신분석가인 로샤나 안나 프로이트도 환자들의 그림에 대한 연구를 하였다. 그는 그림이나 놀이를 활용하여 치료 방면에 사용하였다. 융도 그의 분석심리학에서 시각표현의 상징적 해석을 통해 환자들의 그림을 분석하고 치료에 적용하였으며 이를 미술정신치료라 하였다. 미국에서는 1907년 이래로 정신과 병동에서 환자들이 미술가의 지도 아래 미술활동을 시도한 것을 미술치료의 출발로 보고 있다(Rubin, 1999). 그러나 미술을 심리치료적 관점과 연계하여 인식하게 된 것은 1940년대 초반이다. 이 시기에 미국에는 유럽의 정신과 의사들에 의해서 미술표현에 대한 정신병리학적 작업이 활발하게 소개되었다.

대표적으로는 정신분석이론에 근거한 나움버그(Naumburg)와 크레이머(Kramer)

에 의해서 미술치료가 새로운 영역으로 자리매김하여 발전하게 된다. 나움버그는 환자들의 심리치료에서 주로 하는 언어적 형태를 발전시킨 미술표현, 즉 무의식에서 표현된 상징적 내용과 그림과정, 그림과의 대화를 중요시하였다. 그는 정신분석이론을 바탕으로 환자로 하여금 자발적으로 그림을 그리게 하고 그 그림에 대한 자유연상을 하도록 하였다. 그에 비해 제2차 세계대전으로 체코에서 미국으로 이민 온 화가이며 교육자인 미술치료에서 미술의 입장과 미술교육적 관점을 중시하였다. 그는 미술치료에 정신분석 입장을 적용하여 창조과정 자체의 통합적, 치유적인 측면을 강조하였다. 또한 크레이머는 프로이트의 승화이론에 입각하여 미술을 방어기재를 분출하여 승화를 이끄는 지름길로 여겼다. 울만은(Ulman, 1975) 통합적 치료입장을 발표하였는데 "(치료+창조)의 미술과정은 가장 광범위한 인간능력의 범위를 필요로 하며 일반적인 성숙의 과정에서 충동과 통제, 공격과 사랑, 환상과 실제, 무의식과 의식 사이의 필연적으로 갈등하는 요소가 있다."라고 하였다. 그 밖에도 미국에서는 미술가이며 심리학자인 레비, 미술치료를 대학과정에 도입한 레빅과 로빈슨, 랜드가르텐, 와데슨 등이 50년대와 60년대를 거쳐서 오늘날까지 미술치료의 발전에 기여하고 있다.

이에 비해 독일은 제2차 세계대전 중에 히틀러에 의한 예술의 탄압과 50년대에 향정신약이 정신과 치료에 주도적 역할을 하면서, 미술치료는 오히려 주춤하거나 주의를 끌지 못하는 상황을 맞게 되었다. 그러나 60년대에 들어오면서 미술치료에 대한 재고가 새롭게 이루어져 학문으로서 정착하는 과정을 거치게 되었다. 대표적으로 인지심리학의 창시자인 슈나이더의 사상에 영향을 받은 퓌츠는 1964년 예술을 치료적 도구로 사용하여 인간의 교육에 기여한다는, 즉 예술의 새로운 기능으로서 '미술치료(Kunsttherapie)'라는 개념을 처음으로 사용하였다(Dunkel & Rech, 1991). 독일에서는 미술치료적 개념은 미술교육적 개념에서 유래되었다고 할 수 있다. 그 이후로 페촐트, 프란츠케, 슈뢰더 등에 의해서 미술치료가 다양한 개념으로 쓰이면서 발전되기 시작하였다. 1970년대에는 미술치료가 정신분석적 측면, 마약중독 청소년, 노인과 성인교육 등에 적용되었다. 1976년에 쇼텐로어는 뮌헨의 미술아카데미에 미술치료 강좌를 개최하였으며, 지금도 미술치료에 지도적 입장에 있다. 1979년에는 나브라틸이 '정신분열증과 미술'이라는 연구를 통해서 정신병원의 환자에게 미술-심리치료를 개인치료로 적용하였다.

독일은 1980년대 이래로 미술치료사가 직업으로 인정받게 되었다. 그 이후로 독일은 미술치료가 게슈탈트 치료적 관점, 인지학적 관점, 인본주의적 관점, 정신분석적 관점을 지닌 학자들에 의해 다양하게 독자적 노선을 걷고 있다.

영국의 미술치료 발전에 기여한 대표적 인물은 미술가 힐(Hill)이다. 그는 제2차 세계대전 중에 군 요양소에서 환자로 있으면서 무료함과 스트레스를 극복하기 위하여 그림을 그리기 시작하였다. 그에 영향을 받은 다른 환자들도 조형예술을 매개로 하여, 자신들의 병에 대한 고통과 불안과 죽음을 표현하기 시작하였다. 힐은 창의적 활동의 치유적 힘을 직접 체험함으로써 미술의 치료적 역할을 사회에 알리는 데 열정적으로 헌신하였다. 이러한 노력으로 인하여 그는 1946년 영국의 국립정신과 병원에서 최초로 정식 미술치료사로 인정받게 되었으며 그 이후로 미술치료사들의 배출이 이루어졌다.

그러나 영국은 미술치료사들을 위한 특별한 교육제도가 없었기 때문에 1960년까지는 미술교육에서 치료적 모델을 찾았으며, 1970년대에 들어와서 미술치료와 미술교육이 분리되었다. 그럼에도 불구하고 영국의 보건복지부에서는 1980년까지 공식적으로 미술치료를 작업치료에 포함시켰다가 1997년에야 미술치료를 독립된 직업으로 인정하였다.

우리나라에서도 오래전부터 정신병원에서 미술을 환자치료에 적용하였지만, 미술치료가 본격적으로 소개된 것은 1990년대이다. 이 당시 미술치료에 대한 많은 관심은 미술치료를 연구와 임상에 적용하는 고무적 현상을 보인다.

그러나 다른 한편으로는 미술치료의 치료적 효과에 대한 의문이나 회의가 제기되기도 하였다. 그 이유로는 이제까지 우리나라의 미술치료는 대부분 소정의 미술치료교육을 받은 자원봉사자들로 이루어져 있었고 미술치료에 대한 학문적 접근의 미비점과 관계기관의 미술치료에 대한 정보부족, 아직 체계가 잡히지 않은 미술치료사 양성 등의 문제점을 내포하고 있어, 체계적 연구가 시급한 상황이었다.

그러나 미술치료를 위한 학문적 연구뿐만 아니라, 실제 임상을 위한 진단계획, 진단과정, 평가, 대화의 기술 등에 대해 감독을 받은 기회가 적은 상황에서도 미술치료가 활발하게 이루어지고 있는 현상은, 그만큼 미술치료의 필요성과 효과를 입증하고 있다는 확인으로 볼 수가 있다. 또한 현재 대학원에 미술치료학과가 개설됨으로써, 미술치료의 학문적, 임상적 연구가 구체적이고 심층적으로 이루어질 것으로 기대한다.

이러한 미술치료의 역사는 현대화에 따른 인간의 심리현상의 복잡성과 기계문명이 중시되는 사회현상에 대한 비판과 함께 인간에 대한 철학적, 심리적, 교육적 고찰의 변화로 예술의 영역과 역할의 확장 그리고 이에 대한 탐구로 새로운 국면을 맞이하게 되면서 이루어지게 되었다고 할 수 있다.

미술 분야에서는 미술이 '인간을 위한 예술'로서 치유적 역할을 할 수 있다는 관점을 갖게 되면서 철학적인 담론과 더불어 심리학과 의학적인 접근으로, 임상미술치료라는 독립된 영역이 만들어지게 된 것이다.

이러한 시도로 시작된 미술치료는 오늘날 병원뿐만 아니라, 재활, 상담, 특수교육, 노인시설, 사회교육 및 자기 성장 프로그램 등에서도 널리 적용되고 발전되고 있다.

이는 미술치료는 인간의 병에만 초점을 두는 것이 아니라, 잠재력, 성장 가능성 개발, 자기경험과 자기 본성을 회복과 의식의 재활로, 인간의 건강한 힘을 재발견하며 병을 예방하고 치료하는 차원에서 재활적이며 건강을 유지 향상시키는 치료적 의의를 찾을 수 있기 때문이다. 이는 세계보건기구가 정의한 건강에 대한 관점과도 연관된다고 할 수 있다. 즉 세계보건기구는 "건강이란 신체적, 정신적 그리고 사회적 안녕을 이룬 상태이며, 병과 결함이 없다는 것만을 의미하는 것은 아니다."라는 입장을 취하고 있다.

이러한 견해는 건강은 병이 없는 것이 아니라, 건강한 상태를 유지할 수 있거나 건강을 촉진하는 관점에서 보아야 한다는 의식전환과 연결됨을 알 수 있다. 이러한 점에서 임상미술치료는 병을 약화하거나 치유하는 것뿐만 아니라, 인간이 육체적, 정신적, 사회적으로 건강하게 자신의 삶을 이끌어 나가도록 권장하는 재활적 모델이 된다고 할 수 있다.

미술치료는 사회현상이 만들어 내는 인간과 끊임없이 변화하는 사회적 구조와 환경과의 관계를 고려해야 하며, 육체와 정신과 영혼의 관계를 총체적 혹은 통합적으로 볼 수 있어야 한다. 이는 인간은 항상 발전하려는 욕구와 능력을 가지고 있다는 인간학적 관점을 의식할 필요가 있기 때문이다. 그러므로 임상미술치료는 치료적, 예방적, 재활적 의미에서 발전되어 나가야 한다.

4. 임상미술치료의 장점

임상에서 미술치료를 한다는 것은 많은 이점이 있다. 그 이유 중 하나는 치료에서의 근거자료를 남김으로써 이후 평가를 용이하게 한다는 점도 있지만 기본적으로 그림이 가지는 속성 중의 하나는 내담자와의 거리감 형성 자기본능과 방어를 완화함으로써 치료적 접근을 용이하게 한다는 것이다. 치료에서 가장 중요한 것은 내담자와의 라포형성이라 할 수 있는데 미술치료에서 임상적 접근은 그림으로 서로의 의사를 전달하는 방식으로 자신이 가지고 있는 내제의식을 표출하기에 가장 적합한 도구를 가지면서 근거자료를 만든다는 것이다. 임상에서 근거자료가 없는 치료의 형태는 무의미하다(김영민, 2006).

자료란 이처럼 임상에서 아주 중요한 역할을 한다. 자료에 의한 진단 개입 평가가 이루어지기에 임상적 근거를 남기는 것은 미술치료활동에서 기본이라 할 수 있다. 그럼 미술치료가 임상에서 사용될 때 임상의 매체적 장점은 무엇일까?

첫째, 미술은 심상의 표현이다.

우리는 심상(image)으로 생각한다고 볼 수 있다. 말이란 형태를 취하기 전에 심상으로 사고한다. 즉 어머니라는 말을 하기 전에 '어머니'의 심상을 떠올릴 것이다. 삶의 초기 경험이 중요한 심상의 요소가 되며, 그 심상의 성격형성에 중요한 역할을 하게 된다. 미술치료에서는 꿈이나 환상, 경험이 순수한 언어적 치료법에서처럼 말로 해석되기보다는 심상으로 그려진다. 예술매체는 종종 심상의 표출을 자극하는, 즉 일차적 과정의 매체를 자극하여 창조적 과정으로 나아가게 된다.

둘째, 미술은 방어가 감소된다.

심상과 밀접한 관련이 있는 것이 방어이다. 우리는 어떤 다른 의사소통 양식보다 언어화시키는 작업에 숙달되어 있다. 미술은 비언어적 수단이므로 통제를 적게 받는다. 예상치 않았던 작품이 그림이나 조소에서 제작될 수 있는데, 가끔 창작자의 의도와는 완전히 반대가 되기도 한다. 이러한 것은 미술치료의 가장 흥미 있는 잠재성 중의 하나이다. 예상치 않았던 인식은 가끔 환자의 통찰, 학습, 성장으로 유도되기도 한다.

셋째, 미술은 어떤 유형의 대상물을 즉시 얻을 수 있다.

미술치료의 또 다른 장점은 즉시에 구체적인 유형의 자료를 얻을 수 있다는 점이다. 즉 눈으로 볼 수 있고, 만져 볼 수 있는 자료가 환자로부터 생산되는 것이다. 임상미술치료는 바로 이러한 측면에 많은 의미를 가지는데, 예컨대 환자가 만든 어떤 유형의 대상화를 통해서 치료자와 환자 사이에 하나의 다리가 놓인다. 저항적인 환자들의 경우는 환자의 감정이나 사고 등이 그림이나 조소와 같은 하나의 사물로 구체화되기 때문에 언젠가는 자신도 모르게 자신이 만든 작품을 보고 각 개인의 실존을 깨닫게 된다. 어떤 환자는 단 한 번의 작품에서도 자신의 감정을 느끼기도 하지만 저항이 강한 사람은 더 오랜 시간이 걸린다.

넷째, 미술은 자료의 영속성이 있어 자신을 회상할 수 있다.

미술작품은 보관이 가능하기 때문에 환자가 만든 작품을 필요한 시기에 재검토하여 치료효과를 높일 수 있다. 때로는 새로운 통찰이 일어나기도 하며, 환자 자신도 이전에 만든 작품을 다시 보면서 당시 자신의 감정을 회상하기도 한다. 즉 그림이나 조소가 주관적인 기억의 왜곡을 방지할 수 있다는 것이다.

또한 환자의 작품 변화를 통해서 치료의 과정을 한눈으로 이해할 수 있으며, 치료팀의 회의에서도 작품을 통해 그 환자의 생생한 목소리를 들을 수 있다.

다섯째, 미술은 공간성을 지닌다.

언어는 일차원적인 의사소통 방식이다. 대체로 한 가지씩 나간다. 미술표현은 문법, 통사론, 논법 등의 언어규칙을 따를 필요가 없다. 즉 본질적으로 공간적인 것이며, 시간적인 요소도 없다. 미술에서는 공간 속에서의 연관성들이 발생한다. 이를테면 우리가 가족을 소개할 때도 먼저 아버지, 어머니를 소개하면서 두 분의 관계를 얘기하고, 그리고 형제들과 그들의 관계, 그리고 나서 이 모든 식구들과 나와의 관계를 말할 것이다. 그러나 분명한 것은 우리는 이 모든 것을 동시에 경험하고 있다. 미술의 공간성은 바로 경험을 복제한 것이다. 우리는 나의 가족을 말로 소개하고, 그림으로는 그것을 동시에 나타낼 수 있다. 가깝고 먼 것이나 결합과 분리, 유사점과 차이점, 감정, 특정한 속성, 가족의 생활환경 등을 표현하게 되므로 개인과 집단의 성격을 이해하기가 쉽다.

여섯째, 미술은 창조성과 신체적 에너지를 유발한다.

미술작업을 시작하기 전의 개인 신체적 에너지는 다소 떨어져 있지만 미술작업을 진행하고, 토론하며, 감상하고, 정리하는 시간에는 대체로 활기찬 모습을 띤다. 체내의 에너지 정도가 변화한다는 것을 느끼는 사람이 많다. 그것은 단순히 신체적인 운동이라기보다는 '창조적 에너지'의 발산이라고 해석된다. 연극이나 영화에서 역할을 맡은 배우처럼, 미술치료는 하나의 작업이라기보다는 놀이와 레크리에이션과 음악과 열정이 있는 창조적 에너지를 발산하는 것이라 할 수 있다(Wadeson, 1980).

이상에서 보았듯이 임상미술이 미술이라는 매체를 통하여 우리가 노래를 부를 때 이미 암기된 노래를 부르듯이 자연스럽지만 음악이 소리를 내기까지는 오랜 연습을 필요로 하나 그림은 연습이란 단계를 필요치 않기에 보다 편하고 자유롭게 자신의 얘기를 만들고 꺼내 놓을 수 있는 것이다.

5. 임상미술치료의 가치

치료라는 단어의 어원은 그리스어의 'therpia'에서 유래한다. 이 단어의 사전적 의미는 아픈 곳을 의학적인 수단을 이용하여 낫게 되는 것을 의미하는데 미술치료에 있어서 치료의 의미는 상이하게 다르다. 미술이라는 도구로 창작활동을 통한 치료적인 개입을 하는 것이다. 즉 창작활동에 의한 치료라는 의미를 부여하고 있는 것이다.

일반적으로 사람들은 미술은 아름답게, 보기 좋게, 잘 그려야 한다는 부담감을 갖고 대한다. 하지만 임상미술치료에서는 보기 좋은, 잘 그린 그림을 원하는 미술의 의미가 아니라 자신이 표현하고 싶은 것들을 표현하는 그 미술표현 행위에 그 의의가 있으며 어떤 목적성을 가지고 미술행위를 하는 것이 아니라 미술활동을 통해 각자 나름대로의 카타르시스를 느끼며 승화되는 과정이 진정한 미술치료의 의미라 하겠다. 임상미술치료에서는 미술이라는 매체를 통하여 심리적인 현상의 지도를 만들어 자신의 문제를 해결하도록 도와주는 것이다.

또한 임상미술치료는 미술이라는 시각매체를 통해 스스로 억제, 상실, 왜곡된 부분을 발견하고 미술의 상징성과 전체성을 통해 통합시킴으로써 자신의 문제와 인격을 인지하고 발전시켜 나가는 작업이라고 정의할 수 있다. 그러므로 미술은 일반인이나 언어표현이 익숙하지 못한 아이들이나 장애를 가진 사람들에게는 언어보다 자신의 내면을 표현하는 데 더욱 편안한 도구로서의 장점을 가지고 있으며 또한 미술 자체가 정화기능을 가지고 있어 손상되고 불안정한 감정을 완화시키는 데 도움을 줄 수 있다.

즉 그림을 그리는 행위는 모든 사람이 할 수 있는 행위이며 특히 미술이 친숙하고 편안한 표현 방법이기 때문에 자신의 감정과 생각 등을 솔직하게 표현할 수 있다는 장점이 있다. 또한 성장이 빠르게 진행되고 있는 아이들에게는 자아가 형성되는 과정으로 외부세계의 자극에 민감하게 반응하므로 미술을 통해 정서적인 안정과 자기를 인지하고 표현할 수 있는 능력을 기르는 작업이 될 수 있다. 그러므로 미술행위에 따른 임상미술은 미술을 참관하는 것만으로도 많은 도움을 얻는다. 그것은 그림이란 또 다른 측면으로 감상이라는 부분이라 할 수 있다. 그림에 의한 그림만을 위한 작업이 작품화되어 창작으로써 감상을 통할 때 그림을 보는 이는 많은 감정의 격랑을 겪기 때문이다. 그러면 감상을 위한 그림이 임상미술치료에서 필요한가라는 의문을 제시할 수 있다. 그 대답은 '그렇다'이다. 그 이유는 그림이란 자신이 그리는 행위를 하였다 할지라도 그림은 자신이 먼저 직관하기 때문이다. 그림을 그리는 활동 이후 자신의 그림을 통하여 자아를 인지하고 통합하는 과정을 거치기 때문이라 할 수 있다. 임상미술치료에서 치료적 가치는 상담자가 대상화되어 있는 그림을 통하여 자기를 관찰하는 내담자의 얘기를 들어 준다는 데 있다. 즉 미술이라는 매개를 통한 상담이지만 그림을 그린 이의 마음이 투영되어 있는 그림을 보며 상담함으로써 내담자의 본질적인 상담과 갈등을 쉽게 찾아 해결할 수 있도록 도와주고 내담자의 성향을 바르게 인도하고 내적 갈등을 감소시키는 역할을 임상미술치료는 하고 있기 때문이다. 그러기 위해서는 임상미술가는 미술이라는 매체로 교육을 하는 것이 아니라 내담자 자신이 자유로운 표현을 할 수 있도록 격려하여야만 한다.

1) 임상미술재료에 대한 이해

임상미술치료에 있어서 미술재료는 대단히 큰 역할을 한다. 내담자가 어떤 재료를 선택하고 선호하는가에 대한 문제는 임상미술치료를 하는 데 있어 중요한 단서가 되기 때문이다. 이는 대부분의 내담자가 미술적 경험이 부족한 데 있기도 하지만 손쉬운 표현매체는 임상에서 효과적으로 작용하기 때문이다. 이는 임상미술치료사가 구조화된 매체보다는 덜 구조화된 매체를, 그리고 복잡한 매체보다는 단순한 매체를 선호한다. 그 이유는 단순하고, 덜 구조화된 매체일수록 내담자의 심리적인 투사에 용이하며 내담자의 감각을 자극시키기 때문이다. 또한 복잡한 매체보다는 스스로 작품을 완성할 수 있는 가능성을 더 높게 해 주는 점과 그들이 작품 활동을 하면서 자신감과 성취감을 느낄 수 있게 해 주는 것이 임상미술치료사가 유도하는 바이다. 또한 재료에서 미술재료와 미술 외적 재료로 나눌 수 있는데 미술재료는 그들이 충분히 만족해할 수 있는 미술재료를 선택적으로 사용하여야 하며 효과적인 결과물을 얻어 낼 수 있는 재료여야만 한다.

또한 내담자의 완성된 작품은 정성스럽게 다루어져야 하는데 이는 임상미술치료사뿐만 아니라 내담자에게도 그렇게 인식되어야 하는 부분이며 작품뿐만 아니라 재료들까지도 잘 보관하는 것은 한정된 재료를 유용하게 쓰기 위함의 이유일 수도 있겠지만 다른 이유에서는 내담자로 하여금 재료의 가치를 전달해 주는 의미도 있다.

2) 임상미술치료의 치료활동 정의

임상미술치료는 자기 자신이 미술활동이라는 치료활동에 스스로 참가해야 하는 역동적인 치료방법이다. 이 말은 의사가 환자 대신 주사를 맞아 준다고 해서 환자의 병이 낫는 것은 아니라는 말과 같다. 미술치료는 내면의 작업이기 때문에 누군가가 대신해 줄 수 없으며 스스로 참여하고 활동을 해야만 치료가 될 수 있는 것이다.

임상미술치료는 대부분 두 가지 범주 속에 속한다. 첫 번째 범주는 미술의 창작과정 속에는 치유적인 능력이 근본적으로 내재되어 있다는 것이며 이런 관점에서는 작품을 제작하는 과정은 치료성을 내재하고 있다고 보는 것이다.

임상미술치료의 두 번째 정의는 미술은 상징성이 있다. 정신분석적 미술치료로서 내담자는 그림이라는 도구를 통해서 자신의 문제점을 표현하고 있고 그 그림에는 각기 특정한 의미를 상징하고 있다는 원라다.

임상미술치료의 세 번째 정의는 미술은 창조성이 있다. 가족교육 상담 미술치료로서 내담자는 그림이라는 도구를 통해서 개인과 가족의 문제점을 표현하고 있고 교육과 상담을 통하여 자녀의 잠재력과 인성을 기르는 역할과 함께 자녀의 창의력을 증진시킨다.

소위 이러한 접근법을 임상미술치료라고 하며 진단을 위한 도구로서 미술치료를 정의한다.

"임상미술치료는 미술치료활동의 내면의 표현이다." 이 말은 임상미술치료를 일반 미술이라는 영역과 구분할 수 있는 가장 좋은 정의이다. 임상미술치료를 하는 과정에 있어서 외부적인 면모만을 본다면 일반 미술활동과 다를 바가 없다고 생각할 수도 있지만 임상미술치료와 미술과는 그 목표가 다르고 목적이 다르다.

임상미술치료에서는 인격성장이라는 큰 목표가 있고 기술 습득과 같은 교육적인 요소들은 임상미술치료에 있어 그다지 중요한 역할이 아니지만 임상미술치료사에겐 필요하다. 또한 임상미술치료는 결과보다는 창작과정의 태도를 매우 중요시한다.

위에서 말한 바와 같이 임상미술치료가 미술기교를 포함하고 있기는 하지만 우선적으로 임상미술치료가 추구하고자 하는 것이 외부세계에 대한 것보다는 내담자 자신 내면의 이미지를 표현하고 발달시키고자 하는 것이다.

3) 임상미술치료의 발전적 소통

창작활동을 통해서 개인과 집단의 안녕을 기원하는 활동으로 인류가 생성하는 그 순간부터 인간이라는 동물의 탄생과 더불어 시작되었다. 고대 샤머니즘 의식, 부적, 무속화, 그리고 구석기 시대의 동굴벽화 등도 미술치료의 기원으로 볼 수 있다. 이런 벽화나 무속화 등은 자신들이 원하고 추구하는 것들을 그림으로써 상징화 작업을 한 행위로 치료적인 의미가 부가된 것이라 볼 수 있기 때문이다.

이는 꿈과 같은 무의식적인 것들의 상징이 시각적인 이미지로 나타나기 때문이다.

그러므로 상징성을 통한 해석은 환자의 미술활동의 창조적 행위 그 자체에 치료적 가치를 두고 임상미술치료사의 입장은 환자의 부정적 감정이나 욕구를 통합하고 승화할 수 있는 해석으로 도와주는 역할이라 할 수 있다.

6. 임상미술치료사의 자질 및 상담기법

1) 임상미술치료사가 갖추어야 할 자질

예술가로서 임상미술치료사—예술은 감성, 정서적이며 창의적인 영역이고, 과학은 논리적, 조직적, 합리적 체계적 특성(사람을 대하는 데 있어 그 역할이 예술이라고 할 정도의 느낌)이다.

(1) 사랑과 용기—Compassion & Courage
• Compassion은 사전적 의미가 동정의 뜻을 갖고 있지만 이 단어는 동정 이상의 의미로 측은히 여기는 인간에 대한 사랑으로 표현될 수 있다.
• Courage는 사전적 의미는 용기를 뜻하지만 용기는 인간 사회의 사회적인 어두움과 약자들에 대해서 회피하거나 외면하지 않고 접근하며 함께하려는 용기가 필요하다.

(2) 전문가적 관계—Professional Relationship
• Empathy(감정이입)+Non Possessive Warmth(소유하지 않는 따뜻함)
• 전문가적 관계란 두 가지 요소, 즉 감정이입과 소유하지 않는 따뜻함(분리감정)이

필요하다. 이러한 것은 타인의 입장을 이해하는 것에서부터 출발하므로 계속적인 연습이 필요하다.

• 소유하지 않는 따뜻함(분리감정)이란 인간의 존재가치에 대한 수용(Acceptance) 과 비심판적 태도(Nonjudgmental attitude)가 필요하다.

여기에서 감정이입과 비심판적 태도는 임상미술치료사 자신이 그렇게 행동한다는 생각이 중요한 것이 아니라 환자나 내담자가 그렇게 인정하고 받아들이느냐 하는 것이 문제이다.

(3) 창의성—Creativity(상상력＋융통성＋인내심)

• 인간생활의 기본적인 양식을 넘어서 새로운 발상의 전환을 하고자 하는 노력을 통한 상상력 그리고 일을 보거나 대하는 것에 있어서 원칙을 지키면서도 운용의 묘를 살리는 융통성, 시작한 일이 난관에 봉착하더라도 끝까지 해내는 과제 집중력, 즉 인내심이 필요하며 이러한 창의성을 가지는 연습이 필요하다.

(4) 소망과 열정—Hopefulness & Energy

• 희망과 소망을 통해 열정이 생기게 된다. 이를 위해서 동기의 증진이 필요하다.

(5) 판단—Judgment

• 무엇이 옳고 그른지에 대한 판단을 위해서는 명확하고 날카로운 사고력과 인식력이 필요하다.

(6) 개인적인 가치관—Personal Value

• 인간의 기본적 권리에 대한 존중하는 자세와 사회구성원으로서의 사회적 책임 의식, 개인적 자유에 대한 헌신, 마지막으로 자기결정에 대한 지지의 자세가 필요하다.

(7) 자신만의 스타일—Profesial Style

• 자기 나름대로의 스타일을 개발시킬 필요가 있으며, 임상미술치료사 자신이 변화의 창조자가 되어야 한다.

PART 02

임상미술치료의 심리학적 이해

Part 02

미술치료의 심리학적 이해

1. 정신분석이론

1) 이론적 배경

(1) 지그문트 프로이트에 의한 심리치료기법에 관한 최초의 심리학 이론
- 인간의 성격과 정신세계의 역동성을 설명, 히스테리나 신경장애를 해결할 수 있는 치료기법 개발
- 진단주의 학파를 태동시켰으며, 1930년대 개별사회심리사업 모델로 확대

2) 이론적 특징과 주요 개념

(1) 인간을 심리적 무의식과 본능에 의해서 결정되는 생물학적 유기체로 인식하는 결정론과 환원주의적 관점
(2) 인간의 정신세계를 다양한 관점에서 설명

• 지형학적 관점: 인간의 정신적 요소를 의식, 무의식, 전의식으로 구성

• 구조적 관점: 인간의 성격이 원초아(id), 자아(ego), 초자아(superego)로 구성

• 심리성적 발달단계의 관점: 인간의 성격이 신체적 성감대에 따른 구강기, 항문기, 남근기, 잠재기, 생식기의 5단계 발달단계를 거쳐 형성된다고 보는 관점

① 구강기: 출생에서 생후 18개월 사이. 젖을 빠는 행위를 통해 성적인 만족을 얻는 시기로서, 충족되지 못하였을 경우 성인이 되어 무계획적인 생활이나 충동적인 구매를 하는 등의 정서장애를 초래함.

② 항문기: 생후 18개월부터 3세까지. 배설의 욕구와 관계된 시기이다. 성공적인 배변훈련에 의해 자율성과 통제성을 갖지만, 그렇지 못하면 강박적이나 의존적 성격의 소유자로 성장, 결벽증 환자의 가능성이 있음.

③ 남근기: 생후 3세부터 5세까지. 자신의 성기를 통해 성적 쾌락을 얻는 단계이다. 오이디푸스·엘렉트라 콤플렉스가 형성되는 단계

④ 잠재기: 8세부터 사춘기 사이. 성적 대상이나 성욕이 잘 나타나지 않는 성적 휴지기

⑤ 생식기: 12세 전후의 사춘기. 생물학적 재생산이 가능하고 이성에 대한 관심이 높아지는 단계이다. 성적인 행동에 의해 성적인 충동을 만족시킴. 사춘기로부터 노인기까지 연장되는 것으로 봄.

3) 임상미술치료의 적용

(1) 치료대상자의 전이: 치료대상자가 특정한 사람에게 느꼈던 과거의 감정이 무의

식적으로 임상미술치료사에게 옮겨 가는 것을 의미한다. 전이를 통해 자신이 겪어 왔던 무의식적 저항이나 불안을 해소할 수 있는 새로운 경험을 얻게 된다.

(2) 자유연상법: 자유롭게 자신의 마음속에 떠오르는 것을 이야기하도록 하는 기법으로 치료대상자의 무의식 속에 숨겨진 억압된 감정이나 사고를 탐색하는 방법이다.

(3) 꿈의 분석

(4) 이론의 제약: 치료대상자의 문제를 진단, 범주화하는 특성으로 인해 임상미술치료사의 권위와 우월성을 강조, 치료대상자를 낙인화시키는 문제를 가진다.

2. 기능주의이론

1) 이론적 배경

(1) 오토 랑크(Otto Rank)의 자아심리학에 영향을 받아 시작되었다. 인간을 과거의 경험에 의해서 결정되는 존재가 아닌, 자아의 창의적이고 적극적인 의지에 의해서 지속적으로 성장·발전하는 존재로 인식한다.

(2) 인간의 문제는 욕구충족과 문제해결에 필요한 구체적인 서비스를 제공받을 때 해결될 수 있다고 주장한다. 이러한 역할을 수행하는 기관의 기능을 강조한다.

(3) 치료대상자는 기관에서 제공하는 서비스를 통해서만 사회에 적응하고 문제를 해결할 수 있기 때문에 임상미술치료의 실천목적은 곧 기관의 목적에 따라 결정된다.

2) 주요 개념과 임상미술치료 실천에의 적용

(1) 기능주의이론에 의한 임상미술치료 실천 모델은 진단주의의 병리적 모델, 의료적 모델과는 달리 건강모델의 근원으로 불린다.

- 치료대상자를 성장할 수 있는 가능성과 잠재력을 가진 창의적 존재로 인식, 임상 미술치료 실천을 성장을 위한 원조과정으로 보는 관점이다.
- 임상미술치료 실천의 원조과정은 치료대상자의 상황에 따라 지속적인 사정을 필요로 한다. 사정 방법 또한 치료대상자의 현재 상황을 중점적으로 사정한다.
- 치료대상자를 문제해결의 주체로 보며 치료대상자의 적극적인 참여와 자기결정권을 강조한다.
- 임상미술치료사를 기관의 목적과 서비스를 대변하는 대변자의 역할로 제한한다. 임상미술치료사는 기관의 사회적 책임과 설립목적을 달성하기 위해 기관의 주어진 여건이나 자원에 따라 서비스를 제공하여야 한다.

(2) 기능주위이론에 입각한 임상미술치료 실천 원칙(루스 스몰리)

- 진단은 치료대상자의 참여에 의해서 이루어져야 하며, 기관에서 제공할 수 있는 서비스와 관련지어서 수행되어야 한다.
- 임상미술치료 실천의 과정은 초기, 중기, 종결의 시간적 맥락에 따라 체계적으로 진행되어야 한다.
- 임상미술치료사는 기관의 고용인으로서 기관의 목적에 따라 구체적인 서비스를 제공하여야 하며, 기관은 자신의 사회적 책임성을 강화하여야 한다.

- 임상미술치료 실천은 기관의 구조적인 조직과 체계를 활용하여야 하며, 이를 치료 대상자에게 소개하고 설명하여야 한다.
- 임상미술치료 실천은 치료대상자와의 협력에 의해서 진행되어야 하며, 치료대상자의 자기결정권을 존중하여야 한다.

3. 심리사회적 이론

1) 상황 속의 인간을 강조한다. 메리 리치몬드에서 기원을 찾을 수 있으며, 고든 해밀턴에 의해서 사회심리적 이론으로 불린다.

2) 이론적 배경

(1) 정신분석이론이 문제의 원인을 인간의 본능적 충동과 과거의 경험으로 보는 단선적인 관점과는 달리 심리사회적 이론은 문제를 사회적 환경과의 상호 작용에서 파악하려고 하는 심리사회적 관점을 가진다.

(2) 개인의 심리적 특성뿐 아니라 신체 생리적인 현상과 사회적인 환경까지도 모두 고려하는 상황 속의 인간이란 관점을 제시한다.

(3) 인간의 수용과 자기결정권의 가치를 존중하며, 사회적 자원의 결핍이 개인의 문제에 미치는 영향력을 중시한다.

3) 주요 개념과 임상미술치료 실천에의 적용

(1) 인간의 성격이나 문제가 생활사의 다양한 요인에 의해 형성된다는 다원성과 공통적인 상황이라도 다르게 반응하는 인간의 개별성을 중시한다.

- 다원성: 치료대상자의 성격에 영향을 미치는 다양한 요인들을 의미하는 것으로, 건강, 유전적 자질, 인종, 출생순위, 성별, 가족관계나 구조, 또래집단, 사회경제적 여건, 주거환경 등을 들 수 있다. 임상미술치료의 실천에서 치료대상자의 다양한 생활사를 다각적으로 분석하는 것은 매우 중요하다.
- 개별성: 임상미술치료대상자의 개별성을 이해하기 위해서는 지금-현재(here and now)의 상황에서 치료대상자가 문제를 인지하는 방법과 이에 대처하는 행동들을 파악하는 것을 중시한다.

(2) 상황 속의 인간이란 관점을 중시하기 때문에 임상미술치료 실천의 목적도 치료대상자와 사회환경 혹은 치료대상자와 타인 간의 상호 작용에서 나타나는 사회적 역기능을 해결하는 것으로 정의한다.

- 임상미술치료 실천의 전문적인 개입도 치료대상자의 심리적인 변화와 사회 환경적인 변화를 모두 추구하는 이중적인 개입방법을 활용한다.
- 오늘날의 직접개입과 간접개입을 구분케 하는 효시

(3) 심리사회적 이론에 근거한 임상미술치료 실천의 내용(홀리스)
- 치료대상자의 감정과 행위를 지지하는 과정

- 문제해결에 직접적인 영향을 주는 과정

- 치료대상자의 감정을 환기, 묘사, 탐색하는 과정

- 치료대상자의 성격과 행동 그리고 이 둘 사이의 역동성을 살피는 과정

- 치료대상자의 사회적 기능에 영향을 미치는 과거와 현재의 경험을 고려하는 과정

4. 행동주의이론

1) 정신분석이론에 반대되는 입장으로 인간은 자신의 심리적 역동성에 의해 지배받는 것이 아니라, 외부환경의 학습에 의해 영향을 받는다고 본다.

2) 인간의 행동을 관찰하고 측정할 수 있는 장점으로 인해 임상미술치료 실천의 객관적 평가를 높일 수 있는 과학적 이론으로 받아들이며, 과업중심모델이나 인지행동이론의 배경이 된다.

3) 이론적 배경

(1) 행동주의이론은 학습이론으로서 고전적 또는 반응적 조건이론, 조작적 조건이론, 인지학습이론으로 구분한다.

- 고전적 조건이론: 파블로프의 개의 침샘실험에서 비롯하여, 인간을 환경에 수동적으로 반응하는 존재로 보는 이론이다.

•조작적 조건이론: 스키너에 의해 발전된 이론으로 인간의 행동이 외부환경으로부터 받는 강화에 의해서 결정된다고 보는 급진주의적 행동이론, 행동수정모델로 응용

•인지 학습이론: 인간의 행동을 사회적 관찰의 학습으로 보는 밴두라의 이론과 인지적 사고과정의 결과로 보는 엘리스의 합리적 정서치료이론, 벡의 인지치료 등이다.

4) 주요 개념과 임상미술치료 실천에의 적용

(1) 스키너의 조작적 이론

•인간의 행동이 외부의 자극에 의해서 동기화되며, 강화라는 보상에 의해서 특정 행동의 빈도와 강도가 결정된다. 즉 인간의 부적절한 행동은 특정한 상황에서 부적절한 보상을 받았거나 바람직한 새로운 행동을 학습받지 못한 결과이다.

① 강화: 긍정적 강화와 부정적 강화가 있으며 바람직한 행동의 증가를 목적으로 한다.

② 처벌: 문제해결을 감소시키기 위한 사건이나 행위로 긍정적 처벌과 부정적 처벌이 있다.

③ 강화와 처벌은 개인뿐 아니라 집단이나 시설의 구성원을 위한 토큰강화시스템(token system)으로 응용된다.

(2) 밴두라의 사회학습이론

• 타인의 행동을 관찰하고 모방하는 간접적 경험과 개인의 인지적 과정을 중시한다.

• 인간의 행동은 모델을 관찰함으로써 행동을 학습하는 것이다. 이러한 학습의 성공
  과 실패는 자신의 내적 기대감이나 신념과의 상호 작용에 의해서 결정된다고 본다.

(3) 엘리스의 합리적 정서치료이론

• 개인의 인지적 사고는 특정한 행동이나 사건에 대하여 부정적이거나 혹은 긍정적인
  감정을 갖게 만들기 때문에 단순히 행동을 변화시키기보다는 인지체계를 변화시키
  는 것이 중요하다.

• 인지행동이론은 타인이나 전문가의 행동을 모방하는 모델링, 상대방의 역할을 수
  행하는 역할연습, 행동을 세분화하여 단계적으로 연습하는 시연, 인지체계를 긍정
  적인 사고로 변화시키는 재구조화, 자신의 의사나 감정을 자유롭게 표현하는 자
  기주장법 등의 치료기법을 통해 바람직한 행동을 학습시킨다.

(4) 행동주의이론의 사회복지실천의 적용

• 치료대상자의 구체적인 행동을 수정하는 것으로, 치료의 대상이 되는 행동이 측정
  가능하여야 한다.

• 치료과정에서 치료대상자가 문제행동을 지속시키는 선행조건과 강화요인이 무엇
  인지 사정한다.

• 문제행동의 강도와 빈도를 양적으로 측정하여 치료를 통한 행동의 해결 정도와
  목표의 달성 정도를 지속적으로 평가한다.

• 임상미술치료사는 치료과정의 주체가 되며, 치료자와 평가자의 역할을 동시에 수행한다.

5. 문제해결이론

1) 치료대상자의 문제해결능력과 대처능력을 향상시키는 것을 목적으로 하는 사회심리실천방법으로 1957년 펄만에 의해서 처음 소개되었다.

2) 진단주의 학파와 가능주의 학파의 논쟁을 종식시키는 통합적 실천적 모델이며 이후 문제해결모델이나 4체계모델의 기초가 된다.

3) 이론적 배경

(1) 교육학자 듀이(Dewey)의 반성적 사고에서 많은 영향을 받았다.
• 반성적 사고는 인간이 외부환경이나 자신의 행위를 판단하고 결정하게 만드는 인지적 과정을 의미하는 것으로 교육이나 학습은 문제해결의 과정을 습득하는 것으로 본다.
• 펄만은 실천을 치료대상자가 자신의 문제를 올바르게 평가하고 판단할 수 있도록 문제를 인식하게 하고 주어진 문제를 해결할 수 있는 교육과 치료의 중간과정이라고 본다.

- 진단주의 학파의 진단적 사정을 사용, 치료대상자 문제해결 동기와 대처능력 그리고 자원을 사정하고 진단하는 것을 강조한다.
- 기능주의 학파의 치료대상자의 지금과 현재 상황을 중시하는 이념, 자아의 기능에 의한 인간의 지속적인 변화 가능성, 기관의 역할과 기능에 대한 관점을 도입한다.

(2) 해밀턴의 인간과 사회환경 간의 상호 작용적 관점을 도입하여, 에릭슨의 생애발달과업과 역할수행에 관한 이론을 활용하여, 치료대상자의 문제를 심리 내적인 문제에서 사회적 기능수행에 따른 다양한 문제로 확대한다.

4) 주요 개념과 임상미술치료 실천에의 적용

(1) 인간의 삶은 문제를 해결해 가는 연속적인 과정이라는 가정에서 출발한다.

(2) 임상미술치료 실천은 치료대상자의 문제해결 동기와 대처능력을 극대화시키며 문제해결에 필요한 사회적 자원을 개발, 연계하는 역할을 한다.

(3) 펄만의 문제해결모델은 임상미술치료 실천을 문제(Problem)를 가지고 있는 사람(Person)이 기관(Place)에 와서 문제를 해결해 가는 과정(Process)으로 정의하면서 4P를 강조한다.

(4) 이후 4P모델은 전문성(Professional person)과 자원이나 기회의 제공을 강조하는 제공(Provision)의 개념을 추가하여 임상미술치료 실천의 6P이론으로 확대된다.

6. 과업중심모델

1) 1972년 리드와 엡스타인에 의해 소개된 문제해결중심의 방법론에 행동주의이론과 스텃(Studt)의 과업에 대한 개념을 접목한 것이다.

2) 치료대상자가 자신에게 주어진 행동적 과업을 통하여 스스로 문제를 해결할 수 있도록 도와주는 임상미술치료의 대표적 실천방법이다.

3) 이론적 배경

   (1) 장기심리치료의 비판과 리드, 샤인, 스텃 등의 시카고 대학교 연구자들이 단기심리치료의 우수성을 입증한다.
   (2) 과업중심모델은 인지행동이론, 행동수정기법, 체계이론 등을 통합하면서 계획적으로 구조화된 치료과정과 단기간의 치료를 강조한다.

4) 주요 개념과 임상미술치료 실천에의 적용

   (1) 치료대상자를 인식하고 동의한 문제에 초점을 두어 집중적으로 도와주는 특징이 있다.
   (2) 치료대상자 스스로 문제를 인식하고 수용하여야 하며, 이를 표적문제라고 규정한다.

(3) 치료대상자를 범주화하지 않기 때문에 낙인화를 방지한다.

(4) 치료대상자의 문제가 체계적이고 조직적인 과업을 통해서 해결될 수 있다고 본다.

- 과업: 표적 문제를 감소시키고 치료목표를 달성하기 위해서 치료대상자가 수행하여야 하는 구체적인 행동이다.

(5) 특정 이론적 배경보다는 실천경험과 행동적 과업을 강조하므로 다양한 이론을 융통성 있게 통합하여 활용한다.

5) 과업중심모델의 과정

(1) 초기단계: 치료대상자가 표현하는 다양한 문제의 유형과 원인을 탐색하고 표적 문제를 선정하는 과정

(2) 중기단계: 선정된 표적 문제를 해결하기 위해 과업을 설정하고 이를 수행하는 단계

(3) 종결단계: 치료의 목표가 달성된 경우에 이루어짐

7. 집단대상 개입기술-집단의 개념과 유형

1) 집단의 개념

(1) 집단은 두 명 이상이 공통된 목표나 흥미, 관심을 가지고 반복적으로 모여 상호

작용하고, 집단적 활동을 위한 목표나 응집력을 발달시키는 모임이다.

(2) 집단특성

• 집단성원들 간 집단에 소속된 사람이라고 인정함.

• 모임의 지속성은 모임의 특성에 따라 결정됨.

• 집단 내에서 상호의존, 상호 작용, 교환을 하므로 집단의 크기를 제한하게 됨.

• 목적을 위해 형성됨.

• 임상미술치료사가 상호 작용하는 집단은 그들을 고용하는 기관에 대한 견해나 기
  관기능의 일치 또는 그렇지 않을 수도 있음.

2) 집단의 유형

(1) 개방집단과 폐쇄집단

(2) 과업집단

(3) 치료집단

(4) 성장집단

(5) 자기지향집단

(6) 참만남집단, 감수성훈련집단

(7) 교육집단

(8) 자조집단

(9) 사회화집단

(10) 사회집단

(11) 레크리에이션 집단과 레크리에이션 기술집단

(12) 그 외에 토론 집단, 사회행동집단 등 다양한 유형이 있음.

8. 집단임상미술치료사업실천

1) 집단임상미술치료 사업의 개념

(1) 집단, 집단성원, 집단 환경을 구성요소로 한 목표 지향적 활동이며, 임상미술치료사업방법론 중 하나임이다. 또한 주로 소집단을 활용하여 문제를 가진 집단뿐 아니라 건강한 집단을 대상으로 전문가의 지식과 실천에 기반을 둔 원조를 제공한다.

(2) 면접보다는 여러 사람이 참여한 집단치료 회합이 개입 또는 서비스의 수단이다.

2) 집단임상미술치료사업, 집단상담, 집단치료, 집단지도의 비교: 코노프카 (Konopka, 1983)에 의해 제시되었다.

(1) 집단 임상미술치료 사업: 의도적 집단경험을 통해 개인이 사회경험을 할 수 있는 능력을 높여 주고, 임상적 환경에서의 개인·집단·지역사회구성원의 여러 문제에 보다 효과적으로 대처할 수 있도록 사회자원을 동원하여 원조하는 임상미술치료의 한 방법이다.

(2) 집단상담: 특별한 문제를 해결하거나 특정상황을 수정·변경하는 데 중점을 둔

다. 성원들은 항상 집단의 초점을 제공하는 일상적 문제를 공유한다.

　(3) 집단치료: 전문가의 도움을 받는 특수하고 통제된 집단 상호작용을 통하여 집단성원의 개인적·사회적 기능을 향상시키고, 성원들의 증상과 고통을 완화하며 기본적인 성격을 변화시키는 데 목적이 있다.

　(4) 집단지도: 고통을 받고 있는 개인뿐만 아니라 건강한 개인들로 구성된 집단에 대한 지도까지 포함한 개념이다. 특수한 전문적 훈련과 기술을 사용했을 때는 집단치료가 된다.

9. 임상미술치료 상담에서 문제해결 과정

　펄만의 문제해결 과정방법은 성공적인 개입을 위해 변화를 향한 환자, 내담자, 치료대상자, 체계의 동기가 필요하고 이를 위해 문제해결을 향한 조치를 취할 수 있는 자극을 제공해야 한다. 문제해결 과정에서 치료대상자의 신체적 사회적 능력을 고려해야 하며 치료대상자가 상호 작용하는 환경 내의 자원 활용 가능성과 관계된 기회를 갖추어야 한다.

1) 1단계: 문제의 분석과 욕구파악

　문제를 정확하게 규정할수록 해결하기 쉬우므로 정보수집과 문제의 규모를 측정하고 분석하여 문제를 해결하는 데 중요한 요인을 파악한다. 그러므로 문제를 구체적으로 기술 분석하는 것이 필요하고, 이는 문제 상황과 관련된 다양한 치료대상자의 욕구를 구체화한다는 것을 의미한다. 또한 얻어진 정보를 효과적으로 분석하여 연계된 체계와의 다양성과 관계성을 파악할 수 있게 된다.

2) 2단계: 문제를 해결하기 위한 전략 대안의 개발

문제해결을 위해 사용될 수 있는 가능한 자원의 파악과 욕구성취를 방해하는 장애물을 제거할 수 있는 대안을 파악하는 것으로 여러 방안들을 생각하여 이 중 가장 실현 가능성이 높은 대안을 적용하는 것이다.

3) 3단계: 각 대안에 대한 평가와 선택

이 단계는 의사결정의 핵심으로 2단계에서 도출된 대안에 대한 장점과 단점, 그리고 현실성을 고려해서 치료대상자의 욕구를 가장 잘 충족할 수 있는 대안이 선택된다. 즉 실현 가능성, 현실성에 주안점을 두고 선택해야 하며, 특히 대안의 선택에 있어 치료대상자가 자기결정권을 가지고 있기에 가능한 대안들 중 행동에 옮길 대안을 선택할 권리가 치료대상자에게 있음을 주지해야 하다. 치료는 임상미술치료자와 치료대상자가 함께 수행해야 하는 것이지 치료대상자를 위해 수행하는 것은 아니다.

4) 4단계: 수행

선택된 대안에 대한 구체화로 치료대상자가 대안이 갖는 목적과 과제수행 내용, 수행의 주체를 인식하도록 하고 특히 과제수행 동기를 부여해야 한다.

5) 5단계: 평가

개입에 대한 평가로 전략적 대안이 완전히 수행되었는지와 그 수행효과에 대한 두 가지 영역이 검사되어야 한다.

(1) 문제해결 정도와 아직 남아 있는 문제

(2) 새롭게 대두된 문제를 파악해야 하고 사회적 자원과의 연계나 문제의 재규정이 필요하다.

10. 임상미술치료사의 역할과 기능

1) 중개인(Broker)

(1) 역할─치료대상자의 문제해결에 필요한 적절한 서비스나 자원에 연결하는 역할을 한다.

(2) 기능─치료대상자의 상황이나 자원을 사정한 후 의료체계와 연결하며 정보를 제공하는 기능을 한다.

2) 옹호자의 역할(Advocate)

(1) 역할─치료대상자의 권리를 옹호하며 부정적인 인식과 미술치료 프로그램을 변화시켜 가는 역할을 한다.

(2) 기능─한 개인이나 계층이 받는 부당한 사태를 옹호하는 기능을 한다.

3) 교사의 역할(Teacher)

(1) 역할─치료대상자의 사회적 기능향상을 위해 지식이나 기술을 가르치는 역할을 한다.

(2) 기능─일상생활의 기술(social skills)이나 행동변화를 촉진시킬 수 있는 정보를 재공하고 가르치는 기능을 한다.

4) 상담가 역할(Counselor)/임상가 역할(Clinician)

(1) 역할─치료대상자가 자신의 감정을 이해함으로써 동기를 유발하여 행동을 바꾸며 문제에 대처할 수 있도록 하는 역할을 한다. 임상미술치료를 통하여 자신을 통찰(insight)함으로써 내면에서 행위를 유발하는 무의식을 의식화시키는 역할을 하게 된다.

(2) 기능─치료대상자에 대한 심리사회적 사정과 진단(분류, 범주화)하는 기능을 한다. 심리사회적 사정을 통하여 치료대상자가 가진 동기, 능력, 기회 등의 자원 중 문제

해결에 도움을 주는 기회로 삼을 수 있는 것이 무엇인가 알 수 있게 된다. 이 역할에는 심리적인 지지가 필요함에 따라 지속적이고 안정적인 보호가 수반되어야 하며 문제 당사자 자신인 치료대상자의 문제를 직접적으로 다루는 직접치료와 치료대상자가 그런 문제를 유발하도록 하는 주변 환경을 다루어 주는 간접치료가 있다.

5) 사례관리자 역할(Case Manager)

(1) 역할—치료대상자와 가족에게 적절한 서비스가 지속적으로 제공될 수 있도록 연결하고 조성하는 역할을 한다.

(2) 기능—치료대상자를 선정하고 사정하여 서비스나 개입계획을 세우고 조정하여 개입 후 사후조치와 점검을 하는 치료대상자를 지지하는 기능을 한다.

6) 업무량 관리자

(1) 역할—효율적 서비스의 제공이나 업무 활동을 위해 업무량을 조절한다.

(2) 기능—업무계획을 세우는 것, 시간관리를 하는 것 등

7) 임상미술치료사 개발자(Staff Developer)

(1) 역할—훈련 슈퍼비전(지도, 감독), 인사관리 등을 통해 전문성을 개발한다.—임상미술치료사는 위치가 다른 임상미술치료사를 훈련시킬 수 있어야 한다.

(2) 기능—교육훈련, 인사관리, 자문

8) 행정가로서의 임상미술치료사

(1) 역할-정책이나 서비스 프로그램을 기획하고 개발하고 수행하는 역할이다.

(2) 기능-관리하고 내·외부를 조정하며, 서비스 프로그램을 계획, 개발, 수행한다.

9) 사회변화 대화자로서의 임상미술치료사

(1) 역할-바람직한 지역사회 변화를 위해 자원을 동원하는 역할이고 이때 지역사회에 산재하는 인적 자원을 동원할 수 있어야 한다.

(2) 기능-사회프로그램이나 정책을 분석하고 사회적 관심을 고취시키며 사회자원을 개발, 연계시킨다.

10) 전문가로서의 임상미술치료사

(1) 역할-임상미술치료 전문직 발전에 기여한다.

(2) 기능-자기 스스로 자기를 평가하여 문제점 및 장점을 돌아보는 자기사정과 개인적, 전문적 개발을 통해 임상미술치료 전문직의 향상에 힘쓴다.

11. 임상미술치료 실천관계

전제: 임상미술치료 실천은 돕는 과정(helping process)이고 여기서 생성되는 관계는 전문적 관계여야 한다. 이러한 전문적 인간관계를 이루기 위한 기본바탕은 인격적 관계가 성립될 때 가능하다(지적, 감정적, 의지적 부분이 조화롭게 균형을 이룰 때 인격적 관계가 형성된다.).

- 지적: 만남의 첫 단계로 상대방을 알아 가는 것에서부터 시작된다. 상대방을 많이 알게 될수록 그 사람을 이해하는 폭이 넓어지게 되고 깊이 알게 될수록 감정이 생기게 된다.
- 감정: 앎을 바탕으로 감정이 생기게 되는데 사람들은 감정을 전부라고 생각하는 경우가 많지만 인격적 관계를 이루기 위해서는 감정적인 부분은 중요하지만 감정은 그 일부이지 전부가 아니다.
- 의지: 사람이 추억을 만드는 것은 감정적으로 관계가 약화되었을 때 관계의 유지를 위해서 필요하기 때문이다. 이처럼 감정은 자신의 의지가 필요하다.

위 세 가지 부분 중 한 가지에만 치우치게 되면 문제가 생기므로 지적, 감정적, 의지적인 세 가지는 조화를 잘 이루고 있을 때 인격적 관계가 형성된다.

12. 임상미술치료 실천관계의 원리

1) 개별화의 원리(Individualization): 여기서 개인의 독특성을 인정하고 존중하는 것이 매우 중요한 개념이다.

　(1) 개인과 개인 차―개인은 나눌 수 없는 것이다. 즉 개인 한 사람 그 자체로 완전한 의미를 갖추고 있다.

　　① 개인 간 차―한 사람과 다른 사람을 구별 짓는 차이를 말한다.

　　② 개인 내 차―한 사람의 내면을 이루고 있는 속성들의 차이

　　: 개별화의 원리는 타인을 나와 다른 존재로 인정하고 받아들일 때, 즉 선입관이나 선입견을 배제하고 개인의 독특성을 인정하고 존중함을 의미하고 그때 그들의 관계는 달라진다.

　(2) 임상미술치료사의 역할

　　① 임상미술치료사는 개별화의 원리를 적용하기 위해서는 편견이나 선입관으로부터 탈피해야 한다. 즉 자신의 고정관념을 깨뜨리고 열린 관점에서 치료대상자를 대해야 한다.

　　③ 인간행동에 관한 지식을 많이 넓혀야 한다. 사람들의 다양한 성격과 행동에 대한 지식을 쌓으므로 왜 그 사람이 그렇게 행동하게 되었는가를 파악할 수 있게 되면 그 사람과 문제에 대한 이해의 폭을 넓힐 수가 있다.

　　④ 경청 관찰하는 능력이 필요하다. 경청이란 상대방의 말을 듣는다는 것 이상의

의미인 그 사람을 존중해 준다는 의미까지 포함되며 이를 실행하기 위해서는 연습을 통해서 습관화할 필요가 있다.

⑥ 임상미술치료대상자의 보조에 맞는 활동능력이 필요하다.

⑦ 인간의 감정을 들여다보는 능력이 필요하고 이를 위해서는 임상미술치료사가 감정이입과 문제를 치료 상황에서 치료대상자에 대한 민감성을 가져야 함을 의미한다.

⑧ 관점을 유지하려는 능력이 필요하다. 치료대상자의 특성에 맞도록 보조를 같이 해야 하지만 전체적인 문제 상황과 해결에 관한 방향성을 잃어서는 안 된다.

2) 의도적 감정 표현의 원리(Purposeful Expression of Feelings)

: 치료대상자의 감정표현과 표출이 중요하다.

(1) 모든 사회문제는 정서적 요소를 가지고 있다. 그러기에 모든 치료대상자의 문제는 단지 개인 내부에서 오는 원인 때문에 문제가 발생하는 것이 아니라 심리 사회적, 즉 사람들과의 관계 속에서 부적응 때문에 발생하는 문제이므로 이러한 문제해결을 위한 시발점은 심리 사회적 관계에 따른 감정을 표현하도록 해야 하는데 이는 어떻게 표현하느냐에 대한 문제를 임상미술치료사는 계획적(의도적)으로 치료 상황에서 감정을 표현하게 해야 한다. 즉 부정적 감정이든 긍정적 감정이든 일단 치료대상자가 자신이 처한 문제 상황과 자신의 감정과 사실을 알고 인정해야 문제해결의 첫 단추를 꿸 수 있는 것이다.

(2) 의도적 감정을 표현하는 목적은 치료대상자로 하여금 의도적인 감정을 표현하게 함으로써 문제를 객관적으로 파악할 수 있게 하고, 임상미술치료사는 치료대상자에 대한 심리적인 지지가 가능하여 이를 통해 그 관계가 심화될 수 있기 때문이다.

(3) 의도적인 감정표현을 적극적으로 유도해야 하지만 제한해야 하는 경우가 있다.
  ① 그 기관에서 수용하기 힘든 심각한 문제의 감정표현인 경우가 있다.
  ② 스스로 감정표현을 할 준비가 되어 있지 않는 경우나 표현한 감정을 주체할 준비가 안 된 상황
  ③ 책임을 전가하는 식의 지나친 감정표현도 제한해야 한다. 이는 병적인 투사가 일어나는 경우이다.
  ④ 수준의 정도를 테스트하려는 경우에 이를 이해할 수는 있더라도 격려하거나 수용, 묵인하면 안 된다.

(4) 임상미술치료사의 역할
  ① 모든 치료대상자의 문제는 심리, 사회학적 문제이고 그 문제는 사람들 사이의 관계에 대한 문제이다. 이러한 감정부분의 문제해결은 종래에는 시간이 약이라고 했지만 사실은 그렇지 않는 경우가 더 많다. 그러므로 사람들 간의 잊히거나 숨겨진 부분의 문제해결을 위해서는 의도적 감정표현을 통해서 해결할 수 있다. 이를 위해 임상미술치료사는 항상 침착하게 맞아야 한다.
  ② 임상미술치료사 스스로 사소한 일로 마음이 혼란되지 않아야 한다. 준비되지 않으면 대응할 수 없다.

③ 임상미술치료사는 주의 깊게 목적을 가지고 치료에 임한다.

④ 치료대상자에게 자신의 감정을 있는 그대로 표현하도록 격려하고 허용한다.

⑤ 관찰하고 경청함으로 민감하게 인식해야 한다.

⑥ 비현실적 보증을 배제해야 한다. 하지만 근거 없이 걱정하거나 불합리한 불안에 빠져 있는 경우에는 현실적인 적절한 표현이나 실증을 보여 줌으로써 제거해 주는 비현실적 재보증은 할 수 있다. 그러나 소유하지 않음의 따뜻함을 항상 기억해야 한다.

⑦ 너무 빠르거나 많은 해석을 하지 말아야 한다. 즉 앞질러서 판단하거나 추측해서는 안 된다.

3) 통제된 정서적 관여의 원리(Controlled Emotional Involvement)

임상미술치료사가 현장에서 어떻게 관여해야 하는가에 대한 물음이다.

(1) 민감성: 관찰+경청을 통해서 치료대상자가 보여 주는 것(내용, 표현, 행동)에 대해 민감함으로써 상대방의 변화를 알아채게 되고 의도를 가지고 이해하며 목적 있게 듣는 경청을 통해서 민감성을 증대시킬 수 있다.

(2) 이해: 지식(인간행동에 대한 다양한 지식)+경험(개인적, 사회적 경험)이 필요한데 이는 인간 행동에 대한 지식을 갖고 있으면 상대방을 이해하는 폭이 넓어지게 되며 개인적인 다양한 경험을 통해서 이해할 수 있게 된다.

(3) 반응: 바람직한 외적 반응은 바람직한 내적 반응을 통해서 나타날 수 있다. 그러므로 외적 반응에 연연하기보다는 내적 반응에 의미를 두어야 한다. 언어적 반응은

목적에 따라서 선택되는데 치료대상자가 보내는 반응의 직접적 목적은 문제의 해결에도 있지만 궁극적인 목적은 심리적인 지지를 받기 위함인 것을 인식한다.

4) 수용의 원리(Acceptance)

(1) 수용은 사람의 일탈된 행동이나 태도에 대한 승인이 아니라 현실을 있는 그대로 인식하는 것을 말한다. 인간은 내면에 타인으로부터 거부받는 것에 대한 두려움이 잠재되어 있다. 그러므로 인간을 그가 가진 조건이 아닌 인간 그 자체의 존재성과 존엄성을 인정하고 존중해 주려는 것이 수용이라 할 수 있다.

(2) 치료대상자는 자신의 기본적인 욕구를 있는 그대로 표출했을 때 거부될 것을 두려워해서 자기 방어적 태도를 보이는 경우가 있다.

(3) 수용의 장애요인: 수용에 있어서 어려운 문제는 수용하는 사람의 입장이 아니라 받아들이는 사람의 입장에서 그러한 상황을 수용하는가 하지 않는가가 더 중요하다.

(4) 불충분한 지식: 아이를 키우려면 아이에 관한 부모의 역할을 많이 알고 있어야 하는 것처럼 어떤 상황이나 일에 대한 지식을 가지고 있어야 수용할 수 있다.

(5) 임상미술치료사 자신의 생각을 치료대상자에게 주입하고자 할 때도 수용은 안 된다.

(6) 임상미술치료사가 편견이나 선입관을 갖고 있을 때 수용이 안 된다.

(7) 보증되지 않는 문제를 재보증하는 경우에도 수용이 안 된다.

(8) 수용과 승인의 혼동이 있는 경우 수용이 안 된다(무조건적으로 승인하는 것이 수용을 못 하게 하기도 한다.).

(9) 임상미술치료사에 대한 존경심이 상실되는 경우 수용이 안 된다(이때 그럴 수 있다는 열린 관점에서 보아야 한다.).

(10) 과잉 동일시: 임상미술치료사의 과거의 좋지 않은 경험과 치료대상자의 현재 상황이 비슷한 경우 객관적으로 대하기 힘들고 자신이 느끼고 있는 방향으로 비교하여 보게 되므로 수용이 되지 않는다. 이때 다른 자원과 연계를 하거나 다른 임상미술치료사와 연계를 통하여 시간을 두고 해결해 나간다.

5) 비심판적 대응의 원리

(1) 도덕, 법률, 규범의 무시가 아닌 치료대상자의 행동과 태도를 객관적으로 평가하는 것을 의미한다.

(2) 모든 사람은 자신의 무능, 실패, 부도덕을 심판받는다는 것에 대한 두려움을 가지고 있다.

(3) 사람이 사람을 심판할 수 있는 권리는 아무에게도 부여받지 못했고 문제를 해결하거나 내면적 갈등의 문제를 치유하는 데 있어서도 심판적 태도는 아무런 도움이 되지 않는다. 그러나 임상미술치료사는 도덕적 가치와 기준에 무관심해서는 안 된다.

(4) 비심판적 태도 전달의 장애요인

① 편견이나 선입관이 있을 때 심판적 태도를 가지기 쉽다.

② 성급한 결론을 내렸을 때 심판적 태도를 가지기 쉽다.

③ 타인과 비교하거나 분류함으로써 심판적 태도가 되기 쉽다.

④ 치료대상자의 부정적인 감정표현으로 인한 거부감이 임상미술치료사로 하여금

심판적 태도를 유발한다.

6) 치료대상자의 자기 결정의 원리

(1) 자기 인생과 문제에 관한 최종적인 자기결정, 자율성은 사람의 기본권리이다. 임상미술치료사는 치료대상자가 자신의 문제를 최대한 자기 스스로 결정하도록 보장하고 이에 대한 결과를 책임질 수 있도록 만들어 주어야 한다.

(2) 자기 결정의 제한 요소: 결정의 행동이 법률적으로 저촉되는 경우나 다른 사람의 권리를 침해하는 경우, 그리고 치료대상자 능력의 범위를 초과하는 경우 자기 결정의 일정 부분에 대해서 제한할 수 있다.

7) 비밀보장의 원리

(1) 임상미술치료사의 역할은 개인적으로 일을 한다는 시각보다는 근무하는 기관을 대신하여 일을 하는 대리인이라는 자세가 필요하다.

(2) 치료대상자의 허락(승인) 없이는 그와 관련된 비밀을 타인에게 전하면 안 된다. 단 문제를 해결하는 데 있어서 다른 분야의 전문가 도움이 필요한 경우, 학술적, 전문적인 이유가 있을 때는 예외가 된다.

(3) 사전에 치료대상자에게 비밀보장의 한계를 설명해 주어야 한다.

(4) 치료대상자로 하여금 공식적인 기록의 의미를 설명해 주어야 한다.

(5) 기록에 언급되거나 포함되는 타인의 권리도 보장되어야 한다.

(6) 비밀보장의 한계

① 치료대상자에 대한 의무보다 더 상위의 의무와 상충될 때나 치료대상자의 비밀
이 타인의 권리를 침해할 때, 그리고 지역사회나 기관의 권리를 침해하는 경우에
는 비밀을 보장할 수 없다.

13. 기본적인 원조기술

1) 준비-감정이입과 치료대상자의 초기 감정에 대한 마음의 준비가 필요하다. 즉
치료대상자가 임상미술치료사에게 원조를 청할 상황은 많이 좋지 않은 상황이고
그는 부끄러움, 불안, 당황 등의 움츠러든 감정을 가지고 오게 되는데 이러한 감
정을 어떻게 받아들여 수용하고 효과적으로 접근할 수 있을지에 대한 준비가 필
요하다.

2) 시작-치료대상자에 대해 무엇이 문제인지, 아니면 같이 다루려는 것이 어떤 것
인지에 대한 명확한 목적설명을 해야 하고 그의 반응이나 질문을 권장해야 하며
임상미술치료사의 역할에 대한 분명한 설명도 필요하다.

3) 질문-대답의 폭이 넓은 개방형 질문과 응답자 대답의 폭이 좁은 폐쇄형 질문
을 쓸 수 있는데 이는 절대적인 개방이나 폐쇄가 아닌 상대적인 관점으로 연속선
상에서 개방과 폐쇄를 좌우로 놓는다면 어느 쪽에 가깝냐의 문제인데 일반적으로

개방형 질문에서 폐쇄형 질문으로 진행하며 지적능력에 따라 낮은 경우는 폐쇄형이 권장되고 높은 경우 개방형 질문이 이용되는데 초점의 유지를 위해서는 폐쇄형 질문이 좋다.

• 부적절한 질문은 한 문장에 여러 질문을 동시에 하는 경우, 예나 아니요로 대답하게 되는 질문, 유도질문, 추상적인 질문(초점 흐림), 왜라는 질문(추궁, 비난으로 느낄 수 있다.) 등은 하지 말아야 한다.

4) 경청-Hearing은 단순히 물리적으로 귀에 들리는 소리를 듣는 것이고 Listening은 경청으로 의미를 파악하기 위해 주의 깊게 듣는 적극적이고 능동적인 행동이다.

(1) 명확화: 상대방이 이야기한 것이 무슨 말인지 잘 모를 때 다시 한 번 명확하게 짚고 넘어감으로써 서로가 대화의 중요한 내용과 초점에 대해 명확하게 인지할 수 있다(임상미술치료사가 치료대상자의 이야기를 듣고 명확화를 위해 물을 때 "당신 그림에 대한 이야기가 ~한 내용입니까? 아니면 ~하다는 겁니까?"라는 식으로 치료대상자가 한 말의 범위나 내용을 명확화시킨다.

(2) 바꿔 말하기 & 감정의 반영: 바꿔 말하기는 상대방이 한 이야기의 내용을 변경시키지 않고 좀 더 분명한 다른 말로 진술해 주는 것이고, 감정의 반영은 바꿔 말하기의 한 방법인데 그 사람의 감정까지 반영시키면서 바꿔 말해 주는 것으로 치료대상자의

말속에 깔려 있는 감정을 적절한 선에서 민감하게 이해하는 것이 필요하다.

    예) 치료대상자 "그 사무실의 직원은 매우 무례해요. 제가 그곳에 갈 때마다 어떤 느낌
    이 드는지 아세요? 마치 어린아이 대하듯이 한다니까요."
    임상미술치료사 "당신이 사무실에 갔을 때 그 직원이 부당하게 대접했다는 말로 들리
    는군요." "당신이 사무실에 갔을 때 그 직원이 당신을 무시하는 것 같아서 당황스럽고
    불쾌감을 느끼도록 했다는 말씀이지요."

    (3) 요약: 치료대상자는 이야기에 있어 장황하고 부적절한 감정의 표현 등 초점에
대해서 제대로 이야기하지 못하는 경우가 많다. 이때 임상미술치료사는 상대방의 장
황하고 긴 이야기를 일목요연하게 요약해 주어야 이야기의 주제가 분명해진다.

    (4) 침묵의 탐색: 사람 사이 침묵이 흐르는 경우 사람들은 어색하고 부담스러워하며
침묵을 두려워하는데 치료대상자와의 관계에서도 침묵을 두려워하지 말고 침묵에 대
해서 적절하게 대처해야 한다. 침묵도 일종의 의사소통이다.

    예) 선생님께서 뭔가 골똘히 생각하시는 것 같네요. 무엇을 생각하셨는지 제게 이야기
    해 줄 수 있을까요?

5) 감정이입, 진실성, 온화함의 표현

우리가 타인에게 뭔가를 표현해야 할 때 우리 마음속에 감정이입, 진실성, 온화함이 있더라도 이를 적절하게 표현해야 한다. 하지만 우리나라의 경우 감정표현을 절제하는 문화적 영향이 커서 자신의 마음속에 있는 것들을 잘 표현하지 못하는 경우가 많다. 하지만 자신의 마음을 표현한다는 것은 상대방으로 하여금 마음의 문을 열게 할 수 있는 힘이 있다는 점에서 매우 중요한 것이다. 마음을 표현함에 있어 어느 정도 자기노출이 필요한데 이는 자기의 어떤 부분에 대해서 개방함으로써 상대방이 자신의 마음을 열 수 있도록 도와주는 것이다.

6) 치료대상자의 동기화를 유지하는 것이 중요하다.

치료대상자의 자원을 알고 임상미술치료사의 사회연계자원을 연결하여 주어 치료적 동기화를 촉진한다(촉진적 중재접근법).

7) 변화를 통한 진전의 유지

- 부분화─치료대상자와 전반적인 부분에 대한 것을 다루더라도 그중 중요한 부분에 초점을 맞추어 부분화시킬 수 있다.
- 주제의 유지─변화 속에 일관되게 추구해 왔던 목적에 대한 주제를 잃지 않아야 한다.

요구하는 것이 필요하다.—임상미술치료가 치료대상자를 위해서 여러 가지 원조를 하더라도 치료대상자 자신이 해야 할 행위에 대해서 요구할 것은 요구하는 것이 필요하다.

8) 종결—시간의 설정, 시간의 예고가 필요하며, 정서적 정리가 필요하다.

시작하기 전에 오늘 끝나는 시간에 대한 고지를 하고 시작하고, 끝나기 전에 미리 예고를 하며 마칠 시간에 마음을 정리할 수 있도록 해 주어야 한다.

14. 비언어적 의사소통

눈 마주침, 목소리, 내용에 맞는 표정의 일치, 몸짓, 머리모양, 옷차림

15. 기록

1) 기록의 양식: 크게 과정기록과 요약기록 두 가지로 나눌 수 있다.

(1) 과정기록: 설화기록이라고도 하는데 면접내용을 축어적(있는 것 그대로 표현)으로 기술하는 것으로 비언어적인 것도 기술할 뿐만 아니라 임상미술치료사가 치료대상

자에게 느끼는 감정과 문제에 대한 분석적 사고까지도 포함되어 기술한다. 이는 문제의 재반복 확인에 있어서 유리하므로 지도, 검토의 목적으로 많이 쓰이는데 단점은 시간이 많이 걸리고 기록된 양이 많으므로 실용적이지 못하고 관리, 보관하는 데 불편함이 따른다.

(2) 요약기록—축어적 반복 없이 결과에 초점을 주어서 요점만 짧게 기록한 것으로 문제의 과정에 따른 시간 순서에 꼭 따를 필요는 없고, 소제목이나 주제에 따라 기록하며, 이는 치료대상자의 말과 행동에 초점을 맞추고 치료대상자의 판단이나 견해는 마지막에 기록하는데 이는 과정기록에 비하여 효율적이다.

2) 기록의 유의사항

(1) 보고서 작성이나 기록 시 특별한 경우를 제외하고는 연필보다 잉크를 사용하는 것이 좋다.

(2) 불필요한 반복을 억제하여 간단명료한 기록을 한다.

(3) 소제목을 적절하게 활용한다(너무 많으면 산만해진다.).

(4) 비상식적인 약어, 기호, 전문용어 사용은 억제하고 완전한 문장으로 작성한다.

(5) 필요한 경우에는 정보나 자료의 출처를 기록한다.

(6) 추상적이고 주관적인 상황설명은 배제해야 한다.

(7) 명확한 근거 없는 진단명칭의 사용은 배제한다.

(8) 임상미술치료사가 관찰한 사실이 불확실한 경우 모르면 모른다고 기록하는 게 낫다.

(9) 필요한 경우에 복수의 만남(여러 번, 긴 기간 만남, 매 회기 기록)을 요약 기록한다.

16. 임상미술치료 실천과정

1) 초기단계: 접수와 관계형성을 한다. 이때 신뢰관계형성이 매우 중요하다.

(1) 접수/관계형성
  ① 접수(Intake): 서비스의 적격성(Eligibility)을 결정하거나, 자신이 판단하기 힘들거나 적절하지 않는 경우 다른 곳으로 의뢰(Referral)한다.
  ② 참여유도: 신뢰관계를 형성하는 게 가장 중요하다.

(2) 자료 수집
  ① 문제의 성질을 파악하여야 하는데 사실을 파악하여 문제를 가진 개인을 개별화해서 보는 것으로 성급한 결론을 내리면 안 된다. 사실은 객관적 실제인 사실과 주관적 실제인 사실 두 가지로 볼 수 있다.
  • 객관적 실제: 사회구성원 대부분이 경험하고 지각하는 것으로 자료가 실제로 유용한 자료가 되기 위해서는 해석이나 의미부여가 필요하다. 모두가 겪는 치료대상자의 객관적인 실제상황과 합치되어 해석하거나 의미부여를 하게 되면 유용한 자료가 된다.

- 주관적 실제: 특정의 개인이 경험하고 지각하는 것으로 이를 유용한 자료가 되게 하려면 이를 증명할 객관적인 자료가 필요하다.

② 자료 수집에 있어서 기본적인 방법은 현재시점에서 과거로 이동하는 것이 바람직하고 이러한 방법은 개인의 생활력, 가족력과 경제적인 부분, 건강, 정서적 문제, 문화적·환경적인 모든 문제를 망라해서 쓰인다.

- 면접: 자료 수집을 위해 가장 많이 쓰는 방법이다.
- 관찰: 실제상황 분위기 파악을 통해 할 수 있다.
- 검사: 주로 심리검사를 지칭하는데 이때 검사결과가 주는 의미를 알아야 한다.
- 기록: 이미 기록되어 있는 공식적인 기록의 열람을 통해서 자료를 수집하는 방법이다.
- 자기보고: 일기나 자기 진술, 자기소개를 통해서 자료를 수집하는 방법
- 설문조사

(3) 문제의 사정

① 사정(Assessment): 자료 분석을 통하여 전문적인 판단을 하게 되는 것을 말하는데 이를 통해 문제해결을 위한 계획(어떠한 목표를 가지고 접근할 것인가에 대한 계획)을 수립할 수 있는데 이를 위해서는 임상미술치료사는 종합적인 지식을 갖추고 있어야 한다.

② 문제의 확인과 진술: 자료를 수집하고 그것을 가지고 어떤 상황인지, 누가 관련되었는지, 판단 근거가 무엇인지의 상관관계를 살펴보아야 한다. 개인의 성격적인 요인의 파악과 사회적 상황의 역동성도 함께 분석해야 하고 이를 통해 외

부환경요인은 물론 가족이 문제에 미치는 영향과 기능도 알아야 한다.

③ 자원에 대한 사정: 서비스 제공 시 자원을 잘 활용하여야 하는데 이는 치료대상자 내부의 자원(문제해결을 하고자 하는 동기나 의지, 교육 정도, 재정능력, 성격, 의사결정능력 등)과 치료대상자 외부의 자원(가족, 지역사회 자원) 두 가지로 나눌 수 있다.

④ 목표의 설정(표적문제와 밀접한 관계가 있다.)

• 일차적으로 전체목표와 하위목표를 설정한다. 전체목표는 다소 포괄적일 수 있지만 구체적으로 설정해야 평가가 가능하고 문제의 해결목표를 긍정적으로 설정해야 한다. 이러한 전체목표를 달성하기 위한 구체적인 방법은 하위목표를 통해 시간, 난이도에 따라 정한다.

• 설정한 목표의 실현 가능성을 고려한다.

• 설정한 목표 중 급박한 것부터 우선순위를 결정한다.

⇒구체적이고 긍정적으로 목표를 진술하고 이는 6하 원칙을 적용시켜야 한다.

⑤ 과제와 전략의 구성

• 문제를 해결하기 위해서는 치밀한 전략을 짤 필요가 있다. 즉 어떤 식으로 접근할 것인가에 대한 고찰로 크게 세 가지로 나누어 생각할 수 있다.

• 교육적 중재접근: 치료대상자의 문제를 해결하는 데 있어서 기술, 정보 지식을 제공하고 가르치는 역할을 뜻하며 임상미술치료사의 교사(Teacher)적 역할을 한다. 이때 임상미술치료사는 직접 그 역할을 담당해야 한다. 사람들 간에 살아가는 데 필요한 기술을 사회기술이라 하는데 부적절한 행동을 하는 이유가 자신에게 싫은, 즉 혐오적인 것을 피하고 싶거나, 타인이 알아주기 바랄 때, 이를

적절하게 표현하는 방법을 모를 때 일어난다. 임상미술치료사는 자신의 목적을 성취하는 적절한 표현 방법을 가르칠 수 있다.

- 촉진적 중재접근: 치료대상자가 자기 스스로 문제를 잘 해결할 수 있도록 내·외적인 자원을 동원하여 조정, 교섭, 협조하여 문제해결을 촉진시키는 방법으로 연결자(Broker, Mediator)의 역할을 한다. 문제와 관련한 기관을 소개하거나 연결하여 도울 수 있도록 한다.
- 대변적 중재접근: 치료대상자는 자기의 문제에 대해서 스스로 대변할 수 없을 때 임상미술치료사가 그것을 대변(Advocate, helper)하는 역할로 도움을 준다.

⑥ 계약서 작성

- 구체화시키는 것이 필요하다.
- 계약당사자인 임상미술치료사와 치료대상자의 구체적인 역할을 명시해야 한다 (문제리스트). 또한 목표와 우선순위를 명시하고 구체적 개입방법과 개입의 구조적인 요건(장소, 시간)도 명시해야 한다.

2) 중간단계–개입과 수행

(1) 임상미술치료사의 역할

① 중개자의 역할(Broker): 지역사회 자원을 연결하여 동기화를 이루도록 한다.

② 조력자의 역할(Helper): 치료대상자가 자기 문제를 스스로 해결하도록 돕는 역할로 치료대상자가 지역자원을 활용할 수 있는 능력을 기르도록 한다.

③ 교사의 역할(Teacher): 새로운 기술, 지식, 정보를 제공하거나 가르치는 역할을

한다.

④ 중재자의 역할(Mediator): 갈등관계에 있는 당사자들 사이에서 조정하고 합의
하는 일을 돕는다.

⑤ 옹호자의 역할(Advocate): 치료대상자를 대신해서 이익이나 권리를 대변해 주
는 역할을 한다.

17. 임상미술치료의 개입

1) 정서적 지지

(1) 개인에 대한 개입으로 가장 먼저 생각할 것이 정서적 지지로 이를 위해서는 개인
에게 관심을 보여야 하고 이를 나타내기 위해서 공감적인 경청이 필요하다.

(2) 수용은 그 사람을 인정하고 비판하지 않으며 있는 그대로 받아들이는 것으로
정서적 지지에 있어서 굉장히 중요한 항목이다.

(3) 재보증: 재보증은 불확실한 불안에 대한 보증으로 불안을 해소시켜 주는데 무
분별한 재보증은 피해야 한다.

(4) 격려: 격려는 그 사람의 행동과 의미를 구체적으로 기술 표현하는 방식으로 정
직한 평가를 해 주어야 한다.

(5) 선물 주기: 마음의 표시를 하는 데 좋은 방법이지만 의존성을 갖게 해서는 안 된다.

(6) 일반화: 치료대상자가 가진 문제에 대하여 그 사람만이 가진 문제가 아니고 다

른 사람도 그러한 문제가 있을 수 있다고 이야기해 줌으로써 문제에 대한 심각한 마음을 완화시켜 준다.

(7) 환기법: 다른 말로 정화법이라고 하는데 치료대상자로 하여금 문제와 감정을 이야기하거나 표현하도록 하여 카르타르시스, 즉 감정을 정화시켜 준다. 감정의 표현에 지나치게 의존하고 습관화되어 동정을 유도하기 위한 수단이 되는 경우도 있으므로 적절히 사용한다.

2) 인지적, 직접적인 영향: 논리적, 이성적 판단에 호소하는 것(설득)

(1) 초점화: 문제가 다양하거나 불확실한 경우 특정의 문제에 초점을 맞추는 것을 말한다.

(2) 직면(도전): 대부분의 사람이나 치료대상자는 부닥친 문제를 회피하려고 하는 경향이 있고 이 문제를 시간의 흐름 속에 망각되기를 바란다. 임상미술치료사가 문제에 대한 단호한 입장과 상황을 이야기하여 치료대상자로 하여금 자신의 문제를 직면하도록 해 주는 것을 말한다.

(3) 재명령: 문제의 의미를 다시 한 번 확인해 주어서 문제의 불확실성을 제거한다.

(4) 충고, 조언-강조-설득-주장

(5) 지시: 충고, 조언을 통하여 되지 않는 경우 필요한데 이때 상대방의 입장을 고려해서 해 주어야 한다.

(6) 암시: 임상미술치료사가 지시하고자 하는 말을 치료대상자가 생각해 보도록 해주는 것이다.

3) 행동변화의 기술

(1) 적절한 행동을 하게 하기 위해서는 보상을 통한 강화와 벌을 통한 소거가 있다.

(2) 행동을 강화시키는 자극을 강화물이라 하고 1차적 강화물은 원래 강화물로서 특성을 가지고 있는 것으로 인간의 욕구와 밀접한 관련이 있다. 2차적 강화물은 원래 강화물로서 특성은 없었지만 1차 강화물과 자주 짝지음으로써 학습에 의해서 강화물로 작용하는 것을 말한다.

(3) 강화물의 사용 시 가능하면 2차적인 강화물을 써야 하는데 2차적 강화물이 힘을 발휘하도록 하기 위해서는 1차적 강화물과 자주 짝지어 주어서 서로의 관계를 밀접하게 해 주어야 한다.

(4) 벌: 벌은 즉각적인 효과와 간편하게 사용할 수 있는 장점이 있지만 의도한 목적과 더불어 의도하지 않는 효과, 즉 부작용이 수반되는 경우가 많다.

벌은 반응이나 행동에 대해서 혐오적 자극을 주어 그 행동의 발생 가능성을 낮추어 주는 것인데 그 벌을 받는 행동자에게 있어 오히려 강화요인으로 작용하는 경우가 많다. 또한 장기적인 효과가 없고 단기적으로 효과가 있는 경우가 크고 특히 혐오적인 반응만 받아들이는 것이 아니라 혐오자극을 주는 사람과 혐오자극을 동일시하게 되어 인도자 자체도 혐오적인 존재로 인식되어 관계형성에 부적절한 영향을 준다. 그리고 적절하지 않은 행동이 감소되기도 하지만 동시에 바람직한 행동도 함께 감소되는 경우가 있다.

(5) 소거(extinction): 혐오적인 자극을 직접 주어서 행동을 줄이도록 하는 것이 벌이라면 부적절한 행동을 벌 대신 강화자극을 제거해 줌으로써 감소시키는 방법이다. 이

는 소거저항이 있으므로 사용에 있어서 주의가 필요하다.

(6) 모델링: 임상미술치료사가 모범을 보여서 치료대상자로 하여금 관찰학습이 일어나도록 하는 것

(7) 행동형성(shaping): 행동의 기준을 낮은 수준에서 시작하여 점점 그 행동의 기준을 높여 가는 것이다.

(8) 행동연쇄(chaining): 전방연쇄는 일을 수행할 때 첫 번째 단계에서 대폭 강화를 주어서 그 다음 단계가 잘 일어나도록 유도하는 것이다. 후방연쇄는 일의 수행이 끝났을 때 강화를 주어서 그 행동이 다음에도 잘되도록 하는 방법이다.

(9) 용암(fading): 어떤 행동을 처음 시작할 때 주었던 강화를 점점 줄여서 나중에는 강화 없이도 일어나도록 하는 것을 말하며 아동의 글씨공부에서 보는 형태이다.

4) 점검-지속적인 점검이 필요하다.

18. 환경에 대한 개입활동과 기술(간접적 치료, 환경적)

⇒ 개인에 대한 직접적 개입이 아닌 간접적 치료나 여건의 조성이다.

• 서비스 조정에 관련된 행동-구체적 서비스를 임상미술치료사가 C에게 제공하는 것

• 프로그램 계획과 개발을 위한 활동-임상미술치료프로그램, 자조집단 개발

• 환경을 조작, 조정하는 활동-직업, 가족, 주위의 여건을 변화시켜 주는 활동/의뢰

• 옹호

1) 종료단계

(1) 평가의 목표
① 책임성: 평가는 임상미술치료사가 꼭 해야 할 책임이 있다.
② 내용: 실제결과의 효과성, 투입재료에 대한 효율성에 대한 평가를 내용으로
   한다.

2) 평가의 기준

(1) 총괄평가: 지금까지 계속해 왔던 것에 대해 총망라하여 평가하는 것으로 설정한
목표를 달성한 정도에 따른 평가인 과업성취척도, 목표달성척도, 만족도, 설문조사 등
의 방법이 있다.
(2) 형성평가: 지속적으로 평가해 가는 것으로 문제를 수정하면서 목적달성에 가까
이 갈 수 있다. 치료대상자의 행동이나 데이터의 패턴을 알 수 있고 예측, 수정, 계획의
구체화가 가능하다.

3) 종결

(1) 종결의 개념: 문제의 끝이 아닌 지역사회와 다른 자원으로 치료대상자를 이동시

키는 것이다.

(2) 종결에 따른 감정처리가 중요하다. 치료대상자가 임상미술치료사와의 관계에서 많은 의미나 의지를 두고 있었는데 갑자기 끝나게 되면 일시적 불안, 분노, 퇴행 등의 감정적 변화가 일어나기 쉬우므로 치료대상자가 스스로 감정(애착)을 정리해 나갈 수 있도록 하는 과정이 필요하다.

(3) 의뢰나 이전이 필요할 수 있다. 임상미술치료사는 치료대상자를 다른 도움이 되는 기관에 연결시켜 주어야 하고 점진적으로 사후지도(follow—up)계획을 세워서 실행해야 한다.

19. 임상미술치료의 평가기술

평가에는 총괄평가(summative eval)와 형성평가(formative eval)가 있다. 총괄평가의 경우 폭력행위에 대한 빈도는 처음의 결과가 높고 일정 기간이 지난 후 평가가 매우 낮았다면 개입한 내용의 효과가 있다고 볼 수 있고, 처음과 나중의 결과가 같다면 효과가 전혀 없다고 자신 있게 말할 수 있지만 형성평가에서 폭력행위의 빈도수가 처음부터 마지막 평가 전까지 같다가 마지막 평가에서 매우 낮게 나왔다면 개입의 효과가 있는지에 대해 단언하기가 어렵게 되고 처음의 빈도수가 일정 기간의 평가결과가 계속 낮아지다가 마지막 평가에 다시 높아졌다 해도 개입의 효과가 없다고 단정하기가 어렵게 된다. 총괄평가는 목적달성척도, 과업성취 등에 사용될 수 있고 그 특성이 간편하고 쉽다. 형성평가는 단일사례연구에서 활용되는데 어렵고 시간과 비용이 많이

든다. 인간의 행동은 매우 복잡한 변화의 양상을 보이므로 보다 정확한 개입의 과정과 결과를 평가하기 위해서는 총괄평가보다 형성평가가 더 효과적이다.

•목적분석(목적달성척도)

－김 씨 부부간의 부부싸움이 매우 지속적으로 이루어질 때 이들이 1주일에 6번 이상 싸우는 것에 대해서 임상미술치료사와 부부는 싸우지 않고 상대방과 이야기하고 듣는 행위를 목적으로 하고 계약을 한다. 이처럼 가지고 있는 문제에 대한 목적을 정하고 이에 대한 분석을 하는 방법이다. 이를 통해 목적의 달성 여부와 목적에 현재 치료대상자의 상황이 얼마나 격차가 있는지 알 수 있다.

-4	-3	-2	-1	0	+1	+2	+3	+4
목적 포기	대부분 포기	어느 정도 실패	약간 실패	출발 전과 동일	약간 개선	어느 정도 개선	대부분 개선	목적 달성
이혼	〃 〃 대부분 싸운다	〃 〃 이야기 중 7회 신체적 싸움	〃 이야기 중 3회 신체적 싸움	이야기 중 언제나 싸움	〃 〃 일주일 4번 싸움	〃 〃 일주일 3번 싸움	〃 일주일 1번 싸움	〃 싸우지 않는다

•지속, 평가 그래프－구체적 행동의 목표가 설정되었을 때 목표분석을 할 때 사용한다.

•단일사례디자인(형성평가와 같다.)

단일사례디자인은 관찰 가능하고 측정 가능한 구체적인 행동에 대해서 초점을 맞추어 하나의 집단, 가족, 개인에 대해 집중적으로 조사한다.

20. 변화의 개념과 과정

변화란 계획된 변화로 어떤 것을 예상하고 치밀한 계획 속에 나타나는 변화를 말한다.

- 계획된 변화—의도된 행동으로 이것은 구체적 과정이나 단계를 통해 추진되는데 그 속에는 갈등과 저항, 양감감정을 예상해야 한다.
- 변화의 요인들—치료대상자의 사회적 기능 F는 치료대상자가 가지고 있는 문제 P를 분모로 치료대상자의 (동기 M×능력 C×기회 O)×서비스 S가 분자가 되며 이것들은 변화를 이끌어 내는 요인들이다. 즉 치료대상자의 사회적 기능을 높이려면 치료대상자가 가진 문제를 줄일 수 있는 치료대상자의 동기와 치료대상자가 가진 능력, 즉 활용자원이나 치료대상자가 가지고 있는 기능이나 태도가 중요하고 사회적 기능을 향상시킬 수 있는 기회도 영향을 미친다. 하지만 이것들은 치료대상자에게 딸린 부분으로 변화하기 어려운 상수에 가까운 부분이고 어느 정도 영향을 미치는 것은 가능하지만 이의 극대화는 매우 어렵다. 그러므로 치료대상자의 사회적 기능을 키우기 위해서는 서비스 부분이 세련되고 조직 전 구체적, 적극적으로 행해져야 한다.

1) 변화과정에 대한 개요

(1) 접수면접과 관여—치료대상자의 저항과 양가감정은 반드시 있게 되므로 서로 신

뢰관계형성이 필요하고 이를 통해 서비스의 적격성을 판정하고 의뢰하게 된다.

(2) 자료 수집과 사정—한 사람 한 사람의 특성에 맞는 개별화와 치료대상자의 강점에 초점을 맞추고 한쪽에 치우치지 않는 다원적 접근과 문제에 대한 명확한 정의가 필요하다.

(3) 계약과 계획—계약을 맺고 계획을 세울 때는 구체적이어야 하고 달성 가능하고 측정 가능한 목표를 세우고 계약을 맺어야 한다.

(4) 개입과 점검—계속적인 점검이 필요하고 변화의 궁극적인 책임은 치료대상자에게 있다.

(5) 최종평가와 종결—최종적 평가는 개방적이어야 하고 점차적인 종결이 이루어져야 하며 왜 서비스를 마쳐야 하는지와 그 과정에 대한 명확한 설명이 필요하다. 비평을 할 때 긍정적인 부분과 부정적인 부분의 균형을 맞추는 유동적 시각이 필요하다.

21. 단일사례디자인

한 프로그램의 효과와 실효성을 알기 위해서는 집단비교와 단일사례디자인의 두 가지 방법이 있다. 집단비교는 무작위로 나눈 두 집단에 대해 한 집단은 프로그램을 통한 개입을 하고 한 집단은 프로그램을 하지 않고 그 결과를 비교하여 결과에 프로그램이 미치는 영향을 알 수 있는 방법이고 단일사례디자인은 한 개의 사례를 시각적인 분석을 통해 비교하며 계속적이고 지속적인 관찰을 통해 단일사례의 변화양상을 통해 프로그램의 효과를 보는 방법이다.

이 중 집단비교의 경우 실험된 프로그램의 일반화가 쉽지만 단일사례디자인의 경우는 개별적 특성이 강조되기 때문에 일반화가 어렵고 같은 양상을 보이는 사람들 집단의 표본을 추출하여 비교실험을 한다는 것이 실현 불가능하다. 그래서 임상미술치료 실천에 있어서 집단 비교를 하는 경우는 매우 드물며 그러기에 단일사례디자인이 실천의 임상에 있어 더 자주 이용될 수밖에 없다.

1) 단일사례디자인에 있어 가장 중요한 것은 측정 가능한 목표를 설정하는 것이다. 치료대상자의 표적 문제는 구체적인 용어와 측정 가능하며 관찰 가능하도록 조작화, 즉 조작적 정의가 되어야 한다.

2) 결과측정도구의 선택―행동의 여섯 가지 차원

- 빈도―횟수로 관찰하는 차원으로 비율로 나타내기도 한다(횟수나 비율).
- 지속시간―행동이 시작해서 끝날 때까지의 경과, 즉 지속시간을 관찰하는 차원
- 지연시간―어떤 행동이 일어나게 하는 자극이 주어지는 시점에서 자극에 따른 행동이 실제로 일어나기까지 걸리는 시간을 보는 차원
- 강도―어떤 행위나 행동의 강도 차원에서 보는 것
- 장소―어떤 행위가 일어나는 장소나 상황에 대한 차원으로 적절하지 못한 문제행동이 나타날 때 누가 옆에 있는지 어떤 상황에서 발생하는지에 대해 관찰하는 것
- 모양―나타나는 행동의 모양이 어떤가를 보는 차원

22. 사례관리모델

1) 기본개념

(1) 개념—사례관리란 복합적이고 지속적인 치료대상자의 요구가 있고 치료보다는 보호를 강조한다.

(2) 대상—사례관리의 대상은 주로 만성적인 장애를 가진 치료대상자이고 보호를 필요로 하는 아동, 노인, 장애인이 주 대상이 된다. 즉 자립생활이 어려운 사람이 대상이 된다.

(3) 문제—사례관리의 문제는 한 사람이 다양하고 복합적인 문제를 가지고 있는 것이 특징이다.

(4) 과정—지속적인 관리가 이루어진다.

(5) 방법—간접적인 서비스가 중심이 된다. 직접적 서비스는 심리치료 상담 등이며 심리적인 문제는 개별적인 상담의 과정을 통해서 하는 서비스인 데 반하여 간접적 서비스는 정치나 제도를 통하거나 사회의 자원이나 조직을 활용하는 것인데 사례관리의 경우 간접적 서비스가 주로 이루어지며 임상미술치료사 혼자서 접근하거나 문제를 해결하기 어려우므로 팀 접근을 하고 치료대상자를 옹호하고 대변하며 포괄적인 접근을 한다.

2) 사례관리의 목적

(1) 외부 환경에 적응할 수 있는 치료대상자의 잠재력을 최대화한다.

(2) 치료대상자와 가족이 여러 서비스와 지원체계에 접근하여 자원을 활용할 수 있는 방법을 습득하게 하여 가족, 이웃, 친구 등 비공식적 지원 체계가 치료대상자를 보조할 수 있는 능력을 최대화시킨다.

(3) 치료대상자와 가족의 욕구를 충족시키는 데 있어 공식적 도움 체계의 능력을 최대화하는 역할들을 수행한다.

3) 사례관리의 가치

(1) 기본권리에 대한 존중—모든 사람들은 자신 삶의 목적을 성취하고 문제를 해결하고 인간으로서 잠재력을 실현하기 위해 도움이 될 수 있는 자원이나 서비스에 대한 동등한 접근기회를 갖는다.

(2) 사회적 책임감—가족, 교육, 정부, 의료복지 같은 사회제도를 인본주의적으로 만들고 인간의 욕구에 반응하도록 만들어야 한다.

(3) 자기 결정에 대한 지지—인간의 다양성을 존중하고 개인들이 자신에 대해 내린 결정을 존중한다.

PART 03

임상미술치료의 재활

Part 03

임상미술치료의 재활

재활의학은 산업이 고도로 발달하고 교통수단이 복잡하고 인구가 고령화된 선진 국형 사회에서 주로 발달되어 있는 의학이다. 임상미술치료에서 재활철학은 "모든 인간은 삶의 가치를 가지고 태어난다. 그러므로 생명을 살 가치가 있는 생명으로 만들어 준다."는 것이다. 한 개인이 정상적인 기능의 일부를 상실하였을 때, 육체적·정신적·사회적·영적 측면에서 그가 이룰 수 있는 최고도의 수준에 이르도록 치료하고 관리하고 훈련하고 교육함으로써 그 개인이 다시 사회와 생산대열에 참여하여 보람된 생을 영위하도록 만들어 주는 것을 임상미술치료에서의 재활적 목표라 할 수 있다. 재활의학은 기능 위주이고 포괄적이고 팀 전근법의 이용이라는 특성을 지니고 있다. 하지만 임상미술치료에서의 재활은 팀 접근적이며 단일화된 창구로서의 치료적 행위가 이루어지며 심리적인 평가를 우선시한다는 것이 다른 재활의학과는 다른 점이다. 하지만 재활적 방법의 차이일 뿐 근본적인 차이는 없다. 그리고 성공적인 재활을 위하여 갖추어야 할 구비조건으로는 환자의 참여의지, 사회와 가족의 지지, 잘 짜인 치료 팀을 들 수 있다. 재활치료 팀의 구성요원에는 환자의 가족, 재활의학전문의, 재활간호사, 물리치료사, 임상미술치료사, 작업치료사, 언어치료사, 심리치료사, 오락치료사, 의수족과 보조기 제작기사, 임상사회 사업사, 직업자문요원, 특수교사, 영양사, 종교자문요원 등이 포함된다.

현재 우리나라 사회는 고도로 산업화되어 가고, 교통시설과 수단은 나날이 복잡해지고 있으며, 고령인구도 증가 일로에 있어 재활의 사회적 필요성은 절대적인 시점에 이르렀다. 이는 우리나라도 선국형으로 변모해 가고 있다고 할 수 있다. 현재 산업재해나 고령화의 문제, 아동양육의 문제 및 실업의 대책은 발달이 현저하게 고도화됨으로써 나타나는 증상이라 할 수 있다. 그러므로 복지서비스의 문제에서 재활의 서비스는 더욱 필요한 문제이며 재해로 인한 심리적 문제와 육체적 문제, 산업사회가 안고 있는 갈등에 따른 심리적인 모순은 여타의 재활적 서비스를 요구하고 있고 이러한 사실은 우리나라가 과거 어느 때보다도 재활 의학적 서비스를 필요로 하는 시대에 있다는 것이다.

재활(再活)이라는 말은 문자 그대로 다시 활성화시킨다는 뜻을 담고 있다. 의학에 있어서도 심신의 기능을 다시 활성화시키는 의학이라는 뜻에서 우리나라에서는 임상미술치료학이라 부른다. 재활의학의 발상지라고 할 수 있는 미국에서는 물리의학 및 재활(Physical Medicine and Rehabilitation)이라고 부른다. 모든 치료법은 화학적 요법(Chemical therapy), 물리적 요법(Physical therapy), 심리적 요법(Psychological therapy), 수술적 요법(Surgical therapy) 등의 네 가지 범주로 구분되는데 재활의학에서는 심리적 요법 치료방법을 이용하는 분야라 해서 임상미술치료를 강조한 것이다. 미술, 심리학 및 재활을 한 단어로 표시할 때는 아트테라피(art therapy)라고 부르며 따라서 임상미술치료 재활의학 전문가를 아트테라피스트(art therapist)라고 부른다.

재활의학의 바탕을 이루고 있는 사상은 "구조된 생명을 살 가치가 있는 생명으로 만들어 준다."는 것이다. 죽어 가는 생명을 구조해 놓고 그 생명이 유지되도록 하는 단계에서 끝나는 것이 아니라 더 나아가 환자 자신이나 사회가 가치 있는 생명이라고 느끼는 것은 물론이려니와 가능한 한 생산대열에도 참여하면서 보다 보람되고 즐거운 생활을 영위하도록 만들어 준다는 것이다. 따라서 재활의학의 목적은 육체적으로나 정신적으로나 심리적으로나 정서적으로나 가정적으로나 사회적으로나 직업적으로나 환자가 성취할 수 있는 최고의 수준에까지 도달할 수 있도록 치료와 훈련과 교육을 통하여 환자를 관리해 주는 것이다. 가령 사지가 절단된 환자를 절단된 환부만 치유한 후에 그대로 방치해 둔다면 그는 일생 동안 남의 도움 없이는 하루도 살 수 없을 것이나 그에게 성공적인 재활치료를 제공한다면 그는 남의 도움이 전혀 필요 없이 살 수 있을 뿐만 아니라 직장에서 남들과 같이 생산대열에 참여하면서 보다 보람된 생활을 즐길 수 있게 될 것이다. 재활의학은 질병의 치료, 증상의 호전, 합병증의 예방, 재발의 방지를 통하여 삶의 질을 높여 준다. 만성 심장질환이나 폐질환 또는 말기 암 환자에 있어서도 병 자체가 치유되는 큰 공헌을 하지 못하더라도 재활치료를 받지 않은 환자들보다는 재활치료를 받은 환자들이 한층 더 높은 수준의 삶을 향유할 수 있다.

1. 재활을 위한 임상미술치료 역할

재활에 있어서 가장 중요한 의미는 어떠한 원인의 장애라고 하더라도 기본적으로 미술치료내담자로 하여금 가장 최선의 삶을 살 수 있도록 돕는 것이다. 이는 신체의 기능적인 향상과 함께 심리적인 향상을 의미하며 현실적응을 의미한다.

현실적응은 장애인에게 있어서 직업이 가지는 가치를 실현하는 것으로 인간은 인생의 3/1의 시간을 일하는 데 자신의 능력을 사용한다. 하지만 신체적·정신적 장애인에게 있어서 그들의 신체적 장애나 심리적 장애는 개인에게 커다란 심리적 부담과 충격일 뿐 아니라 이러한 장애요인은 가족이나 사회까지 파급되어 사회적 기능성과 역할성에서 가치를 실현하는 부분에 모든 정책적 에너지를 소모하게 한다. 이는 복지라는 부분으로 현 사회가 안고 있는 문제와 가족구성원이 안고 살아가는 인간의 기본권을 보호하기 위해서 인간의 근본적인 이념에서의 사회구성원으로 살아갈 권리를 만들기 위한 아주 중요한 부분으로, 특히 재활에서 장애인이 사회구성원으로서 역할을 할 수 있도록 정책적인 안배를 하는 것이다. 하지만 재활과정에서 장애인은 정서적으로 혼돈되고 심한 의욕상실이 나타나기 때문에 심리적 측면을 충분히 고려하는 것이 재활 성과를 높일 수 있는 중요한 요인이라 할 수 있다. 재활의 어원은 라틴어인 'habilitas', 즉 '할 수 있다'로 그 의미는 신체 및 정신의 부분적 신체 및 정신의 부분적 기능장애를 가지고 있는 사람에게 그가 가진 능력을 최대한으로 개발시켜 사회에서 신체적·정신적·사회적·교육적·직업적으로 가장 정상에 가깝게 생활할 수 있도록 도와주는 역동적 과정을 말한다. 하지만 신체적·정신적 장애인은 장애에 따른 직업적인 어려움을 수반하고 있으며 구직하는 것조차도 어려움이 많다.

이러한 심리적 문제는 장애의 원인과 정도에 따라 다르게 나타나며 여러 종류의 질환, 질병, 개개인의 차이에 따라 그 정도는 천차만별이다. 하지만 일반적으로 이들이 가지는 심리적 충격과 불안은 개인의 성향성, 방향성과 의사표현성의 다름으로 인해 이에 해결해야 할 문제도 다르다. 그러나 일반적으로 신체장애와 기능손상, 심신의 손상은 자아개념과 자아존중에 위협을 야기하며 이를 지각한 환자나 내담자는 치료적 현장에서 방어기전을 사용하게 된다. 이러한 방어기전을 장기간 사용하면 사회적 부적응과 함께 병적인 심리상태를 초래하여 우울, 학습된 무력감, 약물의존성 및 그 밖의 행위반응을 일으킬 수 있다.

그러므로 재활의 의미는 신체적·정신적 장애인 자신과 그 가정 및 주위 사람들과 심리적인 문제, 즉 재활의 과정 중에 가지는 욕구, 정서, 관심, 가치관, 태도 등 심리적 요인의 변화에 대해 접근하여 자신에 대한 심리적 향상과 협조를 도모하여 신체적·정신적 장애인 스스로 자신의 장애를 현실적으로 극복할 수 있도록 지지함과 함께 자신의 상황에 적당한 사회적 기능을 충분히 다하도록 할 수 있게 하는 것이 중요하다.

그러면 재활을 위한 임상미술치료의 목적은 무엇인가? 미술치료를 받는 환자나 내담자 개개인의 장애와 문제에 따라 달라질 수 있으나 기본적으로 그들에게 자신의 개념을 올바르게 회복시키는 데서 시작한다. 자신의 개념을 찾고 그리고 회복으로써 극복하려는 의지를 형성케 함으로써 자신이 가지는 근본원인을 해결해 나가는 일상에서 자립 활동이 가능케 하는 것이 무엇보다 중요하다.

이러한 기본 목적 이외에도 환자의 특성에 따라 임상미술치료가 가지는 특성 중 기능적 부분은 세부적으로 인지능력 회복, 근육운동 향상, 재활동기 상승, 집중력 훈련을 목적으로 하여 기능을 보다 안전하고 유연하게 활동할 수 있는 임상미술치료적 접근법이라 할 수 있으며 다른 특성으로 시지각의 훈련을 통하여 감성과 이성을 조화롭게 만든다는 것이다. 이러한 의미에서 장애인들은 임상미술치료를 통해 창의적 표현활동을 하면서 자신의 내면에 있는 어려움과 문제점들을 외부적으로 표출할 수 있는 기회를 마련하며 재활로서의 임상미술치료는 신체적·정신적 장애인에게 나타나기 쉬운 사회적 관계 형성을 시도할 수 있는 기회를 제공한다 할 수 있다.

이러한 취지에서 임상미술치료사는 치료 대상에 대한 정보뿐 아니라 현실의 심리적·육체적 상태를 파악하여 목표와 계획을 세우고, 매시간 융통성 있는 자세로 의식의 흐름을 파악하고 환자와 내담자의 시각적 표현에 대한 옹호자로서, 지지자로서 적절한 보조를 맞추어야 하며 관찰과 점검에 의한 방법적인 치료, 재활을 구성해 나가야만 한다. 이를 방법적으로 본다면, 임상미술치료자는 미술적 재료와 형태와 색상을 매개로 하여 미술표현작업 과정 중, 환자가 적극적으로 자신의 생각을 표현할 수 있도록 지지해 주고 지루하지 않게 그들의 의식을 다루어야 하며 환자의 경직된 의식이 역동적으로 변화되도록 유도하는 것이 궁극적인 목표라 할 수 있다.

2. 임상미술치료의 재활의학의 특성

1) 재활의학은 기능 위주(Function oriented)이다.

기능 위주라 함은 환자를 치료함에 있어서 질병의 원인을 정확히 규명하고 그 원인을 근본적으로 치료하는 것은 물론이려니와 질병에 의하여 손상된 기능이 무엇인지를 평가하여 그 손상된 기능을 회복시켜 주는 데 있다. 치료와 관리에 초점을 맞춘다는 뜻으로 질환으로 인해 기능이 상실되었다면 다시금 기능을 회복하도록 도와주는 것이라 할 수 있다. 이는 독립적으로 행동하지 못하는 기능이나 심리적 불안, 괴로움 등의 경우 이를 해소하고 심리적 안정감을 찾아주고 남의 도움 없이 활동을 수행할 수 있도록 훈련시키는 등의 기능향상을 위한 치료와 관리를 특별히 강조하는 것이다.

2) 포괄적(Comprehensive)이다.

이는 환자가 지닌 문제를 평가, 치료, 관리함에 있어서 육체적인 측면뿐만 아니라 심리적·정서적·정신적인 측면, 의사소통(언어, 청각 등), 자기관리(self-care) 그리고 가정적·사회적, 심지어 직업적(vocational)인 측면까지도 다 환자의 치료와 관리의 대상에 포함시킨다는 뜻이다.

3) 팀 접근법(Team approach)이다.

이것을 환자진료의 틀에 있어서 환자 대 의사의 '1:1'의 관계가 아니고 환자를 중심으로 한 환자보호자와 그 외의 환자를 간호하는 사람들(간병인 등)로 구성이 되는 소위 치료수혜팀(care recipients)과 의사를 중심으로 분야 전문요원(Paramedical specialists)을 다 포함한 소위 치료제공팀(care providers)으로 이루어지는 '팀 대 팀'의 관계를 의미한다. 환자 진료의 팀이라 함은 의료팀-의사, 간호사(간호조무사), 전문요원이며 환자 간호팀-간병인, 환자보호자 등으로 볼 수 있다.

3. 임상미술치료의 재활치료 팀의 구성과 역할

재활병원(rehabilitation hospital), 재활원(rehabilitation center), 재활의학과 (department of rehabilitation medicine), 또는 기타 재활시설(rehabilitation facilities)의 특수성에 따라서 필요로 하는 세부 분야 전문요원(paramedical specialists)들은 서로 다를 수 있다. 일반적으로 재활치료 팀을 구성하는 전문요원은 다음과 같다.

1) 환자의 가족

많은 경우에 재활치료 프로그램은 장기간 지속된다. 치료사들이 제공하는 치료의 양은 절대로 충분하지가 않다. 환자 자신이 할 수 있는 범위 내에서의 모든 치료행위와 훈련은 스스로 지속적으로 시행하여야 하며 항상 임상미술치료사와 함께 행해야 한다. 의사나 치료사의 가르침에 따라 병원에서부터 익숙하게 훈련되어야 하며 그러기 위해서는 환자 자신이 모든 재활치료 프로그램에 긍정적으로 참여하는 의지가 필요하다.

환자가 직접 할 수 없는 부분은 가족이 보조(assistance)와 감독(supervision)을 제공해야 한다. 그런 의미에서 환자의 간호를 담당한 가족이 각 환자에게 가장 알맞은 보조와 감독을 시행하기 위해서는 가족도 재활치료 팀의 일원으로 재활치료 프로그램에 적극 참여하여야 한다. 그러므로 임상미술치료에서는 가족치료가 필수적으로 가족의 치료재활이 이루어져야 한다.

우리나라에서는 환자의 보호자나 간병인이 환자 옆에서 24시간 같이 지낼 수 있도록 허용되기 때문에 입원 기간 동안에 보호자가 간병하는 방법과 보조 감독의 요령을 충분히 습득할 수 있다. 이것은 퇴원 후 지속적인 재활치료가 필요한 환자들에게는 재가치료프로그램(follow up home care program)을 가장 효율적으로 제공하는 결과를 가져온다.

2) 재활의학 전문의(Physiatrist)

　재활의학 전문의사는 환자를 과거병력(過去病歷)과 현 병력(現病歷)을 통해 질병의 과정을 파악하고 신체의 병적 증상을 알아보는 이학적(理學的) 검사를 한다. 여러 종류의 특수검사를 통하여 환자의 상태를 포괄적으로 파악한 후 재활치료 팀에 속해 있는 각 전문분야 요원들의 역할을 각 환자의 상태에 알맞게 처방하고 조화시킴으로써 재활치료효과를 최대한으로 올리도록 팀을 총지휘하는 팀장과 같은 것이다. 재활의학 전문의사의 또 다른 역할은 환자가 치료 후에 성취할 수 있으리라고 예측되는 목표점을 설정해 주는 것이고 또 그 지점에 도달하기 위하여 사용될 치료 방향을 설정해 주는 일이다.

3) 임상미술치료사(Clinical Art Therapist)

　재활의학 분야에서 많이 다루는 환자들에게서 주로 발생하는 독특한 임상적 반응에 대해 숙지하고 환자의 일일생활동작을 관리하고 예기치 못했던 사고나 질환으로 인해 갑작스럽게 장애의 몸이 된 환자들은 심리적 문제점을 지니게 된다. 이들의 현실 부정의 태도를 비롯해서 만사에 부정적 과정을 거쳐 좌절감과 우울증을 일으키게 되지만, 결국 현실과 타협을 하게 된다. 임상미술치료사는 이러한 심리적 과정을 거치는 동안 환자와 가족을 심리적인 측면에서 관리하고 환자를 훈련시킴으로써 환자가 긍정적인 사고로 재활치료에 임하도록 한다.

4) 재활간호사(Rehabilitation Nurse)

재활간호사는 재활의학 분야에서 많이 다루는 환자들에게서 주로 발생하는 독특한 임상적 반응에 대해 숙지하고 있어야 한다.

5) 물리치료사(物理治療士, Physical Therapist)

물리치료사는 환자의 거동(擧動, Mobility)을 훈련시켜 주고 관리해 주면서 치료해 주는 기사라 할 수 있다. 환자가 잠자리(침대 위나 방바닥)에서 엎치락뒤치락하며 누운 자세를 바꾸는 운동, 일어나 앉는 훈련, 침대에서 의자나 의자 차(Wheel chair)에 옮겨 앉는 훈련, 일어서서 무게중심을 바로잡고 몸의 균형을 잡는 운동, 평지를 걸어가는 훈련, 층계를 오르내리는 운동 등을 담당한다.

또 물리치료사는 통증이나 마비된 부분 등을 치료하기 위하여 여러 가지 물리적인 요법을 시행한다. 즉 찜질(Hot pack, or Cold pack), 적외선(Infrared), 자외선(Ultraviolet), 파라핀욕(Paraffin bath), 초음파(Ultrasound), 초단파(Microwave), 전기자극요법(Electric Stimulation Therapy), 레이저치료(Laser), 수치료(Hydrotherapy), 견인요법(Traction) 등을 구사한다.

관절이 굳어지는 관절구축(Contracture)을 방지하기 위하여 관절운동을 시키고, 사지의 힘을 늘리는 근육 강화운동(Muscle Strengthening Exercise), 허리의 통증을 치료하고 예방하는 요통운동(Low Back Exercise), 사지절단 환자를 위한 의지 보행훈련(Prosthetic Ambulation Training), 폐질환 환자에의 호흡운동(Respiratory Exercise), 심혈관 질환 환자에게 심폐기능 운동(Power Exercise) 등도 역시 물리치료사가 담당한다.

6) 작업치료사(作業治療士, Occupational Therapist)

작업치료사란 주로 환자의 일일생활동작을 관리하고 치료해 주는 기사라고 말할 수 있다. 비록 마비된 사지에 비정상적 신경반사가 있다 하더라도 이것을 억제하거나 아니면 오히려 이것을 이용함으로써 일일생활동작을 향상시켜 주는 것이 작업치료사 역할의 한 가지 예이다.

7) 언어치료사(言語治療士, Speech Therapist)

언어병리사(言語病理士, Speech Pathologist)라고도 부른다. 언어치료사는 인간의 의사소통(Human Communication)에 관여하는 해부, 생리, 병리, 임상적 증상과 관리에 대해 숙지하고 있다.

8) 심리치료사(Psychologist)

모든 장애자 특히 예기치 못했던 사고나 질환으로 갑작스럽게 장애의 몸이 된 환자들은 대부분의 경우 정도의 차이는 다소 있어도 일종의 심리적 문제점을 지니게 된다. 현실 부정의 태도를 비롯해서 만사에 분노를 터뜨리는 과정을 거쳐 좌절감과 우울증을 일으키게 되지만, 결국 현실과 타협을 하게 된다. 심리치료사는 이러한 심리적 과정을 거치는 동안 환자와 가족을 심리적인 측면에서 관리하고 환자가 긍정적인 사고로 재활치료에 임하도록 돕는다.

9) 오락 치료사(娛樂 治療士, Recreation Therapist)

재활치료는 환자의 참여가 매우 중요한 것인데, 많은 환자들이 치료행위 자체에 별로 흥미를 느끼지 못하여 마지못해 치료에 응하는 경우도 있다. 환자의 참여의지를 고취시키기 위하여 환자의 선천적으로 타고난 소질이나 취미를 평가하여 그 환자가 저절로 흥미를 느낄 수 있는 오락성을 띤 행위를 치료방향에 걸맞게 프로그램을 구성하여 소기의 재활치료효과를 노리는 것이 오락치료이다.

10) 의수족 및 보조기 제작사(Prosthetist and Orthotist)

의수족 제작사와 보조기 제작사는 의수족과 보조기를 디자인(design)하고 제작(fabrication)하고 장착(裝着, fitting)시킨다. 그리고 의수족과 보조기가 환자에게 잘 맞는지, 기능을 제대로 하는지, 환자가 불편 없이 적응을 잘하는지를 파악한다. 의수족과 보조기를 어떻게 집에서 관리하고 유지하는지, 그리고 언제 수리를 해야 되는지 등에 대한 사항을 환자와 가족에게 교육시킨다.

11) 임상사회사업사(臨床社會事業士, Clinical Social Worker)

환자의 전반적 상황을 포괄적으로 평가하고 환자와 가족들과의 관계를 지속적으로 유지하며 재정적 문제해결점을 같이 모색하며 환자가 집에서 치료를 계속할 수 있는 기술 습득과 필요한 기구 준비에 관한 사항을 같이 모색하며 환자 각자에게 가장 알맞은 환경을 갖춘 주거지를 찾는 데 도움을 준다.

12) 직업 자문위원(職業 諮問委員, Vocational Counselor)

재활환자의 직업적인 자문을 하여 준다.

13) 특수교사(特殊教師, Teacher of Special Education)

취학아동을 교육적으로 체계적으로 관리한다.

14) 영양사(營養士, Nutritionist)

환자가 현재 가지고 있는 질병을 치유하는 데 도움이 되는 영양을 관리해 주는 것은 물론이려니와 같은 병의 재발 방지, 새로운 병의 발발을 예방하는 데도 영양사의 역할은 매우 중요하다.

15) 기타

아직 대부분의 재활병원이나 재활의학과에서 재활치료 팀을 참여시켜 치료나 자문을 제공하는 전문요원에는 청각 검사요원(Audiologist), 종교 자문요원(Religious Counselor), 교정 치료사(矯正治療士, Corrective Therapist), 음악 치료사(Music Therapist), 원예 치료사(Horticultural Therapist) 등이 포함된다.

4. 신체손상의 임상미술치료 재활

1) 근력강화를 위한 운동

근력을 강화하기 위해서는 모든 운동 단위가 최대한 동원되도록 근육에 높은 부하를 주어 최대한의 일을 수행하도록 해야 한다. 이는 운동 신경이 지속적이고도 높은 빈도의 활동을 하도록 유도하기 위해서이다. 미술활동으로 인한 운동에 대한 부하는 도수적인 방법부터 여러 종류의 미술기구를 이용하는 방법까지 무척 다양하지만 기본원칙은 크게 등장성, 등척성, 등속성 운동의 세 가지 방법으로 나눌 수 있다.

(1) 등장성 운동
등장성 운동은 관절 운동범위의 처음부터 끝까지 운동속도는 상관없이 일정한 무게의 부하로 움직이는 운동이며 이때 덤벨(dumbbells), 바벨(barbells) 등을 기구로 사용하거나 도르래를 이용한 기구인 풀리(pulleys)를 쓰기도 하고 팔굽혀펴기, 턱걸이, 윗몸 일으키기 등 체중을 이용하여 손쉽게 시행한다. 임상미술치료에서는 활동성 그림 그리기 운동으로 지속적이며 간헐적으로 큰 미술작업에서 행위와 반복되는 동작에 의하여 이루어진다. 즉 육체적 노동과 같은 개념이 될 수 있으나 임상미술치료에서는 정해진 시간과 미술치료활동과 비례하여 육체적·심리적 이완을 함께 경험하게 됨으로써 근력을 향상시키고 심리적인 안정감을 유도한다.

(2) 등척성 운동

등척성 운동은 정적인 운동으로 근육의 수축은 일어나나 부하의 이동이 없고 전체 근육의 길이가 변하지 않는 운동이다. 대부분의 근육에 시행하기가 쉽고 시간이 적게 걸리며 근육통이 적고 무엇보다도 관절의 운동이 없으므로 관절운동이 금기가 되는 상태(예: 관절치환술 후, 초기 급성기 관절염)에도 시행한다. 임상미술치료에서는 소근육 운동으로 그리기 활동과 만들기 활동을 통하여 작은 소근육을 활성화하고 기능을 회복하도록 도울 수 있다. 이 활동의 특징은 책상을 이용하여 작은 그림 그리기 활동과 만들기 과정으로 집단치료에 적용하여 그들이 갖는 문제와 심리적 문제를 같이 다룸으로써 심리적 안정감과 재활을 위한 임상미술치료를 행할 수 있다.

(3) 등속성 운동

등속성 운동은 가해지는 힘과는 상관없이 미리 정해진 각과 속도로 움직이는 운동으로 아령이나 역기 같은 자유중량이 없으므로 무척 안전하며 관절 운동범위의 처음부터 끝까지 최대한의 저항(근력증가를 위한 자극)을 가할 수 있는 장점이 있다. 임상미술치료에서는 선 긋기 활동으로 장시간 활동을 하는 데 많은 끈기를 요하지만 심리적으로 이완성을 높이고 그리고 심리적으로 인내함과 참을성을 기름으로써 심신의 자각반응에 대한 대처방법을 익히는 중요한 역할을 하게 된다.

임상미술치료에서 근력증가 운동의 효과는 먼저 근육에 있는 근육세포 내 근원섬유의 수가 증가함으로 인하여 운동을 시작한 지 6주에서 8주에 눈에 띄게 좋아지기 시작하며 또한 다른 인체조직과 기관에 영향을 주어 근육 내 결체조직이 증가하고 골의 강도와 골밀도가 증가하며 관절면을 이루는 연골이 두꺼워지고 인대와 힘줄도 강해지는 한편 심리적 이완과 심신의 장애적 어려움의 완화에 큰 역할을 한다.

(4) 지구력 강화를 위한 운동

지구력 운동이라 함은 일반적으로 심, 폐 혹은 심장혈관 계통의 능력을 증진시키는 것으로 생각하게 되는데, 이와 더불어 어떤 행위를 오랜 기간 피로에 빠지지 않고 지속할 수 있도록 극소적인 근육의 지구력을 증진시키는 것 역시 중요한 부분이다.

근육의 지구력을 위해서는 근육 수축을 지속할 수 있도록 에너지를 계속 공급해 주는 대사 능력이 필요하고, 이 능력을 증가시키기 위해서는 각 근육세포의 대사 용량을 증가시켜야 한다.

지구력의 증가 운동에서도 역시 과부하의 원리가 적용이 된다. 즉 근육세포의 대사 능력을 규칙적인 운동을 통해 고갈시킴으로써 근육세포가 자극에 적응하기 위해 대사 용량을 더욱 증가시키게 된다는 것이다.

혐기성 지구력(무산소운동)의 증가는 에너지원 중의 하나인 해당 작용계를 고갈시킴으로써 또 호기성 지구력(유산소 운동)의 증가는 또 다른 에너지원인 산화작용계를 고갈시킴으로써 이루어진다. 혐기성 지구력에서 해당 적용에 의한 에너지의 공급은 근육 운동이 시작된 지 1-2분 내에 이루어지므로 이를 고갈시키기 위해서는 동적인 운동을 최대 근력의 80% 정도의 부하로 1-2분간의 짧은 시간 동안 시행하도록 한다. 부언하 자면 혐기성 지구력 증가의 가장 중요한 원칙은 '짧은 기간 동안 격렬한 운동'이다.

호기성 지구력에서 산화에 의한 대사를 고갈시키기 위해서는 적당한 정도로 운동단 위의 활동을 오랜 시간 지속해야 하며 이를 위해서는 운동을 지속해서 할 수 있을 정 도의 낮은 부하를 주며 되도록이면 많은 운동 단위를 참여시킬 수 있도록 충분한 부 하로 운동을 해야 한다. 일반적으로 최대 근력의 60%보다 낮은 부하로 최대한의 반 복 횟수로 운동하는 방법을 택하게 된다. 지구력 증가를 위한 운동에서 가장 중요한 원칙은 피로에 빠질 때까지 오래 운동해야 한다는 것이며, 매일 혹은 일주일에 4, 5일 정도 한다면 충분할 것이다.

(5) 임상미술치료효과

임상미술치료의 효과는 운동에 의해 즉시 나타나는 효과와 오랜 기간의 적응 후에 오는 훈련(training)의 효과로 나눌 수가 있다.

즉시 나타나는 운동의 효과로 우선 심장혈관계에 미치는 영향이 많다.

임상미술치료를 시작하는 즉시 심박수, 심박출량, 혈압이 안정적으로 변화하고 뇌 대사량 요구가 증가하므로 심리적 안정감과 집중력을 높인다. 또한 운동의 초기에는 심박수가 빨라지고 수축기 혈압이 상승하며 국소적인 근육수축으로 혈액의 정맥으 로 돌아오는 양이 증가한다. 또한 운동하는 근육의 혈관은 확장되어 혈류가 증가하 고 정맥환류의 증가와 심박수의 증가로 심박출량은 더욱 많아지게 된다. 하지만 임상미술치료가 시행되면서 일정한 정도로 지속되면 심박수, 혈압 심박출량 모두 일정하게 유지되며 이때의 심리적 이완감과 안정감을 느끼게 된다. 이는 심박수의 감소와 안정 정서적 안정감 유지로, 초기에 급속히 감소된 후 천천히 평상시의 감정과 정서로 돌아가 일정한 오랜 시간을 안정된 정서를 유지한다.

오랜 시간 동안의 임상미술치료 효과로는 먼저 심리적·정서적 안정감과 근력증가 훈련을 통한 근육의 비후가 있고, 그 외 지구력 증가로 미술활동훈련을 통하여 근육에서 산화대사능력 및 심혈관계의 기능을 증진시키게 되고 최대호흡 능력이 증가하게 된다. 내분비계에 있어서 호르몬의 운동에 대한 반응 폭이 좁아지고 지방산 사용의 증가로 혈당의 조절능력도 향상된다.

(6) 임상미술치료의 처방

임상미술치료사는 임상미술치료에 대한 처방을 위해서는 여러 가지 항목을 곰곰이 생각하여 결정해야 하고 치료대상자에게 처방을 내릴 때는 구체적이고 명확한 내용으로 하게 된다.

어떤 목적으로 처방을 내리는지(예를 들어 심리적 이완을 위한 근력의 증가가 목적인지 아니면 지구력 혹은 관절운동범위의 증가가 목적인지)에 대하여 항상 구체적으로 염두에 두어 처방을 내리게 된다.

처방에는 임상미술치료사가 미술활동의 종류로서 능동적인 미술활동이 적합할지 혹은 능동적 보조미술활동이나 심리적 수동적인 미술활동이 좋을지를 결정하고 미술활동에 따른 심리이완 정도나 대상자의 임상적인 상태, 그 외 기후, 고도, 습도 등의 환경을 고려하여 처방을 하게 되며 임상미술치료사는 의료진의 협진에 따른 적합한 임상미술치료적 활동이 이루어져야 한다.

(7) 수술 후 재활치료

손상된 환자의 재활치료에 있어서 목표설정이 중요하다. 이러한 목표설정은 어떤 종류의 손상을 받았는지 손상된 치료대상자가 치료 복귀해야 될 운동 강도와 종류에 따라 결정이 된다. 손상 후 부종조절을 위한 기본적 응급치료와 통증 감소, 관절 운동범위의 회복, 근력, 지구력, 힘의 회복, 신경−근 조절의 재확립, 균형감각의 향상, 심폐지구력 유지, 적절한 기능 회복 등이 초기 치료의 중요한 부분이 된다. 장기적으로는 손상받은 환자를 가능한 한 빨리, 안전하게 심신과 육체적 기능을 수행할 수 있도록 하는 것인데 재활프로그램을 언제, 어떻게 진행시키고 바꾸어야 할지를 정확히 아는 것이 중요하다.

환자가 완전한 사회활동으로 복귀할 준비가 되었는가를 결정할 때는 먼저 치유에 필요한 충분한 시간이 되었는지, 통증 없는 심리적 회복이 되었는지, 근력과 지구력은 회복되었는지, 유연성과 고유 감각은 제대로 나타나는지 등이 중요하고 아울러 적절한 심혈관계 단련도, 다시 얻은 숙련도, 심리적으로 안정된 상태 등이 중요한 기준이 된다. 여기서 임상미술치료는 환자의 신경조직재활과 심신이완 및 가벼운 일상생활의 적응을 돕는 임상미술치료활동이 가능하다.

5. 의학의 역사와 그 성격

인간 이외의 동물들 사이에서 질병은 전적으로 생물학적 현상으로 보인다. 인간에게 있어 질병은 생물학적 현상 이외에도 사회적·문화적 차원의 의미를 가지고 있었으며, 공동체 사회에서 자신의 생존을 위해 타인의 질병을 고쳐야 할 필요성이 생기게 되었다. 그리고 이 전에 치료와 도태 중 하나를 결정하였다. 예를 들면 나병환자의 격리, 정신병 환자의 격리, 유행병 환자의 격리 등으로 육체적 사망 이전에 사회적 사망의 선고를 먼저 하였다.

이러한 이유 아래 도태 전략보다는 질병의 구제에 더욱 힘을 쏟게 되면서 인간의 질병을 치료하게 되는 의료체계(Medical System)가 등장하게 된 것이다.

이 의료체계는 구성원의 역할을 유지시키기 위해서 소요되는 시간, 자원, 여분의 노동 부담을 기꺼이 받아들였다.

이러한 생물학적 현상에 대한 사회적 의미가 발생하면서 이에 대한 체계(System)가 필요질병의 예방과 처치에 중대한 관심을 가지고 지식, 신념(Belief), 기술, 규범, 가치, 이데올로기, 태도, 습관, 양식, 상징 등의 요소로 이루어지는 거대한 복합체를 개발하게 된다. 이 복합체의 각 요소는 상호 보강, 원조하는 체계를 형성하여 작동하게 되었는데 이러한 거대한 복합체가 바로 '의료체계'인 것이다. 이러한 의료체계는 우리가 생각하는 국소적이거나 단편적인 것만이 아니라 환경위생, 영양, 신체단련 그리고 이들의 기초가 되는 과학적 지식이 의학의 이론체계와 치료행위와 마찬가지로 의료체계의 중요한 요소로 작용하였다.

이러한 의료체계의 성격은 첫째, 문화의 필수 구성성분에서 보면 주요 제도와의 관련, 사회상황과 문화관을 반영하게 된다. 중국의 운하사업과 경락, 중국의 관제와 장부기능, 멕시코인의 한열에 대한 사회와 인체의 평형, 서양과학의 '과학적 의료'와 지난 3세기의 과학 지향적 사고방식, 하비의 혈액순환 발견 등이 있다.

둘째, 병은 문화적으로 정의되는데 비만은 현대 사회의 특징으로 보일 만큼 심각한 사회 문제 중의 하나이다. 성인병의 근원이라 말할 수 있는 비만은 이제 성인의 병만이 아니라 아이들에게까지 영향을 미치고 있는 것이다. 말라리아는 현대의학에서 치명적인 것으로 간주하고 있다. 그러나 19세기 미시시피 강 유역에서는 개척자가 환경에 적응하기 위해서 거쳐야 할 순응의 필수 조건이었을 뿐 다른 의미가 없었다. 풍진, 수두는 그리스 농촌지역에서 그리고 이것은 성장과정에서의 정상적인 일부라고만 생각하였다.

모든 의료체계는 예방과 치료의 양쪽을 가지고 있다. 왜 질병에 걸리는가의 설명은 동시에 어떻게 하면 병을 피할 수 있는가를 알게 해 주었다. 그러나 예방의 문제와 치료의 문제는 상호 독립적인 문제이기도 하다.

이러한 의료체계는 많은 기능이 있다. 환자를 건강한 상태로 회복시킨다든지 심리적·사회적 압력으로 일시적 해방도 시켜 주며 다른 사람의 도움을 얻는다는 바람의 성취, 타인의 통제 수단(사회적·도덕적 규범의 유지, 타인의 공격성 통제), 문화적 자부심(전통의학의 민족주의적 역할) 등 많은 기능을 한다.

고대의학의 발달 지역을 살펴보면 문명의 발달사와도 많은 연관성을 가지고 있다. 발달 지역을 보면 메소포타미아, 헤브라이, 이집트, 인도, 중국, 그리스와 로마 등에서 의학의 발달을 볼 수 있다.

이리하여 오늘날 의학을 크게 나누어 보면 한의학, 전근대서양의학, 근대서양의학 등으로 나누어 볼 수 있다. 여기서 한의학이라 함은 중국의 전통의학(Traditional Chinese Medicine)을 바탕으로 한 중국·한국·일본에서 지금까지 행해지는 의학을 말한다. 이와 같은 전통의학으로는 중국 주변의 티베트나 베트남에도 있으며 인도와 아랍, 유럽과 아메리카의 민속의학이 있다. 또한 각국에 전통의학 학교가 개설되어 있는 경우도 많다(중국, 한국, 티베트, 베트남, 인도, 아랍 등).

서양의학은 시간적으로 전근대서양의학과 근대서양의학으로 나누는데 그 이유는 두 가지이다. 첫 번째는 두 의학 사이에는 아주 큰 변화가 있어 다른 성격을 가진 의학이라고도 말할 수 있기 때문이다(이렇게 말하는 것은 다른 전통의학에는 이러한 큰 변화가 없었기 때문이다. 즉 전근대의학과 근대의학 사이의 관계를 보면 명백히 전통의 이어짐은 있다. 그러나 3~4세기에 걸쳐 그 의학의 성격은 완연히 달라진 것이다.). 두 번째는 그 의학의 파급범위로 보아 전근대의학이 전통의학의 성격을 지니고 있다면 근대서양의학은 이제는 세계 공통의 의학이라고 말할 수 있다.

그러나 최근에 와서 전근대의학에서 근대의학으로의 과도기에 있었던 전근대의학에 대한 부정(否定)처럼 근대서양의학은 많은 부정을 받고 있다(물론 현재 근대서양의학은 자체적으로도 엄청난 발전을 하고 있다. 그러나 마치 부정과 찬동이 성(盛)해지고 있는 것은 마치 보름달의 형상이라고 할 수 있다.). 그리고 그것에 대한 대체의학(Alternative Medicine)이라는 범주가 탄생하고 있다. 그리고 아직도 대체의학의 전모는 밝혀지지 않았다. 왜냐하면 그것은 우리 시대가 해야 할 일이기 때문이다.

위에서 설명한 바와 같이 한의학과 서양의학은 서로 다른 지역에서 다른 사상을 바탕으로 발달하여 왔다. 이런 한의학과 서양의학은 인체의 구조를 다르게 보았으며 인체의 이론적 체계화 및 치료 방법에 있어서도 서로 다른 입장을 취하고 있다.

6. 의료체계의 분류

　의료체계란 무엇인가? 의료체계는 건강을 증진시키기 위하여 신중하게 고려된 행동을 발전시키는 사회적 제도와 문화적 전통의 유형이다. 모든 의료체계는 그것을 받아들이고 있는 집단 구성원들의 건강을 목표로 하는 신념, 행동, 과학지식, 기술의 모두를 포함하고 있는 것이다. 의료체계의 구성은 질병론체계와 보건의료체계로 이루어져 있다. 공적인 의료체계만도 의학교육체계, 의학연구체계, 보건의료체계, 공중보건체계 등등이 있을 수 있으나 어떤 의료체계라도 질병론체계와 보건의료체계의 커다란 범주로 분류된다.

　질병론체계(한의지식체계론)는 건강의 본질, 질병의 해석, 의사의 투약과 치료기술에 관한 믿음(지식)체계, 즉 사람들의 건강 상실에 대한 해석으로 주어지는 설명이론을 취급하는 것을 말한다. 예를 들어 금기를 범하는 것, 영혼의 빼앗김, 체내 한열(寒熱) 평형의 붕괴, 세균과 바이러스에 대한 인체의 방어기전 파괴 등이 바로 설명이론이다. 질병론체계는 관념적-개념적 체계이며, 지적(知的)인 구성물이며 집단 구성원의 인지적(認知的) 지향성의 일부이다. 모든 질병론체계는 대부분이 그 자체적으로 합리적이며 논리적이며 그 치료기술은 각각의 원인에 대한 견해를 개념적으로 조직화함에 따라 생겨난다. 어떤 질병론체계가 비합리적인 것으로 생각되는 것은 그렇게 생각하는 사람들이 다른 사회의 사람들이어서 그러한 설명의 근저에 있는 전제를 받아들이고 있지 않기 때문이다. 보건의료체계는 환자를 간호한다든가 환자를 돕기 위해서 병에 대한 지식을 유용하게 사용하도록 사회를 조직화하는 방법에 관한 것이다. 보건의료체계는 그것의 질병론체계의 논리적이고 철학적인 성질의 반영이다. 그러나 이 두 체계는 명백히 구분이 되며 서로 닮았으나 같은 것이 아니다.

위에서 본 바와 같이 질병론체계와 보건의료체계는 명백히 구분이 된다. 이 구분은 전체 의료체계의 장점과 약점을 분석할 때 도움이 되는 개념(concept)이 서양의학의 전체성에 대한 고려를 할 수 있으며, 실제 의료서비스의 공급자와 수요자 간의 현상을 설명할 때도 관련하여 전통의학의 질병관을 가진 사람이 현대의 보건의료체계를 제공받을 때 교육과 연구의 방책으로 유용하다. 질병론에 따른 의료체계의 분류는 퍼스널리스틱(personalistic)과 내추럴리스틱(naturalistic)으로 분류된다.

• 퍼스널리스틱한 의료체계

  초자연적 존재(신), 비인간적 존재(유령, 조상), 인간(주술사, 타인의 저주) 등 어떤 작용체가 목적을 가지고 간섭하여 병이 생긴다고 믿는 의료체계.

• 내추럴리스틱한 의료체계

  병이 비인격적인 용어에 의해서 설명되는 것으로 주로 전통의학과 같이 평형모델에 의해서 설명되거나 진정한 인과적 모델을 이끌어 낸 근대서양의학 체계 등이 여기에 속함. 그 아이디어는 전적으로 관찰 가능한 원인과 결과, 치료와 치료효과 사이의 관계 속에서 질병을 해석하겠다는 의지가 반영된다. 질병을 인간 자신이 조절 가능한 것으로 파악하려는 시도이다.

두 가지 체계가 상호 배타적인 것은 아니다. 대개의 민족들이 둘 중 어느 하나를 주로 택하고 있지만 어느 하나만을 전적으로 택하고 있지도 않다.

내추럴리스틱한 의료전통은 퍼스널리스틱보다 질병을 합리적이고 인간이 조절할 수 있는 영역으로 끌어오고자 한 노력의 산물로 그리스, 인도, 중국 등 고대의 위대한 전통들이 공통적으로 성취한 유산이다. 대개는 약 2,500여 년을 더 거슬러 간다.

그 밖에 다음과 같은 의료체계가 있다.

• 체액병리학

열냉(熱冷), 건습(乾濕)의 네 가지 기본 요소.

혈액(열, 습), 점액(냉, 습), 흑담즙(냉, 건), 황담즙(열, 건)의 4체액 그리스 의학으로 이슬람문명권까지 퍼짐.

고대 기독교 의학의 기초(17세기 전근대서양의학까지 계속 유지). 현재에도 라틴아메리카, 페르시아, 파키스탄, 말레이시아, 자바, 필리핀의 주요한 전통의학.

• 아유르베다 의학

인도 전통의학이다. 다섯 가지의 세계를 이루는 기본적인 요소(흙, 물, 공기, 불 그리고 에테르), 신체를 이루는 세 가지 체액(점액, 담즙, 풍소(風素))이다. 현재까지도 약 90여 개의 아유르베다 의과대학과 10개의 우나니(이슬람의 체액병리학 의학) 의과대학이 있다.

PART 04

제3의 치료 임상미술치료

제3의 치료 임상미술치료

1. 임상미술치료의 특성

　미술이란 철학을 바탕으로 하여 동서양의 수천 년 역사를 통하여 계승되어 온 것으로 시대에 따라서 위기도 있었지만 오늘에까지 이르렀다. 과학적 분석적인 의학에 대한 반발로 자연 치료에 대한 관심이 높아 감에 따라 서양의학에서는 자연의학, 대체의학, 동양의학, 반치의학(동종요법) 등의 연구가 활발히 되면서 임상미술치료에 대한 관심도 높아졌다.

　이러한 현상은 심리현상이란 과학적인 수치로만 해석이 불가능하기 때문이다. 오늘날까지 의학의 발전은 과학과 함께하여 왔으며 앞으로도 과학과 함께 발전한다. 그러나 인간은 과학으로 해결 못 하는 인간 스스로가 인간을 해석할 수 없는 인간의 영원한 수수께끼이다. 그것은 인간이 이성과 감정, 판단력과 논리력 등 인간이 살아 있는 동안 수많은 현상과 사고를 하기 때문이다.

　그러므로 임상미술치료란 이론으로만 존재하는 학문이 아니라 응용과학이요 실용주의적 학문이며 인본주의적 학문이라는 것이다.

모든 응용적 학문이 그렇듯이 임상미술치료라는 학문에서도 임상과 연결되지 않는 이론은 공허하며 이론의 뒷받침이 없는 임상은 맹목적일 수밖에 없다. 이러한 문제에 대해 임상미술치료는 많은 장점을 가지고 있다.

첫째, 임상에 있어서 임상미술치료는 근거를 남긴다는 것이다. 근거를 남긴다는 것은 자료를 가진다는 의미이며 이 자료는 수치화와 과학화가 가능하다는 것이다.

둘째는 미술의 과학화다. 미술이란 영역에서 과학이란 실존하는가라는 의문을 제기할 수 있다. 하지만 미술은 과학성을 띠고 있다. 미술이 단지 시각적인 효과만 있다고 말할 수도 있으나 그것은 이미 지난 과거의 담론일 뿐 미술이란 영역은 이미 인간생활의 광범위한 부분에서 그 실용적 가치를 인정받아 사용되고 있으며 인간을 가장 잘 해석하고 삶의 질을 높이는 생산적 활동을 하고 있다는 것이다.

셋째로 임상미술치료는 합리적이며 실용적이다. 우리의 전통과 각 나라들의 전통을 통해 미술이 오랜 시간 합리적이고 실용적으로 이용되어 왔다는 것은 누구나 알고 있다. 이는 과학으로 해석하지 않아도, 수치화 하지 않아도 이미 생활 속에서 느낄 수 있다.

그러면 앞에서 언급한 과학적인 자료를 어떻게 이용할 것인가? 임상미술치료에서 나온 과학적인 자료들을 어떻게 사용하여야 하는가의 문제만 있을 뿐이며 임상미술치료는 무구한 인간의 역사 속에서 이미 자연스럽게 설명하지 않아도 좋은 것이란 것, 인간의 다양성을 인정한다는 것 그리고 인간의 삶을 유익하게 과학과 더불어 함께해 왔다는 것이다. 이는 임상미술치료가 이미 경험적이고 인간 생활에 실제적 도움을 주고 있다는 것이다.

2. 한의학의 특성

한의학은 인간을 대우주에 상응하는 소우주로 간주하는 유기체론에 입각해 있으며 국부(局部)적 해부학의 발전에 바탕을 둔 서양의학과는 다른 발달 경로를 거쳐 왔다.

물론 한의학도 수많은 임상경험을 통해 형성되었으며 이론적으로는 기(氣)와 음양오행(陰陽五行)의 사상에 뿌리를 두고 있다. 이러한 특성 때문에 한의학은 형이상학적 성격을 띠게 되었다. 한의학이 형이상학적이라고 하는 것은 그것이 가지는 효용성을 과학으로 모두 설명할 수 없는 특이성이 있기 때문이다. 즉 기의 이해와 음양오행의 이해 없이는 한의학을 이해한다는 것은 불가능하기 때문이다. 그러기에 한의학은 인체가 가지는 고유한 에너지의 원리를 설명하며 이것을 동양적으로 해석하여 치료에 임한다고 할 수 있으며 그와 관련한 과학적·이론적 근거와 풍부한 임상경험을 갖고 있다. 다만 자연과학적 방법으로 증명이 어려운 약점을 갖고 있을 뿐이다.

1) 음양오행의 동양 철학적 기초 위에 형성된 의학

음양은 본질적이며 절대적인 것이 아니라 현상적이며 상대적인 개념으로 보다 정적이며 냉한 것이 음이 되고 보다 동적이며 열한 것이 양이 된다.

음과 양은 상호 대립하면서도 상호 의존하는 양면으로 우주변화의 원동력이며 음양의 부단히 변화하는 과정상태에서 상대적 평형이 건강이다.

오행 몸은 하나의 유기체이므로 한의학과엔 외과 수술이 없다. 수술은 몸을 나누어

보는 사고에서 나오는데 몸을 한 덩어리로 보는 유기체적 세계관에서 몸을 가른다는 생각이 나올 수 없기 때문이다.

이런 생각을 잘 드러낸 것이 달력에 나오는 화·수·목·금·토 다섯 가지를 가지고 세계를 설명하려 한 오행론이다.

서양 고대 그리스 철학에도 오행론처럼 물·불·흙·공기 등의 여러 가지 요소로 설명하려 한 주장들이 있었다.

하지만 인류의 지혜가 점점 밝아지면서 몇 가지 요소만으로 만물을 설명할 수 없다는 사실을 알게 되자 낡은 이론이 되고 말았다.

비슷한 형태의 오행론은 어떻게 여전히 강한 힘을 가지고 전통의학에 남게 되었을까?

그것은 서양처럼 단순한 요소론에 그치지 않고 화·수·목·금·토 오행이 서로 밀접한 관련을 지닌 관계론으로 나아갔기 때문이다.

관계는 두 가지로 나타난다.

하나는 물을 먹고 나무가 자라고, 나무를 태워 불을 얻으며, 불탄 재가 흙이 되고, 흙에서 쇠붙이가 나오며, 쇠붙이의 차가운 표면에 물방울이 맺힌다고 본 상생관계이다.

따라서 물—나무—불—흙—쇠붙이—물의 순환으로 나타난다. 하지만 또 다른 하나는 불을 물이 이기고, 물난리가 나면 흙으로 둑을 쌓아 막으며, 흙이 무너져 내리면 나무로 방책을 만들어 막고, 나무는 칼로 베어 버리며, 칼은 불로 녹여 버린다는 상극관계이다.

상극은 불—물—흙—나무—쇠붙이—불의 순환으로 나타난다.

더구나 나무는 간-신맛-성냄-눈과 관련되고 불은 심-쓴맛-기쁨-혀와 관련되며, 흙은 비-단맛-그리움-입, 쇠붙이는 폐-매운맛-근심-코, 물은 신-짠맛-두려움-귀와 관련된다.

그러니까 신맛을 좋아하거나 성을 잘 내면 간과 눈이 나빠지기 쉬운데, 이 경우 간을 치료할 수도 있지만 나무를 만들어 내는 물의 힘이 약하다고 보아서 물에 해당하는 신을 치료할 수도 있고, 나무를 이기는 불의 힘이 너무 세기 때문이라고 보아서 심을 치료할 수도 있다.

이처럼 한의학은 몸 전체를 연관 속에서 본다.

따라서 간·심·비·폐·신 전부를 서로 관련 있는 한 덩어리로 보고 조화와 균형을 만드는 데 치료적인 주안점을 둔다.

3. 제3의학(대체의학)의 특성

대체의학이란 서양의학을 대표하는 현대의학의 치료범위와 한계를 벗어나는 여타의 치료방법을 총괄적으로 지칭하는 말이다. 다시 말해서 서구인들이 현대의학으로 치료되지 않는 질병의 치료를 위해 대안적인 방법으로 채택한 치료방법인 것이다.

물론 현대의학이 발달되기 훨씬 이전부터 인간은 육신에 병이 들었을 때 이에 대한 적절한 치료방법을 알고 있었다. 그러나 민간요법, 자연요법, 심지어는 신비주의적인 주술요법 등을 포함한 모든 치료법들이 대체의학이라는 이름으로 미국에서 공식적인 출발을 시작한 것은 불과 몇 년 전의 일이다.

대체의학이라는 용어 자체는 서양의학 중심적인 사고에서 출발한 것으로 정통 서양의학이 아닌 의학의 개념들과 각 민족 고유의 전통의학들을 뭉뚱그려 대체의학 또는 보완의학이라는 정의를 한 것이다.

정통의학, 제도권의학을 대신한다는 의미로 만들어진 말인데 다른 명칭으로는 정통의학의 어떤 부분을 보충해 준다는 의미로 보완의학, 서구적 전통의학 또는 주류의학에 대비되기 때문에 비전통의학, 제3의학이라고도 한다.

그리고 치유방법의 특징이 사람의 전체를 보면서 치료하기 때문에 '전인의학(全人醫學, Wholistic or Holistic medicine)', 인간의 질병을 자연의 치유능력에 맞추어 조율해 주고 복원시켜 주는 의학이라는 의미로 '자연의학(Natural medicine)'이라고도 불린다.

모두 의의 있는 명칭들이며 어느 관점을 중요시하느냐에 따라 적절히 불릴 수 있으나 최근 미국 국립의료원 산하 보완대체의학 연구소의 공식 명칭은 '보완대체의학'이라고 규정하고 있다.

1) 대체의학의 성장배경

(1) 역사적 배경

1800년 중반부터 소위 생물의학으로 불리는 의학체계가 의학계를 지배하기 시작했다. 생물의학은 세균이 질병을 일으켜 인체에 병리적 손상을 가져오는 원인이 되며, 해독과 백신으로 그 병소를 무력화시킬 수 있다는 관점에서 출발한다. 이와 같은 지식을 토대로 연구가들과 임상의들은 항생제의 개발로 감염을 정복하고 수술법을 완성시켜 나갔다. 그리하여 생물의학은 의료체계의 '전통의학' 또는 주류의학으로 자리를 잡았으며 모든 질병의 치료와 진단에 있어서 절대기준이 되어 왔다.

그러나 수십 년 전부터 이미 이 전통의학에 대한 미국인들의 인식이 바뀌게 되고, 수 많은 사람들이 전통의학이 아닌 대체적인 치료방법을 찾게 되었다.

(2) 실제적 배경

현대인들이 당면한 질병들은 대개 만성적, 퇴행성 질병으로 이는 현대의학이 크게 도움을 주지 못하는 분야들이다. 오늘날 현대의학이 외과적 수술, 의료기기에 의한 진단, 전염성 질병, 그리고 응급처치 부분에서 눈부신 발전을 거듭해 온 것은 사실이다. 산업사회 발전의 역효과로 생성된 각종 화학물질과 중금속의 오염 등은 수많은 만성적 퇴행질환을 유발시키고 있으며 이는 현대의학의 치료한계를 상당부분 벗어나고 있는 것 또한 사실이다.

예를 들어 낙동강 하류에 공장폐수로 오염된 물고기가 아가미나 꼬리, 기타 장기 등의 생리기능을 상실하며 죽어 가고 있다고 가정하면 살리는 방법은 무엇일까? 짐작하건대 현대의학은 거기에 항생제를 투여한다거나, 숨을 잘 쉬지 못하면 아가미를, 꼬리가 잘 움직이지 않으면 꼬리를 수술하는 방법을 택할 것이다.

한방에서는 힘없이 축 늘어진 그 어패류에게 힘을 돋우는 보약을 투여하든지 침이나 뜸을 놓을 것이다. 그러나 공장폐수로 오염되어 죽어 가는 그 물고기에게 그런 치료가 타당할까?

이 물고기에게 필요한 치료는 약물의 투여나 수술이 아니라 단순히 공장폐수를 차단해 주고 오염물질들을 해독해 주는 방법이 더 합리적인 것이다. 그들에게는 보약이나 양약보다는 신선한 물과 깨끗한 공기가 절대적으로 필요하다.

(3) 사회적 배경

과학주의에 바탕을 둔 현대의학은 성격상 의술보다는 기술 쪽으로 편향 발전되어 왔다. 인간을 치료하는 데 있어 기계의 역할이 두드러지게 강조되고 결과적으로는 전인적 치료보다는 육신만을 다루는 부분적인 치료로 일관하게 된 것이다.

영과 정신과 육체로 이루어진 인간은 고도로 발전된 기계 앞에서 상실되어 가는 인간성에 대해 회의를 느끼게 되었고, 결국 과학주의에 대한 인간의 반발의식이 대체의학을 선호하는 쪽으로 나타났다고 볼 수 있다.

과학이 발달하면 할수록 뭔가 인간다운 것을 그리는 것이 인간의 속성인 것이다.

1960년대의 미국인들은 베트남 전쟁을 치르면서 최신 전쟁무기 앞에 속수무책 쓰러져 가는 자연과 인간을 눈으로 지켜보았다.

그들의 눈에 현대과학은 자연과 인간을 송두리째 무너뜨릴 수 있는 힘을 지니고 있는 듯 보였다. 그들은 상실되어 가는 인간성을 체험하며 깊은 실의와 절망에 빠졌다. 이처럼 낙담과 분노, 절망과 배신의 정신적 소용돌이를 겪으며 그들이 찾아 나선 것은 인간성 회복 운동이었다.

곳곳에서 반전운동이 일어나고 과학주의에 대한 반항이 물결처럼 일어났다.

그것은 참혹한 60년대를 지나며 70년대에 들어선 신세대들의 뉴에이지 운동으로 확산되어 근대 세계사의 거대한 문화사적 의의를 남기게 된 것이다.

그들은 절대 권력의 과학주의에 반항하며 자연과 인간에의 사랑으로 발걸음을 옮겼으나 그들의 사상적·철학적 배경이 되어 줄 정신적 바탕은 빈약했다.

과학주의에 근거한 서구적 교육제도가 한계를 드러내는 순간이었다.

결국 그들은 눈을 돌려 자신들의 정신적 구원을 동양의 철학과 사상, 신비주의, 예술에서 구하기로 했으며 그들의 생각은 적중했다. 인도와 중국을 그 뿌리로 삼고 있는 '동양문화 찾기'는 의료계에서도 예외는 아니었다.

이렇게 해서 침술과 한약과 인도의 전통의학인 아유르베다가 미국에 정식으로 상륙하게 되었다.

대체의학의 정의 또한 다양하지만 대체로 인체를 종합적이고 전인적인 방법으로 고찰하여 질병을 예방하고 치유하고자 하는 의학의 한 분야로 보는 것이 타당하며, 미국 국립 보완대체의학 연구소에서는 '다양한 범위의 치료 철학, 접근 방식, 치료법들을 포괄하는 것으로 의과대학이나 병원에서 일반적으로 교육하거나 사용하지 않고, 의료보험을 통해 수가가 지급되지 않는 치료나 진료 행위'라고 정의 내리고 있다.

인간의 질병을 다루는 의학은 종합적이고 전인적인 접근 방식이 적용되어야 완전한 건강을 되찾을 수 있다는 관점의 치유 개념이 최근 중요한 문제로 제기되면서 다양한 건강 증진 및 치료 방식이 대두되었고, 널리 연구되고 있다.

보완대체의학은 바로 인간을 전인적인 관점에서 바라보면서 건강을 증진시키고 질병을 예방하며 치료하고 후유증을 최소화하고자 하는 의학으로서, 현대의료의 큰 축을 담당했던 기존의학과 더불어 또 다른 한 축을 담당하게 될 것이다. 실제 대체의학에서 사용되는 많은 방법들 중에서는 치료효과가 뛰어난 것들이 많이 있다. 이러한 것들이 아직 증명되지 않았거나 이상하다고 해서 묻히는 경우가 있어서도 안 되며 무시되어서도 안 된다.

4. 서양의학의 특성

서양의학은 인간의 과학발전과 생리학의 발전으로 오늘에 이르고 있다. 즉 서양의학이란 인간의 감각을 통해 인지할 수 있는 현상만을 토대로 하며, 추상성을 지양하고 오직 인과성 속에서 인체를 해석한다는 것이다. 서양의학의 특징을 진단체계의 면에서 살펴보면 다음과 같은 분석이 가능하게 된다.

첫째는 해부에 대한 의미이다. 근대서양의학은 대개는 동시에 나타나는 외부의 증상 간의 관계를 밝히기보다는 증상의 원인이 될 수 있는 인체내부기관(Organ)의 병변(Lesion)을 찾는 데 몰두하였다. 따라서 시체해부에서 인체의 병태를 밝히고자 하였다. 이는 본체론적 질병관에서 기인한 것이다. 푸코는 해부병리학의 등장에 대해서 아래와 같이 설명한다.

임상의학이 자신의 방법론을 정립하던 시기에 이루어진 해부병리학의 등장은 결코 우연이 아니다. 해부병리학은 개별 환자에 대한 시선과 개별 환자를 기술하는 언어가 모두 안정되고 가시성을 띠며, 해독 가능한 시체 위에 근거하기를 요구했기 때문이다. …… 이러한 구조는—이것을 임상해부학적 방법론이라고 할 수 있다.— 의학사에서 우리가 실증의학이라고 부르는 것에 대한 전제 조건이다.

결국 근대서양의학 체계는 구체적인 현상 이외의 본질 개념은 담보하였다. 그래서 질병의 본질은 가시적인 구체적인 대상이라고 여겼으며 가시적인 현상들 간의 인과성을 통해서 증상들의 원인을 알아내고자 하였다. 즉 각 현상들의 추상적 본질에 대한 관심을 포기하고 인체내부의 병태를 본질적인 것으로 보고 여기에서 가시성을 획득하기 위해 '해부'라는 커다란 사건이 발생하게 되었다.

둘째, 서양근대의학은 인과성과 실증 의학이라는 두 가지 전제에서 볼 때 원인과 결과 사이의 필연적인 관계를 설정해야 하는데 그것에는 추상성이 개입할 여지가 없다. 따라서 원인과 결과 사이에는 연구가 진행됨에 따라 계속 조밀하고 더 자세한 연속적인 인과관계를 성립시키기 위해 원인과 결과 사이에 일어나는 사건들을 계속 조사, 관찰하여 기술하는 것이다. 따라서 근대서양의학의 병리학은 'pathology', 즉 인과관계의 경로에 관한 학문이다. 여기에서 인체 내부 기관에 대한 탐구는 계속 이어졌다.

셋째, 사실에 대한 자세한 기술(記述)이 이루어졌다. 증상을 진단의 판단 근거로 삼는 한의학보다도 서양근대의학이 증상이나 그 시간적인 변화 양태 등을 더 자세히 기술하고 있는 것은 하등 이상한 것이 아니다. 왜냐하면 한의학은 그 현상 속에 있는 본질에 관심이 있었으며, 근대서양의학은 인과성을 수립하기 위해서 현상에 관심을 두었기 때문이다. 또한 근대서양의학자들은 언제나 인간의 언어를 통해서 언어 이전의 모든 사물과 사건을 그대로 기술할 수 있다고 생각하였다. 이러한 믿음은 실증의학의 전통에서 필연적인 전제이다. 그러나 현재에 와서 보면 그것은 사실이라고 보기 힘들다. 푸코는 서양근대의학자들의 그러한 경향에 대해서 아래와 같이 기술하고 있다.

이 당시의 임상의학자들도 믿어 의심치 않았던 것이지만, 우리는 지금도 모든 사물이 인식의 밖에 그대로 존재하고 있으니, 이러한 수준에서 가시적인 것의 구성 형태와 발화 가능한 것을 구문론적으로 정리하는 일정한 규칙 사이에 아무런 무리 없이 균형이 잡힐 수 있었을 것이라고 추정하고 있다. 그러나 불행하게도 그것을 보는 것과 말하는 것, 그리고 본 것을 말로 표현하면서 보는 방법을 배우는 것은 즉각적인 투명함 안에서 서로 간의 의사소통이 이루어진 황금시대에나 가능했던 순간적인 도취감에 불과했다.

1) 과학적 증거 위주의 서양철학 기초 위에 형성된 의학

서양근대의학은 일반적으로 프랑스 대혁명 이후인 1790년경 파리임상의학파(Paris Clinic School)에 의해 형성되었다고 본다. 서양근대의학은 다른 의학에 비해서 비교적 그 역사가 짧은 의학이다. 따라서 서양근대의학의 본질적 특징은 서양근대의학의 탄생에 대한 역사를 통해서 쉽게 찾아볼 수 있다.

서양 전근대의학의 주류라고 할 수 있는 갈렌 의학은 아리스토텔레스의 목적론적 생명관에 근거하여 히포크라테스의 체액이론을 더욱 발전시켰고, 인간의 생명이 깃들인 공간을 소화계통, 호흡계통, 신경계통으로 나누어 자신의 해부학 지식과 연결시켜 유추하였다. 그러나 그의 해부학은 대부분이 동물에 의한 것이고, 자신의 이론에 끼워 맞추기 위해 실제 존재하지 않는 기관을 묘사하기도 하였는데 이것은 결국 그의 생리학 체계가 해부와 실험의 결과가 아니고 사변적인 체계였음을 보여 준다.

이러한 갈렌 의학은 현대에는 문제가 있어 보이지만 당대인들에게는 전혀 문제가 되지 않았고, 천 년이 넘도록 그 체계를 더욱 정교화시켜 나갔다. 그러나 이 체계는 16세기경부터 19세기에 걸친 몇 가지 도전을 통해 서양근대의학으로 교체되었다.

그 첫 번째는 본체론적 질병관이다. 파라셀수스(Theophrastus Paracelsus, 1493~1541)는 각 존재는 아르케우스(Archeus)라는 내재적인 원형(原型)과 힘에 의해 형성되고 성장하는데, 질병은 바로 외부의 아르케우스가 인체를 습격하여 인체 특정기관의 아르케우스와 싸우는 과정을 의미한다고 보았다. 파라셀수스는 소위 생기론(生氣論)적 의학사상을 가지고 있었지만 이러한 아르케우스라는 개념을 통해 본체론적 질병관을 형성하는 계기를 마련하였다. 이러한 본체론적 질병관은 모르가니, 비샤, 코흐 등에 의해서 서양근대의학의 다른 특징과 결합되었다.

두 번째는 기계론적 생명관이다. 데카르트는 기계론적 철학에 엄밀성을 부여하고 이원론(dualism)을 통해 물질세계(연장실체: substansia extensa)는 정신세계(사유실체)와 독립적이며 물질적 필연성에 의해 움직인다고 주장하였다. 이것은 인체를 인간의 정신과 독립적인 물질로 파악하며, 더 나아가 정교한 기계로 바라보는 시각이다. 이러한 사고방식은 하비(William Harvey, 1578~1657)가 혈액 순환을 증명하는 데에 도움을 주었다. 그 증명의 핵심은 혈관계를 기계적 구조로 파악했다는 점이었기 때문이다. 이러한 사고는 서양근대의학에서 그대로 적용되고 있었으며, 임상에서 상당히 많은 성과를 거두었다.

세 번째는 서양근대의학의 탄생에 가장 큰 영향을 미친 병리해부학의 발전이다. 많은 학자들이 서양근대의학의 본질적인 특징으로 병리해부학을 들고 있는 것은, 서양근대의학에서야 해부학이 진정한 의미를 가지게 되었기 때문이다. 베살리우스(Andreas Vesalius, 1514~1564)는 "모든 인체 해부학적 진술은 실제 해부를 바탕으로 검증되어야 한다."는 간단명료하지만 당시로서는 천재적 발상에서, 『인체 구조에 관하여(De Humani Corporis Fabrica)』라는 기념비적인 저서를 1543년 출간하였다. 베살리우스 이전에도 각 대학 의학부에서는 중세의 해부학을 가르쳤고 일 년에 한두 번 정도 공개적으로 행해졌었다. 그러나 14~15세기 의학교육의 일부분으로 행하여진 해부의 목적은 의학적 지식의 탐구가 아니라 단지 책(갈렌의 가르침)에 나와 있는 몸의 내부를 보여 주기 위한 도구였다. 즉 해부는 의학지식을 납득하기 위한 단순한 시각적 보조도구에 불과했던 것이다. 따라서 중세의 해부도는 갈렌의 생리학 및 해부학 개념을 이해하기 쉽도록 도식적이었으며, 기억하기 편하도록 되어 있었다. 즉 그 당시 의학

체계는 치료나 진단에 환자의 신체 구조에 대한 실제적인 지식이 필요 없었으며 외과와 해부학은 거의 형식적인 과목이었다. 이러한 환경에서 베살리우스도 역시 인체의 해부지식을 실제 임상에 적용하지는 못하였으나 "인체의 해부학적 진술은 사실을 바탕으로 해야 한다."는 주장을 하고 그것을 실천에 옮긴 것이다. 또한 그 당시 의사들은 자신들의 주된 치료 방법이던 사혈(bleeding)에 대해서 자신의 주장을 펼치면 되었지만 그 주장을 뒷받침할 사실(fact)을 제시할 필요를 느끼지 못하였던 반면에, 베살리우스는 순전히 사변에 기초한 주장의 옳고 그름을 검증하는 데 해부가 도움을 줄 수 있다고 생각하였다.

이런 배경에서 베살리우스의 『인체구조에 관하여』는 새로운 관점을 채택하였고 그 관점에서 볼 때 갈렌의 해부학은 오류임을 지적하였다고 볼 수 있다. 즉 갈렌의 해부학과는 전혀 그 의미가 다른 해부학을 시작한 것이다. 이러한 해부학은 정상해부학뿐 아니라 병리해부학을 유도하게 되었으며, 병리해부를 통해 근대적인 질병의 이해에 기반을 다진 것은 모르가니(Giovanni Battista Morgagni, 1682~1771)였다.

네 번째는 실증주의 의학이다. 중세를 풍미하던 관념론에서 모든 진리는 사실(fact: 감각 가능한 것)로부터 시작한다는 사고의 전환은 사실의 관찰과 모든 가설의 검증을 요구하였다. 레스터 킹(Lester S. King)은 구체 대상의 기술(記述)에 몰두한 당시 의학에 대해서 아래와 같이 말하고 있다.

사실을 추구하는 정열은 당시 일반적인 지적 분위기의 일부였다. 사실들은 객관적인 것으로 간주되었다. 사실들은 쉽게 찾아낼 수 있는 수집 대상이었다. 가설과 학설은 자리할 곳이 없었다. 충분한 양의 사실이 모이면 몇몇 나이브(naive)한 사람들이 보이던 의견 차이가 저절로 해소되고 진실이 분명히 나타나게 마련이었다.

다섯 번째는 인과론적인 사고방식이다. 칸트에 의해 정의된 인과론의 법칙처럼 그 당시 모든 사물의 과정은 필연적으로 인과성이 개입되어 있는 것으로 사고하였다. 의학에서는 파스퇴르(Louis Pasteur, 1822~1895)나 코흐(Robert Koch, 1843~1910) 등 19세기 세균학자들에게서 그 예를 찾아볼 수 있다. 그들은 질병은 특정 원인으로 환원하여 설명할 수 있다고 믿었다. 따라서 코흐는 근대의 명확한 인과성에 근거하여 어떤 유기체가 특정 질병의 원인임을 증명하는 필수적인 단계, 즉 '코흐의 선결조건'을 발표하였다. 그것은 병원체가 그 질병의 각 증례에서 발견되어야 하며, 다른 질병에서 발견되어서는 안 되며, 그 병원체는 분리·배양되어야 하고, 그 병원체가 접종된 동물에게 같은 질병이 발병되고, 그 동물에게서 그 병원체를 얻어야 한다는 것이었다. 이러한 사고는 특정 원인(specific cause)—특정 질병(specific disease)—특정 치료법(specific therapy)라는 서양근대의학의 틀을 확립시키는 데 기여하였다. 이러한 과정을 통해서 보면 한의학과 서양근대의학의 차이점은 명확해진다. 환자에게서 얻어 내는 정보는 한의학이나 근대서양의학에 모두 '해석되어야만 하는 현상'이었던 것이다. 그러나 그 해석의 방법은 동일하지 않았다. 한의학의 경우 유비추리에 의해서 현상의 본질을 추구하였으며 서양근대의학의 경우 인과법칙에 근거하여 현상의 본질(원인)을 추구하였다. 그러한 결과로서 한의학은 證(증)이라는 진단명을 가지게 되었으며 근대서양의학은 원인론적 진단명을 가지게 되었다. 따라서 한의학과 서양의학의 진단명은 치료원칙을 제시하고 환자를 규정짓는 것이라는 점에서는 동일하지만 본질적으로는 그 구조와 맥락을 달리하고 있다. 하지만 인체의 구성과 인체의 증상 원인을 규명하는 데는 두 학문 모두가 필요하며 인간의 이해도 한의학과 서양의학의 철학적 이해가 필요하다. 오늘날 과학화는 질과 양의 발전이었다. 하지만 앞으로의 과학화는 질로 발전할 것이다. 현대의학은 약리학이라는 과학이지만 앞으로의 현대의학은 생명, 유전공학이 이끌어 갈 것이다. 지금 우리는 그 현상에 노출되어 있으며 인간은 본연의 자연이라는 중요한 가치의 기본 틀을 인식하고 발전하고 있다.

2) 한의학, 서양의학과 제3의학(대체의학)의 비교

동양의학은 철학적이고, 주관적이며, 총체적이고, 방어적이며, 경험적이고, 적당성을 강조하며, 증(症) 중심인 데 비해, 서양의학은 과학적이며, 객관적이고, 분석적이며, 공격적이고, 실험적이며, 정확성을 강조하고, 병(病) 중심이다. 동양의학과 서양의학의 차이점이 곧 동서의학의 공통점이 되기도 하고, 동서의학 접목의 접합점이 되기도 하며, 상호 보완점이 되기도 한다.

동양의학	서양의학
철학적	과학적
종합적	객관적
총체적	분석적
적체적	국부적
내과적	외과적
대중적	대응적
증후학	병명학
경험적	실험적
개인 의학적	사회 의학적
체질예방	세균의학
액체병리학	세균 병리학
방어적	공격적
자각증 중시	타각증 중시
적당성 강조	정확성을 강조
증(症) 중심	병(病) 중심
천연약재 의존	약리약재 의존

동양의학과 대체의학의 차이점은 동서의학의 공통점이 되기도 하고, 동서의학 접목의 접합점이 되기도 하며 상호 보완점이 되기도 한다.

지금은 200여 가지의 의술 조각들이 대체의학이라는 이름 아래 한 범주 속에 있는 상태이나, 장차 연구를 통하여 하나씩 그 작용 기전과 임상효과가 밝혀지기 시작하면, 대체의학의 일부는 서양의학의 범주에 속하게 될 것이고, 또 다른 일부는 동양의학의 범주에 속하게 될 것이다. 이렇게 정리된 의학은 우선 서양의학과 동양의학의 양대 산맥에 속하게 되고, 이때는 '서양의학의 대체의학이 동양의학이요, 동양의학의 대체의학이 서양의학'이라는 사고방식을 견지하게 될 것이다. 그리고 수십 년이 될지 아니면 수백 년이 될지는 모를 일이나 훗날 언젠가는 그냥 '의학'이라 부르는 하나의 의학이 될 것이다. 현재는 한의학이나 서양의학이 대체의학의 가치를 인정하고 진지한 마음으로 이를 과학적 방법으로 검증 확인하는 한편, 과학을 바탕으로 한 서양의학을 철학적 방법으로 이해하는 참된 의과학자들의 출현을 어느 때보다도 더 갈구하는 시대라고 할 수 있겠다.

3) 제3의학 대체의학

(1) 대체의학의 특징

다양한 범위의 치료에 대한 철학·접근방법·치료법을 포괄하는 것으로 의학교육을 통한 지식이 아니며 병원에서 일반적으로 사용하지 않거나 의료보험을 통해 그 수가가 지급되지 않는 치료나 진료를 대체의학이라 할 수 있다.

하지만 대체의학은 원인과 치료가 일치하고 있음에 그 특징이 있다. 대체의학은 그 원인을 파악하고 그 원인을 제거하려 하는 지극히 합리적인 치료원칙을 보여 주고 있다.

더 중요한 특징은 대체의학의 치료원칙이다. 서양의학이나 한의학이 모두 환자들의 몸에 뭔가를 주입시켜서 치료하는 파지티브 치료법을 기본으로 하고 있으나, 대체의학에서는 인체 내의 독성을 제거해 주는 네거티브 치료법을 원칙으로 삼고 있다는 점이다.

그에 따른 또 다른 예를 들어, 한강하류에 공장폐수로 인해 죽어 가고 있는 물고기가 있다고 가정해 보자. 이 물고기를 서양 의학적으로 치료한다면 짐작건대 주사를 놓든지 항생제를 주든지 보통 하던 대로 뭔가를 주입시키는 치료가 이루어질 것이고, 만일 꼬리가 움직이지 않는다면 꼬리를, 아가미가 제 기능을 하지 못한다면 아가미를 수술하는 상황이 벌어질 것이다. 한방적인 치료는 물고기의 기력이 부족하다고 판단되면 보약을 준다거나, 움직이지 않으면 기혈이 정체된 것이므로 침이나 뜸으로 경락을 치료하겠다고 나설지도 모르겠다. 역시 물고기의 생체에 침이나 약물을 주입하려는 치료가 이루어진다.

그러나 대체의학적인 치료방법은 좀 다른 면이 있다. 대체의학적 치료는 이 물고기에게 약물을 주입하는 치료를 하지 않고, 오히려 체내에서 뭔가를 제거해 주는 치료를 시도한다. 이 물고기는 지금 공장폐수로 오염되어 죽어 가고 있고 그러므로 물고기의 병의 원인은 오염물질이다. 오염물질을 해독시켜 주는 것이 가장 시급한 치료가 되어야 마땅하다. 그런데 이미 오염으로 병든 물고기의 생체에 화학용해물 자체인 약물을 또다시 주입시킨다는 것은 병에 병을 더 가중시키는 일이라고 생각하며 대체의학에서는 오직 체내 독소를 해독시키는 것을 치료의 첫걸음으로 삼고 있다. 일단 체내의 독소를 제거해 준 다음 몸의 면역능력을 높여 주는 치료를 병행해 나가는 것이 대체의학적 치료원칙이다. 원인과 치료의 합리적 일치성을 완벽하게 보여 주는 것이 가장 합리적인 치료인 것이라고 대체의학은 말하고 있다.

더 나아가서 대체의학의 기본정신은 치료에 있어 어느 한쪽으로 기울어지는 편협성을 거부한다. 다시 말해서 양방에서는 양방만이 유일한 치료법이고, 한방에서는 한방만이라는 편협적 사고가 아니며 대체의학에서는 그런 모습을 볼 수 없다. 이들에게는 오직 치료만이 목표인 것이다. 환자의 육체적, 정신적 고통을 덜어 주는 일이라면 양방이나 한방을 구분하지 않고 사용하겠다는 생각을 특징으로 지니고 있다.

(2) 대체의학의 종류

대체의학의 종류에서 그 가지의 수가 여러 가지이다.

근육 내 자극요법, 기공, 동정요법, 마사지, 명상, 미술치료, 무용치료, 민간요법, 수맥, 식이요법, 아로마테라피, 아유르베다, 약초요법, 요가, 요로법, 음악치료, 응용운동학, 자석요법, 자연요법, 전통의학, 중금속제거요법, 침구학, 카이로프랙틱 등 우리가 평소에 쉽게 들어 오던 치료법도 있으나 그 말부터가 생소한 치료법까지 그 종류가 다양하다.

여기에서는 우리가 흔히 접할 수 있는 이름의 치료법을 몇 가지 살펴보도록 하겠다.

•임상미술치료

대체의학 시스템으로 임상미술치료사는 미술이 가지는 장점과 기술을 응용하여 인체의 자연치유력을 높이고 과학적인 접근방식으로 병을 치료하고 더 좋은 심신

건강을 유지하게 하는 것이다. 그림재활운동, 그림을 이용한 색채심리, 심리검사, 심리상담, 미술을 이용한 집단치료. 개인치료, 가족상담 등의 다양한 상담기법과 치료방법을 이용하며 때로는 과학적 기자재를 이용한 치료법을 사용한다.

• 아로마 요법

아로마 요법은 꽃, 약초, 나무에서 추출한 기름(essential)으로 건강과 편안함을 증진시킨다.

• 아유르베다

대체의학 시스템으로 인도에서 5,000년 이상 일차 진료를 해 왔다. 식이요법 약초 치료를 사용하며 병의 예방과 치료에 몸, 마음, 정신을 사용할 것을 강조한다.

• 카이로프랙틱

대체의학 시스템으로 몸의 구조와 기능에 대해서 관심을 두고 척추에 대해서 전문적이다. 척추의 기능과 구조가 건강을 회복하고 보존하는 데 영향을 준다. 카이로 프랙틱 의사는 치료기구를 사용하여 손으로 치료를 한다.

• 식이요법

1994년 미국회의에서 용어를 정의했다. 식이 보충제는 성분이 있는 것을 먹어서 음식으로 보충하는 것이다. 식이 보충제는 비타민, 미네랄, 약초, 식물 아미노산, 효소, 조직 세포, 신진대사물질이다. 식이 보충제는 추출, 압축, 정제, 캡슐, 젤캡, 약물, 가루 등 다양하다. 상표와 성분에 대해서는 정부에 의해서 특별히 요구받고 있다. 식이 보충제는 음식이지 약이 아니다.

• 동종의학

동종의약은 대체의학 시스템으로 아주 소량을 희석하여 증상을 치료하는 것으로 같은 물질이 다량 또는 고농축 상태와 실제로 같은 증상을 나타낸다. 또는 고농축 투여하여 증상을 일으킨다.

• 자연의학

대체의학 시스템으로 의사는 인체의 자연치유력을 함께 응용한다. 병을 치료하고 더 좋은 건강을 유지하게 하는 것이다. 식습관의 변화, 마사지 운동, 침, 가벼운 수술 등의 다양한 다른 치료법을 사용한다.

• 기공

전통적인 중국의학 구성의 하나로 기의 흐름을 높이기 위해서 움직임, 명상, 규칙적인 호흡을 한다. 혈액순환을 개선하고 면역기능을 높인다.

위의 여러 가지 방법 등은 그 치유방법이 제대로 수행될 때 아주 훌륭한 대체의학으로서의 역할을 수행할 수 있게 된다.

(3) 대체의학과 기(신체에너지)의 관계

사람에게 있어서 기의 원동력은 크게 나누면 세 가지이다.

그 첫째가 곡기(물질 에너지)라고 하는데, 먹어야 살기 때문에 음식물을 통해서 그 기운을 직·간접적으로 받는다. 또한 물질 스스로 없어지고 생성된다. 가령 의자가 있다고 하자. 의자 스스로 운동에너지를 가진다. 의자라는 물질이 풍화되고 다른 세균에 의한 부식 활동으로 결국 의자 스스로도 그 에너지를 갖는다는 입장이다. 또한 식물을 재료로 만든 음식물을 섭취해서 지상의 기운을 받고, 생선이나 해산물을 섭취해서 바다의 기운을 간접적으로 섭취하는 것이다.

예컨대 『동의보감』에도 여름에 보리밥을 먹는 것이 좋다고 나와 있는 것은 차가운 겨울의 기운을 먹고 자란 식물이기에 그 기운으로 여름의 더운 기운을 조금이나마 덜 느끼게 하기 위한 것이다. 따라서 이러한 음식물 중 어떤 것을 섭취했느냐에 따라서 건강이 좌우된다. 의학이 상당히 발달되었는데도 불구하고 많은 사람이 질병에 시달리고 환자수가 줄지 않는 것 역시 우리가 취한 음식물에 포함된 중금속이나 농약 성분들을 같이 섭취함으로써 그 나쁜 기운(독소)이 우리 몸속에 축적되어 있기 때문이다.

둘째가 천기(자연에너지)이다. 천기는 자연생태의 현상을 말한다. 즉 비, 구름, 태양, 공기의 운동을 말하는 에너지다. 우리가 숨 쉬는 데 없어서는 안 될 공기, 만물이 소생하는 데 필요한 태양빛, 사람은 잠시라도 숨 쉬지 못하면 죽는다. 또한 이 천기가 나쁘면 건강이 나빠진다. 맑은 공기는 좋은 천기지만, 오염된 공기나 공해는 나쁜 천기이다. 그래서 이 천기가 좋고 나쁘냐에 따라서 거기서 생활하는 사람의 건강이 좌우된다. 그리고 사람이 태양빛을 받으면 면역력이 증강하고 우울증에 도움이 되며 태양빛을 받지 못하면 얼굴이 붓고 힘이 없어지는 이유도 역시 필요한 것을 공급받지 못했기 때문이다.

셋째가 지기(마음 에너지)이다. 지기라 함은 마음의 에너지(심리적인 에너지) 활동이라 할 수 있다. 사람은 지기를 받기 위해서 잠을 자는 것이지 잠을 자기 위해서 지기를 받는 것은 아니다. 잠을 잘 때는 온몸을 바닥과 가장 많이 밀착시켜서 땅의 기운을 받아들인다. 사람이 잠들어 있는 상태는 가사상태, 즉 죽은 것과 다름없는 상태이기 때문에 방어능력이 상실된다. 그래서 자신이 잠들어 있는 집이 지기가 좋은 명당이라면 그 기운을 여과 없이 그대로 받아들이고, 나쁜 터라면 역시 그 나쁜 기운을 그대로 받아들일 수밖에 없다.

그래서 피곤하더라도 등급이 좋은 명당 터인 집에서는 조금만 자고 일어나도 개운하고 피로가 풀려 버리는 데 반해 등급이 나쁜, 악 터인 집에서는 아무리 잠을 많이 자도 잔 것 같지 않고 피곤한 것이다. 그것은 명당 터인 집은 피곤해져 있는 몸속의 나쁜 기운을 잠자는 동안에 땅의 좋은 기운이 지속적으로 그 사람의 몸속으로 유입되면서 나쁜 기운을 없애 주었기 때문이지만, 악 터의 집은 피곤해져 있는 몸속의 나쁜 기운에 또다시 땅의 나쁜 기운이 계속 유입되어 더욱더 피곤하게 되는 것이다.

살아 있는 사람에게는 곡기와 천기와 지기의 세 가지가 모두 필요하다.

바로 여기에서 대체의학이 기와 어떻게 관련이 되어 있는가를 확인할 수 있다.

대체의학은 사람의 곡기, 지기, 천기를 인지하고 그에 따른 가장 기본적인 치료방법을 채택하고 있다.

대체의학은 '서양의 한의학'이라고 할 만큼 한의학과 겹치는 부분도 많고, 상통하는 부분도 많다. 현대의학을 대체하는 보완의학이라고 할 만큼, 깊은 연구도 많이 되고 있다.

기존의학과는 관점에서 차이를 보인다. 하지만 현대는 검증과 객관화의 시대로 비록 불완전하더라도, 어떤 형태로든지 유추해야 된다. '경락'이나 '기'의 검증은 결코 완벽하게 규명될 수 없지만 부분적인 측면으로는 접근이 어느 정도 가능하다.

(4) 대체의학의 현 실태

-"의학? 인술! 그곳엔 東·西가 없어요."

-5천 년 역사 전통의학, 현대의학에 도전

-대체의학 '참가치' 과학적 검증 의과학자 몫

-'서양 동양 2분법' 결국 하나로 될 것이다.

"전 세계적으로 대체의학에 대한 연구의 열과 관심의 정도는 한마디로 빠른 속도로 고조되고 있습니다." 포천중문의과대학교 대체의학대학원 전세일 원장(한국대체의학회장)은 대체의학이 전 세계적으로 '붐'을 이루고 있다고 말했다.

"세계의 많은 의대에서 강의, 연구가 이뤄지고 있으며 각국 정부에서 연구비가 투자되고 있습니다. 또 학술대회의 빈도나 규모도 확대되고 있는 추세입니다." 전 원장은 이 같은 대체의학에 대한 관심은 적어도 관찰과 연구의 길을 점진적으로 활짝 열어 가고 있는 추세를 의미한다고 설명했다.

전 원장은 대체의학을 세계에 알리는 데 여러 장점을 갖고 있는데 그중 대표적인 것이 과학적으로 표현되는 서양의학(재활의학)을 정통으로 전공한 후 대체의학에 적을 뒀다는 점이다. 대체의학이 관심을 끌고 있는 것은 인간의 꿈이 건강한 장수이기 때문이다.

인간의 본능 중에 살겠다고 하는 장수욕망이 가장 강하다. 질병이나 부상이 없는 경우의 가상적 수명을 자연수명이라 하는데 오늘날 인간의 자연수명이 120세가량 된다는 것이 많은 학자들의 견해다. 평균수명이 자연수명에 미치지 못하는 이유로는 '부여받은 생명을 인간이 제대로 관리하지 못해 주어진 120년에서 여러 해를 **빼앗기기** 때문'으로 해석되고 있다. 그런 만큼 의학계에 새로운 관심의 대상이 되고 있는 대체의학과 5,000년 역사를 지닌 전통의학이 21세기를 맞는 현대의학에 계속 도전하고 있다. 임상적인 측면에서는 적어도 그렇다. 전 원장은 우리나라의 전통의학인 한의학과 대체의학 속에는 한계점에 부딪혀 좌절하고 있는 의학 전반에 돌파구를 제시할 잠재력을 지니고 있다고 설명한다.

"한의학의 세가 세계에서 제일 강한 우리나라가 동서의학의 접목을 통한 새로운 '총체적'이고 '종합적'이며 '전일적'인 의학을 창출해 낼 가장 좋은 여건을 조성해 놓고 있습니다." 전 원장은 이런 새로운 의학의 창출과 세계화는 과학적 연구의 뒷받침 없이는 불가능하다고 덧붙였다.

한의학과 대체의학의 '과학화'가 아니고 '과학적인 방법으로 연구한다.'는 개념이라는 설명이다. 과학의 세계에서는 실험과 검증을 통해서 확인된 정보만을 수용하고 인정할 뿐이며, 동시에 현재 수용하고 인정받는 지식과 이론이라 하더라도 다른 연구에 의해 계속 개선되고 수정되고 보완될 수 있다는 가능성을 항상 전제로 하고 있다는 것이다. 이것이 과학의 특성이며, 장점이며, 계속 발전시킬 안전장치이기 때문이다.

지금은 200여 가지의 의술 조각들을 대체의학이라는 이름 아래 한 범주 속에 집어넣은 상태다. 그러나 장차 연구를 통해 하나하나가 그 작용기전과 임상효과가 밝혀지기 시작하면 대체의학의 일부는 서양의학의 범주에 속하게 될 것이고 또 다른 일부는 동양의학의 범주에 속하게 될 것이다.

이렇게 정리된 의학은 우선 서양의학과 동양의학의 양대 산맥에 속하게 되고 이때는 '서양의학의 대체의학이 동양의학이요 동양의학의 대체의학이 서양의학'이라는 사고방식을 견지하게 될 것이라고 전 원장은 설명했다. 그리고 수십 년이 될지 아니면 수백 년이 될지는 모를 일이나 훗날 언젠가는 그냥 '의학'이라 부르는 하나의 의학이 될 것으로 내다봤다.

"현재는 대체의학의 가치를 인정하고 진지한 마음으로 이를 과학적 방법으로 검증 확인하는 한편 철학적 방법으로 이해하는 참된 의과학자들의 출현을 어느 때보다도 더 갈구하는 시대라고 할 수 있습니다."라고 말했다.

(5) 대체의학의 현 주소(통합의학 접목)

－의료선진국 '통합의학'으로 접목 시도

－동양권제도권 의학 이원화로 유권해석 달라

－서양권 서양의학 이외 의술·요법 총괄 지칭

－우리나라 수지침 등 국제인정 추세 수긍해야

"서양의학이 아니면 안 된다." "서양의학이 아니면 질병을 고칠 수 없다."는 현대의학의 철옹성이 서서히 허물어지기 시작했다. 90년대부터 강력한 폭풍을 일으키고 있는 대체의학이 이제는 '서양의학의 한계를 극복하기 위한 대안'으로 강력 부상하고 있다.

WTO, 미국, 유럽 같은 선진국들이 서양의학의 한계를 극복하기 위해 대체의학에 대한 연구투자를 대폭 늘리고 있는가 하면, 획기적인 치료법을 찾기 위한 과학적 접근을 현실화하고 있다. 그동안 의술이 아니라며 홀대를 받아 왔던 대체의학이 오히려 서양의학의 메카로 불리고 있는 미국, 유럽 등에서 더 큰 관심사로 떠오르면서 빠르게 전 세계로 확산되고 있다. 21세기에 들어와서는 세계 유명 의학자들이 대체의학을 무조건 터부시하는 것만이 능사가 아니라고 말하고 있는가 하면 각국의 정부들도 이의 접목을 정책으로 입안하고 있는 추세다. 대체의학에 가장 높은 관심을 가지고 있는 미국의 경우는 이미 138개 의대 중 39개 대학이 자연의학을 정규교과과정에 포함시키기로 결정했다. 또 20여 개 대학에서는 대체의학에 대한 연구단체까지 결성됐을 정도다. 미국 정부도 대체의학의 다양한 검증을 위해 연간 2,300만 달러(253억 원)를 투자하고 있으며 투자액 역시 매년 늘려 간다는 방침을 세웠다. 우리나라 정부도 세계적으로 대체의학에 대한 관심 및 수요가 지속적으로 증가하고 있다고 판단, 이에 대한 대책을 강구하고 있다.

먼저 21세기 고부가가치산업으로 각광받을 수 있는 한방치료기술을 위해 중장기적인 적정규모의 연구개발비 투자가 필요함에 따라 지난 98년부터 오는 2010년까지 총 2,087억 원의 투자계획을 수립 추진 중에 있다.

특히 대체의학의 관심도 증폭으로 향후 만성·퇴행성 질환 치료 분야의 세계시장 선점을 위한 국가 간 주도권 경쟁이 치열할 것으로 예상, 이에 대한 대책도 강구하고 있다. 정부의 이러한 움직임은 서양에서는 우리나라의 정통의학인 한의학조차도 대체의학에 포함시키고 있기 때문이다. 사실 동·서양이 대체의학을 바라보는 시각이 서로 다를 뿐 아니라 제도권의학의 범주 또한 다르게 정의하고 있다. 서양은 정통의학이 아닌 그 외의 비정통 의술이나 요법 등을 총괄해 대체의학으로 부르고 있는가 하면, 우리나라와 중국 등 동양의학 종주국들은 한방의료(한의학, 중의학)도 정통의학으로 인정하고 있어 이를 제외한 모든 것을 대체의학이라 부른다.

더욱이 우리나라의 경우는 대체의학에 대한 제도권의학의 시각이 서양과 상당한 차이가 있다. 서양은 대체의학이라는 이름으로 불리고 있는 모든 것을 공론화시키고 과학적으로 입증할 수 있는 길을 찾고, 음성적으로 이뤄지고 있는 것들을 양성화시켜 실제 도움을 얻자는 목적에서 추진되고 있다. 그러나 우리나라는 대체의학이 아직 과학적으로 규명되지 않았고 객관적인 데이터가 확립되지 않았기 때문에 제도권 의학과의 접목은 시기상조라는 입장을 견지하고 있다. 어찌 보면 우리나라는 세계적인 흐름으로 볼 때 가장 호조건을 가지고 있으면서도 가장 관심이 없는 듯한 형상을 띠고 있다. 더욱이 양방은 한방을, 한방은 대체의학을 터부시하는 현상이 팽배해 세계적 흐름을 수용하기란 쉽지 않을 전망이다. 자칫하면 우리의 우수한 대체의학들이 서양으로 넘어가 다시 역수입되는 웃지 못할 일이 벌어질 가능성도 조심스럽게 점쳐진다. 실제 우리나라의 우수한 대체의학들이 외국 정부 등에서는 상당한 인증을 받고 있는 반면, 국내서는 보잘것없는 민간요법으로 취급하고 있다는 것이 이를 잘 입증하고 있다. 미국립 보건원이 대체의학 연구비를 매년 증가하여, 서양의학과 대체의학 간 교류를 촉진시키면서 이른바 '통합의학'이라는 새로운 형태의 임상의학을 개척하고 있다는 것에서 읽을 수 있다. 즉 대체의학을 제도권의학 밖에 내팽개쳐 둘 것이 아니라 비록 의학적 개념으로 보지 않더라도 보조수단으로 발전시켜 질병치료를 앞당기는 데 적극 활용하고자 하는 의지인 것이다. 국내 대체의학자들은 "과학적으로 규명되지 않았다고 무조건 외면하는 것은 바람직하지 않다."며 "오히려 의학자들이 앞장서 제도권 밖의 다양한 대체의학을 연구하고 과학적으로 규명해야 할 때가 됐다."고 주장하고 있다.

전문가들은 대체의학과 관련해서는 우리나라가 가장 좋은 환경을 가지고 있다고 분석하고 있다. 정통의학으로 분류된 한의학을 양의학과 접목시켜 질병의 치료 속도를 더 한층 높일 수 있을 뿐 아니라 의료시장 개방 시는 의료수입에 대처할 수 있는 효자 노릇을 할 수 있기 때문으로 보고 있다. 또한 제3의학으로 불리고 있는 고려수지침의 경우는 국내는 물론 외국에서 국내 어느 대체의학보다도 큰 인기몰이를 하고 있다. 이미 수십 개국에서 수백만 명이 수지침을 활용하고 있으며 많은 대학에서 커리큘럼으로 채택해 학생들에게 가르치고 있다. 또 많은 병원에서 수지침을 접목해 환자를 치료하고 있고 독일과 오스트리아에서는 수지침 전문병원까지 세웠다.

　어찌 보면 우리 것이 국내보다는 외국 정부들로부터 더 인정을 받고 있는 것이다. 대체의학자들은 대체의학도 무엇이 좋고 무엇이 나쁜지 공식적인 검증절차를 밟으면서 성장할 수 있는 토양을 만들어야 한다며 "이와 함께 질병치료와 예방에 우수한 효과를 나타내는 대체요법의 경우는 양성화할 수 있는 제도적 뒷받침도 마련해야 할 것"이라고 주장하고 있다.

5. 임상미술치료로 본 조형심리

　모든 동물은 뇌를 가지고 있기 때문에 개체 변인의 발달에 따라 뇌의 이용이 다르며 인간은 뇌 기능에 의하여 사고하고, 말하고, 행동하는 고유영역의 언어와 문화를 창조할 수 있는 능력을 가진 동물이라 할 수 있다. 즉 창조적·창작적 행위는 사람만이 가지는 고유한 특성이라 할 수 있다. 이는 인간의 뇌기능에서 중요한 역할을 하는데 사람의 뇌는 100억 개 이상의 뉴런으로 가득 찬 대뇌 피질이 있어 각기 분업하여 유동적 기능을 하고 있다. 뇌의 활동은 제1블록과 외계의 정보를 수용하고 저장하는 제2블록(두정엽, 후두엽, 측두엽), 제3블록(전두엽)으로 나누어진다. 대뇌 피질의 기능단

위인 후두엽은 시각 자극의 수용과 시각적 기억의 저장 등의 역할을 하고, 측두엽은 청각과 언어와 관련된 기능을 하며, 두정엽은 체성감각과 피부, 운동감각, 촉지각을 담당한다. 특히 전두엽은 다른 동물에는 없는 창조적 사고, 정조, 의지 등을 담당하는 곳이다. 후두엽이나 두정엽이 현재와 직결되어 있고 측두엽이 과거와 관계가 있다면, 전두엽은 미래 지향적이라 할 수 있다. 전두엽은 지적, 정서적, 의지적인 것을 통합하고 일체가 되어 작용하는 곳이다.

따라서 조형 활동은 전두엽과 밀접한 관련을 갖고 있다. 즉 조형 활동은 운동, 감각, 지각, 이해, 판단 등 모든 것이 함께하는 활동이므로 아동이나 성인을 대상으로 한 임상미술치료를 실행하는 데 큰 의미를 지니고 있다고 할 수 있다. 그것은 이미 전술했듯이, 형체나 색채를 보는 것은 시각이 아니라 대뇌라고 할 수 있으며 또한 어떤 대상에 관해서 아름답다거나 좋다고 하는 고차원적인 판단은 이 감각영역에서 이루어지는 것이 아니라 후두부에서 연합령이라고 하는 대뇌 피질의 부위에 전달된 후 과거의 기억 등과 조화하면서 추리되고 판단되기 때문이다. 즉 조형이라는 인간의 행위는 이와 같이 다시금 입력되고 새롭게 출력하는 제 과정이 개입되어 있는 것이다.

1) 눈과 시지각

인간의 눈은 매우 복잡한 조직으로 구성되어 있으며, 시신경을 통해 대뇌와 긴밀한 연계성을 지니고 있다. 인간의 대부분 활동은 시각과 관련되어 있으며 눈을 통해서 사물의 크기나 거리, 공간, 색채 등을 지각한다. 즉 시지각이라는 메커니즘을 통해서 개념 형성을 하게 된다. 사실상 시지각은 유아나 아동기에 급격히 발달하게 되는데 사람에 따라서는 시지각의 발달지체 현상도 보인다. 특히 시각적 상징물(visual symbols)에 대한 지각의 왜곡과 혼동은 지적인 능력과는 무관하게 학습이나 조형 활동에 곤란을 나타내게 된다(여광응, 1990). 즉 개인에 따라서 차이점을 나타내는데 형태의 지각도 시지각의 현상이다. 비록 임상미술치료에서는 시각을 사용하지 않고도 사물을 표현할 수 있다고 언급하여 표현되는 심상을 강조하고 있으며 이는 행위의 자발성 의지와도 연관된다. 또한 인지적·발달적·행동적 임상미술치료에서는 물론 시지각을 도외시하기는 어렵다. 하지만 인간의 감각기관의 활용은 시각적 활용을 대신하여 발달하는 치료로서 임상미술치료는 역할 기능을 하는 것이다. 물론 미술치료에서는 시각 기능훈련이나 시지각, 시효율성 훈련을 일차적 목적으로 하는 것이 아니지만 무엇을 보고, 무엇을 느끼며 무엇을 인지했는가 하는 것이 더 핵심이 된다.

사실 어떤 형태를 보는 데 있어서도 개인차가 많으며, 인간의 시기능(visual function)은 여러 가지 요인들이 작용하는 복잡한 기능이다. Corn(1983)은 시기능을 삼차원적 모형으로 나타내었다. 즉 시각적 능력, 개체 특성, 환경적 요인 등이 그것이다. 이 모델은 고무풍선과 비교할 수 있다. 그 기능을 다하기 위해서는 최소한의 공기가 있어야 하며 어느 한 방향으로 너무 길게 늘일 수도 없을 것이다. 시기능 모델을 구체적으로 살펴보면 다음과 같다.

(1) 시각적 능력(visual ability): 시각적 능력의 차원은 다섯 가지 생리학적 내용이 포함되어 있다. 즉 원거리 및 근거리시력, 중심 및 주변시력, 시각계의 운동성, 두뇌기능, 빛과 색의 감수성 등이다.

(2) 개체특성: 인지, 감각발달 통합, 지각, 심리적, 신체적 구조가 포함된다.

(3) 환경적 요인: 환경적 요인은 선천적인 것과 후천적 요인으로 나누어진다. 즉 색채(색상, 명도, 채도), 대비, 시간, 공간, 조명 등이 포함된다.

지각(perception)이 '자극들을 인지하는 능력'이라고 한다면, 예컨대 시지각은 시각을 통해 어떤 형태를 감각적으로 지각하는 것 이상의 어떤 형태를 인식하는 것으로서 두뇌 속에서 일어난다. 형태의 지각만 가지고 보면, 유아나 아동들의 미술표현에서 원(circling)이 태양이나 엄마의 얼굴이 되기도 하는데 이때의 표현은 사실적이 아니고 문자나 언어 대신에 스스로의 생각을 표현한 의미가 있는 것이다. 이 시기를 형(形)이 무엇을 나타내고 있는가에 흥미나 관심이 강한 단계라고 분류한다. 초등학교 중기에 가면 사물의 관계, 주객의 관계, 시간, 공간의 인식이 표현되는데 이때를 의사실성과 객관적 표현이 구체화되는 단계라 한다. 그림에 있어서 사생화적인 특성이나 보는 방법이 향상되는 시기이며, 한편으로는 형체나 색채에 대한 심리적인 항상 현상(constancy phenomenal)도 일어나는 시기이다. 그다음 단계는 사춘기로서 형태의 의미보다는 형 그대로의 추상미에 흥미를 느끼는 시기이다. 이 시기는 형체나 리듬, 균형 등 형의 아름다움에 대한 구체화 단계에 이른다.

색채의 지각도 시각에 의하여 이루어지는 특이한 메커니즘이다. 색의 지각은 생리적인 현상인 동시에 감각을 통하여 하나의 감정을 일으키는 심리적 현상이다.

색채 감정은 개성이나 환경, 조건 등에 따라 서로 다른 감정을 갖게 된다. 이러한 심리적 작용이 본능적일 수도 있으나 대상을 통한 경험에 고유한 감정을 가질 때도 있으며 환경과 사물의 관계에서 여러 가지 연상적인 감정이 일어난다(최영훈, 1990).

따라서 색에는 온도감이 있고, 운동감이나 중량감, 경연감, 주목성, 명시도, 판독성, 기억색, 강약감 등이 있다. 특히 색의 연상은 개인의 환경, 경험, 기억 등에 크게 영향을 받으며 개인의 사회, 경제적 지위, 성별, 연령에서도 차이를 보인다. 또한 색의 상징성은 색의 연상과 같은 고정된 감정이 아니라 독특한 것이다. 이러한 상징성을 우리는 미술 치료에서 하나의 심리진단으로 사용하고 있다. 또한 형과 색의 관계에서 우리들은 색이나 형을 볼 때 그것을 형태로서 지각할 뿐만 아니라 색이나 형에 대하여 감정이 더해지므로 거기에서 색과 형에 대한 심상이 생긴다.

2) 손과 촉지각

손은 인간의 생리 체계 가운데서 물체를 잡는 기능에서부터 글쓰기, 그리기, 피아노 건반 치기 등에 이르기까지 작은 근육운동을 담당하는 매우 소중한 체계이다. 최근의 수지침 이론에서는 손과 인간의 생리적 기능을 관련지어 치료에도 활용하고 있다. 특히 인간은 다른 동물들과는 비교할 수 없을 만큼 뛰어난 조작기능을 할 수 있는 손을 가지고 있어서 고등동물의 조건을 갖추고 있는지 모른다.

많은 생리학자들이 지적한 바와 같이, 인간의 대뇌 반구를 중심구에 따라 절단해 보면 손을 중심으로 한 부분(예컨대, 손목에서 손끝)과 입을 중심으로 한 부분들에 가장 신경분포의 양이 많은 것을 알 수 있다. 이는 인간의 조작활동의 중심이 손이며, 언어적 동작을 많이 행한 결과에서 온 것이라고 볼 수 있을 것이다.

손과 관련된 우리 인간의 촉각은 시각과 함께 사물을 판별하는 데 있어서 뛰어난 감각으로서, 촉지각을 통해서 감정을 느끼고 질감 정보를 받아들이게 된다. 촉각은 근육운동감각과 함께 인간의 감정교류에도 큰 몫을 하기 때문에 아동과 양육자와의 신체접촉(skinship)이나 피부마사지 등의 기법이 임상미술치료 부모교육에서나 치료

장면에서 체감의 원리 등의 용어로 활용되고 있는 것이다.

우리 모두가 잘 알고 있는 사실이지만, Lowenfeld(1959)가 그림의 표현 양식에서 시각형과 촉각형으로 구분하여 그 표현 심리적 특성을 제시한 것이나 찰흙을 통한 작업이 자기인식 내지는 자아개념을 발달시키는 수단이 된다고 한 것은 그 맥을 같이하는 것이라 할 수 있다. 촉지각은 무엇인가를 능동적으로 득취하여 느끼고 있음을 인식할 때 일어나는 능동적 지각(haptic perception)과 어떤 자극이 피부에 닿아 무엇인가를 느꼈을 때 일어나는 수동적 지각(tactual perception)으로 구분된다. 이 양자를 명확하게 구분하기 어려우나 조형 활동에서는 능동적 촉지각이 보다 직접적인 영향을 미친다고 할 수 있다(Pick, 1981). 이러한 두 촉지각의 활동이 상호 교차되는 미술활동을 통해서 인간은 대상관계를 명확히 할 수 있고 감정의 환기도 가져올 수 있다.

인간의 촉지각의 발달, 촉지각의 정신물리학적 접근, 촉지각에서의 항상성 오차, 촉지각 정보의 과정 등에 대해서 연구하였는데 주로 시각장애아의 미술이라는 측면에서 다음과 같은 결론을 얻은 바 있다. 이러한 결론은 조형 심리의 측면에서 시사하는 바가 크다고 할 수 있을 것이다(김동연, 1990).

지각에 대한 자극 변화와 관련하여, 하나는 체계적인 방법의 분석이고 다른 하나는 정신물리학적 접근으로서, 순수한 물리적 차원의 변화와 지각 변화의 방법을 알아볼 수 있는바, 복잡한 물체의 체계적 변화에 대한 연구 결과는 물체의 지각적 변형(이를테면, 통일되지 않은 축소와 확장)의 판별이 가장 어려웠으며 기하학적 변형이 가장 쉽다고 했다.

베버의 법칙에 의하면, 식별을 위해 요구되는 변화량은 최초의 크기에 달려 있으므로 작은 물체는 작은 변화가 요구되고 큰 물체는 더 큰 변화가 요구된다는 것이다.

또한 역함수 이론에서는, 지각된 크기의 차원들이 어떤 힘을 일으키는 물리적 크기에 비례함을 입증했는데, 즉 작은 물리적 변화는 큰 지각적 변화를 낳는다는 것이다.

기하학적 형태의 촉지각에 있어서는 기하학적 착각 현상이 착시 현상과 같이 촉각에서도 발생하는데, 특히 선천성 시각장애인은 착시현상과 같은 착각을 더 잘 느낀다는 것이다. 착각은 크기−무게에서도 일어나며, 지각의 착각은 지각의 항상성과 관계하고 있는 것 같다. 항상성의 현상은 촉지각에서도 발생하지만 시지각만큼 명확하지는 않으며, 맹유아는 정상 유아보다 물체 항상성의 발달이 일반적으로 늦다는 것이다.

촉각 정보의 활용에 있어서도, 시각 정보에 촉각 정보를 보충해도 성취도가 크게 촉진되지 않는다는 결론이 호소력을 지니고 있는 것 같다. 즉 연령이 낮은 아동은 질감 정보에 주목하는 경향이 있고, 보다 연령이 높은 아동은 형체 정보에 주목하는 것 같다. 그러나 형체 지각에는 보다 더 능숙한 탐구력이 필요하며, 따라서 탐구전략의 문제가 대두될 수 있다. 즉 촉지각의 미성숙은 촉각 자체보다는 탐구전력의 미숙에서 기인될 수 있기 때문이다.

3) 조형 활동과 창조성

인간의 삶과 의미, 창조, 예술(조형미술활동) 등은 사실상 넓은 의미에서는 하나이다. 대부분 인간들의 노력들 가운데는 그 이면에 생존의 욕구가 깔려 있지만 삶에 있어서의 의미를 창조하도록 방향 지어져 있다고 본다. 의미를 발견한다기보다는 의미를 창조하도록 말이다. 비록 어떤 주제나 과정이 고유한 특성을 가진다고 하더라도 경험을 구성하고 통합하는 방법으로 그러한 것들의 수용 여부를 결정하는 것은 바로 우리 인간들이다. 예를 들면 불이라고 하는 것을 놓고 볼 때, 불의 고유한 속성은 열이라고 할 수 있다. 우리가 불에 부여해 볼 수 있는 의미는 파괴적인 힘, 무기, 온도를 높이는 것, 삶의 유용한 도구, 신의 선물, 마술적인 힘 등이 될 수 있을 것이다.

인간의 발달과정에서 문화의 변용과 사회화 과정의 중요한 부분은 공유된 의미들을 학습하는 것이다. 예컨대, 질병에 대한 병원이론 등은 우리의 문화권에서 널리 공유된 신념이다. 신(神)과 같은 어떤 예들은 사람들이 자신의 삶을 영위하기 위해 어떤 방법을 선택하느냐를 의미하고 있다는 것이 분명하다. 따라서 의미라고 하는 것은 원래 있었던 것이라기보다는 차라리 우리가 창조한 것이라고 할 수 있다.

의미는 예술과 심리치료의 핵심이다. 단지 미술치료에만 국한시켜 볼 때, 미술작품은 시지각과 연관된 시각적 산물이다. 시지각 자체는 우리가 시각적으로 의미 있는 경험들 속으로 통합시킨 색채, 형체 이상의 의미는 없다. 착시와 같은 현상은 우리들의 통합능력에서 일어나는 각종 트릭을 증거로 제시해 주는 것이다. 우리는 시각을 통하지 않고도 마음의 눈으로 볼 수 있고, 우리의 꿈속에서도 본다.

미술에서 표현되는 심상은 눈으로 볼 수 있는 형태로 창조된다. 이 심상이 비록 대상과 매우 닮았다고 하더라도 우리는 자연의 세계를 그대로 복사한 것은 아니다. 미술가들은 다른 사람과 공유될 수 있는 세계를 대상으로 하며, 개인적 상상력을 통해 변형함으로써 사실과는 다소 다른 세계를 창조한다. 이러한 의사소통 방법의 어쩔 수 없는 본질이 바로 미술에 그 힘을 불어넣는다고 할 수 있다.

심리치료와 의미의 관계는 분명하고도 미묘한 것이다. 심리치료를 필요로 하는 사람들은 대부분이 자신들의 삶에 그들이 바라는 의미를 부여하고 있지 못하다. 그들은 위축과 불행감을 지니고 있으며, 불평이나 분노, 실망감도 지니고 있다.

창조가 곧 예술이다. 누구나 다 위대한 예술가가 될 수 없다. 창조에 따른 미감의 원리는 그 축을 어디에 두고 작업하여 창조된 창작이 되는가이다. 이는 임상미술치료에서 미술치료행위가 우리들 스스로에 대해 반성할 수 있기 때문에 좋든 싫든 간에 우리 자신들의 성격형성이라고 하는 예술적 사업과 의학적 사업을 안고 있다. 의식적 또는 무의식적으로 우리는 의미를 창조하기 위해서(바람직한 선택 혹은 행동을 하기 위하여) 우리의 삶 속에서 진행되어 온 가지각색의 영향력을 사용한다. 즉 가장 광범위한 분별력을 동원하여 창조적 사업에 종사하고 있다.

임상미술치료라는 분야는 의미 있는 삶의 창조라는 더 큰 창조로 나아가기 위해 예술적 표현이라는 특성의 창조적 매체를 내담자들이 사용한다. 반대로 임상미술치료전문가들은 내담자들에 의한 예술적 표현을 통해 창조된 의미를 고무하고 관련시키는 자신의 전문가적 의견을 통해서 자신들 삶의 의미를 창조한다.

임상미술치료에서 환자 자신의 경험 속에서 창조성의 소재는 무엇인가에 대한 의문에 있다. 어떤 학자들은 미술작품의 질이 승화의 정도를 나타낸다고 한다. 그러나 미술표현이 빈약한 환자들도 자신의 이미지를 반영하여 그들 내면의 통찰과 명료함을 가져오는 사람도 많다. 즉 내담자의 창조성이 임상미술치료의 전 과정을 통해 요구되기는 하지만, 예술적 승화가 반드시 포함되는 것은 아니다(Kramer, 1971; Wadeson, 1980).

임상미술치료에서 표현의 매체는 예술형식과 미술조형 활동이라는 양쪽의 형식을 모두 취한다. 그래서 창조에 대해 더 주의를 기울이도록 요구된다. 시각적 이미지들을 표현하는 것은 환상적 매체의 생산을 고무시키기 때문에 의식의 깊숙한 부분을 자극하여 일상적으로 이용 가능한 것보다 자원을 더 풍부하게 하는 창조적 과정을 생산하게 하기 때문이다.

(1) 조형 요소와 구성원리

• 미적 성장도 일반 성장과 같이 변화의 연속이며 혼돈으로부터 조화된 구성에 이르기까지의 변화에 영향을 미치는 것이 구성요소다. 보다 나은 구성 형태를 얻으려는 이런 노력은 미술만의 요소가 아니라 보다 많은 사고와 지각, 느낌의 통합체라 할 수 있으며 삶에서의 풍부한 감수성을 길러 낸다.

• 순수미술과 미술교육의 차이 중 하나는 조화로운 조형에 대한 강조에서 나타나는데 순수미술은 창작된 작품 그 자체에 역점을 두고 미술교육은 그런 조형요소의 통합된 조화로운 구성이 개인의 발달에 미치는 효과에 관심을 두는 반면 임상미술치료에서는 순수미술이 지향하는 바와 미술교육이 지향하는 바에 심리적·사회적 갈등의 해결이라는 데 치료적 목표를 두고 개인과 가족, 사회구성원으로 개인의 병리적 요인을 찾아 미술활동을 통하여 치료하는 데 있다(2007, 김영민).

• 허버트 리드(H. Read)-"미적 교육은 궁극적으로 인식과 인간 개개인의 지식과 판단을 바탕으로 하는 감각들에 대한 교육이다. 통합된 개성의 확립은 이런 감각들이 외부 세계와의 지속적이고 조화로운 관계를 맺을 때만 가능하다." 즉 미적 교육은 인간이 만들어 낸 미적 산물이 아니라 미적 성장이 한 개인에게 미치는 효과와 관련된다는 것이다. 결국 미적 성장은 잘 조직된 사고, 감정, 지각과 그것에 의한 표현을 위해 필수적인 것이다.

• 미적 조직이란 의식적이든 무의식적이든 생활, 놀이, 예술 등 어디에서든 어느 수준에서도 시작할 수 있고 조직이 결여되어 있는 어떤 곳에서도 정신은 통합되지 못한다.

이런 의미에서 우리의 전체적 인격은 미적 성장에 의해 영향을 받는다. 그러므로 임상미술치료에서는 결여된 의식의 통합으로 미술활동을 이용하여 정신의 통합을 이룬다 (2007, 김영민).

•미적 성장은 어떤 기준에 외형적인 것을 맞추는 것이 아니라 유기적인 것이다. 개인과 문화마다 미의 의미가 다른 것처럼 미의 표현에도 차이가 있으므로 처음부터 모든 미적 현상에 적용시킬 수 있는 고정된 법칙을 만들려고 해서는 안 되며 그렇다고 제멋대로의 구성을 의미하는 것도 아니다.

•미술 표현에서 미적 준거는 개별적인 작품의 본질을 이루는 것이다. 따라서 창의적 작품이란 그 자체의 독특한 미적 원리에 의해 표현되어야 하며 조화로운 관계와 조직으로 엄격하게 통제하려 하면 독단적인 법칙이 되고 만다. 이는 미술교육에서의 미적 성장에 중요한 의미를 가지고 있다. 따라서 고정된 법칙을 창의적 표현에 억지로 적용하려 하는 것은 미적 성장에 방해가 된다. 그러나 대부분의 학교에서 비례, 균형, 리듬 등이 아이들의 자질이나 의도, 발달된 감수성과는 전혀 상관없이 분리되어 따로 존재하는 것으로 간주되고 있다. 즉 외적 기준에 의해 수정하려 할 때, 가장 시각적인 특성인 비례는 종종 창의적 작품의 미적 실체와 창작자의 가장 내면적인 표현과 완전한 조화를 못 이룰 수 있다. 리듬도 일반적으로 적용되는 원리에 따르게 되면 표현에 대한 개인적인 욕구의 조화로운 통합과 전적으로 일치하지 않을 것이다. 그러므로 미술 행위에서는 어떤 개인에게도 적용될 수 있는 뚜렷한 미적 법칙도 없고 개별적인 미적 창작품에 대한 비평이나 지도만으로 결정적으로 중요한 지도가 될 수 없다. 가장 중요한 미적 교육은 감각들이 외부 세계와 조화롭고 지속적인 관계를 맺을 수 있도록 지각적, 지적, 정서적 경험에 대한 개별적인 감수성을 조화롭게 조직된 전체로 심화시

키고 통합시키는 것이며 이는 우리의 내적 감각을 가져오는 능력과 외부 세계에 대한 높은 감수성 없이는 어떤 미술 표현도 불가능하다. 이러한 것들을 길러 내는 교육과정 속에서 미술이 결정적인 중요한 역할을 담당할 수 있는 것이다.

(2) 선

• 선을 하나 긋는다는 것은 우리의 감정이나 생각과 관련된 것을 표현한 것이 되므로 그것이 매우 단순한데도 창조라 할 수 있는 것은 선에는 율동이 있고 음악적 색채가 있으며 인간의 성격이 있다. 그러므로 선이란 그 선이 대담할 수도, 힘이 없거나 가늘 수도, 검정색일 수도, 직선일 수도 있고, 사선일 수도, 어떤 특정한 점에서 시작하기도 하고 끝날 수도 있으며 걸음마를 시작한 어린아이가 그린 것처럼 어디서 끝낼지 몰라 떨리거나 불명확한 것일 수도 있고 혹은 많은 구성적인 단계로 정신적인 이미지에 도달하는 종합적인 스케치의 선일 수도 있고 감정의 기복에 따라 변하는 예측할 수 없는 선도, 주의 깊은 지적인 선도, 조심스러운 단호한 선도, 직관적이고 무의식적인 선도 될 수 있으며 혹은 실질적인 목적에 의해 그려진 상징적인 기호가 될 수도 있다. 우리는 허영심 많은 숙녀의 글씨로도 그녀의 성격을 알 수 있듯이 선은 개인과 그 작품을 보다 잘 이해할 수 있게 도와주는 특성이 있다.

• 따라서 주변 요소들과 관련시키지 않고 선 자체의 의미만을 살피는 것은 개인의 삶에서 상호 의존적인 인과관계를 무시하고 그 개인의 눈에 띄는 직접적인 사실만으로 그 사람을 파악하는 것과 같으므로 서로 관련된 다양한 선들 사이의 복잡한 관계를 알아야 작품에서 선의 의미를 바르게 정의할 수 있다.

• 창의적인 활동이 시작되는 단계의 혼란스런 '난화'에서의 반복은 보다 큰 자각을

의미하지만 반복이 발생하는 상황에 따라 그 의미가 다르다. 세밀한 선들이 반복하여 겹쳐져서 이루어진 굵은 선은 사진을 그대로 베끼려는 사람처럼 단순한 모방에 지나지 않으나 정확하게 같은 간격으로 몇 번이고 되풀이된 반복은 단조로운 리듬을 느끼게 한다.

•물건을 잃어버린 사람이 찾아 달라고 부탁한 사람과 함께 잃어버린 물건을 찾을 때 물건을 찾는 두 사람의 감정은 다를 수밖에 없다. 따라서 평행선은 그런 다른 감정을 느끼게 할 수 없다. 즉 평행선은 끊임없는 반복이라는 의미를 지닌다. 그러나 이 평행선 위에 인물을 표현해 그 경직된 리듬을 끊어 버리면 밀레의 '이삭 줍는 사람들'처럼 흐름에 변화를 느끼게 하며 그 선이 평행선에 수직이 될수록 그 흐름의 변화는 뚜렷하게 부각된다. 그러나 기저선과 수직으로 그어져 있는 수직 평행선을 대하면 또 의미가 달라져서 수직선은 어떤 방향에도 영향을 받지 않는 완전무결한 선이며 이 선은 안전성을 나타낸다. 이런 선들이 똑같은 간격으로 반복되면 동등하고 안정감 있게 통일되어 있는 군인들처럼 획일적인 의미를 갖게 된다. 그러나 그중 하나의 선이 두드러지게 되면 우리의 주의를 끌게 된다. 이런 선은 비스듬해진다거나 두드러지거나 하는 것이다.

•하나의 선이 다른 선들과 어울려 균형이 잘 잡혀 있다면 정적인 선이라 할 수 있는 반면 균형이 잡혀 있지 않고 계속 움직이는 선이라면 동적인 선이다. 이런 모든 선은 그려진 상황에 따라 그 의미가 결정된다. 이런 관계로 지평선의 다양한 높이는 실질적인 의미를 지닌다. 윗부분의 지평선은 내용들을 보호하는 구실을 하고 낮게 그려진 지평선은 풍경을 두드러지게 만들고 끊겨져 있는 지평선은 보다 떠들썩하고 불안한 분위기를 만든다.

•다시 말해 선의 의미와 그것의 관련성에 대한 논의는 선과 표현 사이의 밀접한 상호 관계가 있음을 말해 주며 선도 표현의 일부분으로서만 이해될 수 있는 것이다.

(3) 공간

•공간은 일반적으로 1. 무한한 것으로서의 공간, 2. 제한된 테두리 안에서의 공간, 3. 다른 공간과의 관계 속에서의 공간, 4. 인간과의 주관적인 관계에서의 공간 네 가지 의미를 지닌다. 우주를 완전히 인식할 수 없듯이 공간은 전체로 파악하기 어려우며 단지 우리 주위를 둘러싸고 있는 공간 중 시각적 감각으로 접근할 수 있는 한정된 공간에 대해서만 파악하게 되고 따라서 측정할 수 있는 객관적 크기의 공간을 규정지을 수 있다. 그러나 그것도 실은 우리의 주관적 관계에 의해 좌우된다. 또한 주관적인 공간의 크기는 두드러진 주관적 해석이나 가치판단으로 명암과 색을 다양하게 강조하여 나타나게 된다.

공간의 가치에 대한 주관적인 해석은 자신에게 주어지는 환경과 관련하여 변할 뿐 아니라 공간이 우리에게 주는 정서적인 의미도 변하므로 미술에서 매우 중요하다. 즉 큰 공간은 사람을 제한하기도 하고, 외로움을 줄 수도 있으며 넓은 공간은 자유로움을 의미하기도 하지만 작은 공간도 공간과 자유를 제한하기도 하지만 한없이 아늑한 공간을 느끼게 할 수도 있는 것이다.

지평선이 발 근처에 그려져 있는 나무 베는 사람은 광활한 공간에서 제한되지 않는 자유를 누리는 듯이 보인다. 반면 같은 동작의 사람이 높은 지평선 아래에 있을 때는 나무를 베고 있는 대지의 일부분이 되고 그가 하고 있는 일상적인 생활로서 생계를 위해 일하고 있음을 느끼게 한다. 또한 나무숲 속에 싸여 지평선이 보이지 않는 곳의 같은 동작의 사람은 나무들이 감옥의 창살처럼 서 있게 되고 일하는 사람이 일과 사회의 희생자처럼 느껴지게 된다. 그러나 넓은 공간이 자유뿐 아니라 고독을 의미할 수도 있고 반면 제한된 공간이 자신의 세계에 존재한다는 매우 강한 만족을 의미할 수도 있다.

미술에서 이런 상대적 가치판단은 어린이의 미술작품을 이해하는 적절한 방법을 제공한다. 또한 이런 심리학적 원리들을 아는 것은 그림과 관계된 문제들을 알지 못한 채 분명하게 표현하려고 고심하는 학생들의 고심을 해결하는 데도 도움을 줄 수 있다.

지평선 위에서 집으로 돌아오는 지친 모습은 광활한 대지 위지만 외로워 보이고 지평선 아래에서의 같은 모습은 인물을 보호하는 듯이 보이며 집 안에 들어온 것 같은 모습은 더욱 안정되게 보여 행복감마저 주고 완전한 보호의 구실을 하고 있다. 즉 공간의 이해는 화면 전체에서 보이는 안정감의 관계이다. 사물이 존재하는 위치, 상황, 구도의 이해를 위해서는 공간의 이용에 대한 이해가 필요하다.

(4) 명암

• 명암에 대한 다양한 태도를 살펴보는 것은 어떤 두드러진 경험을 파악할 수 있는 통찰력을 갖게 한다. 이런 명암의 본질에 대한 깊은 통찰력을 얻기 위해선 다양한 개념의 심리학적 측면을 연구한다면 명확한 표현을 하고 싶은데도 불구하고 진정한 의미를 몰라 상투적인 방법으로 명암을 사용하는 학생들의 이해와 적절한 동기부여를 할 수 있고 이런 다양한 측면을 아는 교사는 학생들의 사고를 적절한 방향으로 유도할 수 있을 것이며 마음속의 이미지와 실제의 표현 사이에서 고민하는 학생들의 불만을 도와줄 수 있을 것이다.

• 미술의 모든 비시각적–촉각적인 표현을 강조하는 시대에서는 표현 수단으로 선을 강조하는 것을 볼 수 있다. 즉 주관적인 경험에 보다 관심을 갖는 촉각적 미술가는 표현 수단으로 주로 선을 사용하며, 명암의 시각적 경험을 별로 사용하지 않는다.

• 명암은 공간의 입체적 특성의 표현이다. 경계로서의 선은 사물 그 자체의 상징이 될 수 있으며 이때의 입체적 특성은 대상의 본질적인 의미를 강조할 때는 의미가 없어진다. 이런 본질적인 특성은 외관의 표면과 관계가 없으므로 명암은 촉각형에겐 별 의미가 없어지고 선 그 자체의 추상적 특성(실제의 자연에서 선은 없지만)은 이런 정신적 가치를 표현하는 가장 훌륭한 도구다. 따라서 정신적인 힘이 약해지는 시대의 미술에서 대상과 외관의 의미를 중요시한다는 것을 쉽게 이해할 수 있지만 대상의 의미가 너무 명암 표현에 종속되어 입체적 사물의 특성만을 나타내고 그 밖의 것은 나타내지 못할 가능성이 있다. 이런 이유로 촉각적인 미술에서 명암은 그저 표현을 특징지어 줄 뿐이고 중요한 대상에 한정되게 된다. 따라서 빛을 필요로 하는 시각적 경험은 부수적이며 표현이나 형태와 본질의 추상적 특성이 우위를 차지하는 미술작품들은 명암을 단지 의미 있는 부분을 강조하는 수단으로만 사용된다.

정확한 전달을 하려는 욕구가 커지면 커질수록 명암은 원근과 관계된 법칙을 따르게 된다. 이런 경향은 사실적이고 대상과의 실제적 관계를 강조하는 사람들의 작품에서 가장 잘 볼 수 있는데 명암의 경험이 우세한 경험이면 형태의 입체적 특성을 강조하게 되며 명암이 과장되어 나타난다. 이런 현상은 명암의 발견을 가장 우선시하던 미술 시대나 청소년들의 그림에서 볼 수 있는데, 이는 빛을 나타내려는 욕구에서 나타나며 실내를 그린 그림들에서 흔히 볼 수 있다.

• 단순한 시각적 경험에 만족하지 않는 역동적인 시대의 문화에서는 극적인 특성을

표현하기 위해 명암을 사용한다. 이런 문화에서의 미술작품은 거대한 무대 디자인과 비슷하며 인물과 배경 모두가 사실적으로 표현되지 않는다. 이런 양상은 정신적인 것과 세속적인 것의 싸움이 빛의 특별한 사용으로 상징화되고 있는 바로크 미술의 극적인 명암대비에서 나타난다.

명암이 사실적인 표현뿐 아니라 극적인 해석의 특징도 잃어버리면 더 이상 자연의 법칙에 따르지 않고 미술가 자신이 자유롭게 명암을 결정한다. 따라서 외부 세계에 대한 자신의 직관적인 힘의 관계에 의해 자신만의 법칙을 만들어 낸다. 이런 현상에 가장 뛰어나게 표현한 대표적인 것이 빛의 화가 렘브란트의 작품들이다.

직관적인 명암에 대조되는 대표적인 미술사조로 명암과 색조로 빛에 대한 인상을 분석하려는 사조가 인상주의 미술이다. 여기서는 시각적 경험이 강조되고 외적 현상의 변화와 대기의 특성에 관심을 집중한다. 인상주의 미술은 극단적인 의미에서 시각적 미술이다. 여기에서 명암과 색채는 더 이상 목적을 위한 수단이 아니라 목적 그 자체이며 밝고 어두움의 판단은 단지 시각적 지각의 규칙에만 따른다. 또한 시각적 외관과 상관없이 밝은 부분과 어두운 부분을 표현한 작품들도 발견할 수 있는데 빛이 때로는 기쁨의 표현요소이고 어떤 때는 단순한 상징적인 의미를 갖기도 하는 이런 유형의 미술은 순수한 표현주의 미술에서 볼 수 있다. 여기에서 밝은 부분과 어두운 부분은 서로의 정서적, 표현적, 상징적 관계 속에서 가치를 갖게 되고 따라서 명암은 법칙에 지배되지 않으며 어떤 외적 원리에도 따르지 않는다.

디자인에서 명암은 어떤 주제와도 관련되지 않으며 오히려 디자인에서 명암의 의미는 그것의 적절한 배열에 있다.

이론의 논지로 말미암아 명암은 특별한 의미에 따라 다르게 다루어져야 하며 명암의 사용을 통해 자신의 내적 감정을 표현하려는 사람에게 명암의 시각적 현상에 관해 설명하며 시각적 방법으로 동기를 부여하는 것은 잘못이다. 같은 의미로 명암의 인상주의적 특성에 관심을 갖는 학생에게 정서적 반응에 대한 설명이며 동기를 부여하는 것도 잘못된 것이다.

(5) 색채

대상을 단순하게 특징화하기 위해 색을 사용하는 미술가는 색이 아닌 다른 요소에 창의적인 역점을 둔다. 이런 미술가는 다른 표현 수단에 더 관심이 있기 때문에 색은 부수적인 의미를 갖게 되고 설명적인 의미를 지니게 되어 단어와 의미의 관계처럼 색과 대상 간의 관계를 설정하게 된다. 미술에서 이런 관계는 시각적일 수도, 촉각적일 수도 있다. 눈을 매개체로 하여 시각적 지각에 따르는 묘사는 시각적이고, 그 묘사가 정서나 신체 반응의 결과일 때는 촉각적이다. 가장 일반적이고 분명한 시각적 색채관계는 동일한 대상에 항상 하나의 정해진 색을 관련시키는 것이다. 이런 지각은 대충 정해진 색에 의해 사물을 구분할 때만 만족하게 된다. 대상과 색의 가장 일반적이고 분명한 촉각적 관계는 동일한 정서적 경험에 대한 한 가지 색의 반복이다. 정서와 색의 고정된 관계는 기초적인 촉각적 색채경험을 나타내며 색채의 반복을 통해 하나의 상징이 된다. 따라서 색채의 상징들은 색 표현의 가장 기본적인 촉각적 수단이다. 시각적 색채경험이 복잡하고 다양해질수록 고정된 색의 사용을 억제해야 할 필요를 느끼게 된다. 색을 보고 관찰하려는 욕구가 커지면서 대상에 적용된 색의 특성과 색 상호 간의 관계가 보다 분화되며 색채의 시각적 관계는 하나의 색이 다른 색에 미치는 영향을 시각적으로 지각할 수 있게 된다.

색 상호 간의 영향은 고정된 색을 고집하지 않게 하며 미술에서 대상과 색의 관계는 대상을 중요하게 여기는 데서 색 자체를 중요시하는 쪽으로 옮겨 간다. 촉각형은 색채 경험이 다양해질수록 일반적으로 타당하게 여기는 색의 상징을 점점 피하게 되며 색채 표현은 매우 주관적인 것이 된다. 과거 경험에 대한 연상은 현재의 경험에 대한 정서적 반응과 함께 결합되며 촉각적 경험이 다양해짐에 따라 촉각적 색채 관계는 색이 우리에게 미친 정서적인 영향에 의해 결정된다는 것이다.

색채의 객관적인 정서적 의미와 중요성에 대해 아무리 많이 열거하고 강조해도 결국 색채와의 관계는 항상 매우 주관적인 표현 수단이며 표현주의 미술에서 촉각적인 색채 경험은 가장 중요하게 수용된다.

• 그레이브스(M. Graves)—수천 명에 대한 시험 결과 연구자와 심리학자들이 내린 결론은 노란색, 빨간색, 오렌지색 같은 따뜻한 색들은 긍정적, 적극적, 활동적, 자극적이며 바다색, 파란색, 녹색은 소극적, 내향적이며 조용하고 차갑다. 색의 선호도는 ① 빨간색, ② 파란색, ③ 보라색, ④ 녹색, ⑤ 오렌지색, ⑥ 노란색 등의 순서며 좁은 부분에 사용할 때는 혼합색보다 순색을 선호한다.

그러나 이 결론이 수천 명에 근거한 것이라도 꼭 가르쳐야 할 만한 일반적인 타당성을 갖는 것은 아니며 단지 대다수의 사람이 제시하는 색에 반응했음을 의미할 뿐이고 많은 수의 촉각적인 사람들은 무시될 수 있다.

• 『색채의 특징과 상징』(그레이브스 저)—이 책에서 색에 대한 유쾌— 불쾌의 관계를 논하면서 그런 자료는 주관적일 뿐이지 일반적으로 타당하지 않은 경우가 많음을 강조하고 있다.

"노란색은 중국에서뿐 아니라 유럽의 기독교에서도 신성한 색으로 여겨져 왔다. 한편, 그 색은 때로 배신과 기만을 의미하기도 한다. 이것은 노란색이 맑고 밝은 노란색에서 황갈색과 녹색을 띤 노란색에 이르기까지 색상과 채도, 농담, 각 명도단계에 따른 다양한 색조 등으로 다양하게 사용되고 있고…… 밝고 맑은 노란색과 녹색을 띤 노란색은 여러 색들 중에서 가장 인기 없고 싫어하는 색이다. 이 노란색들은 질병과 타락, 상스러움, 비겁함, 질투, 시샘, 기만, 배신 등으로 연상된다. 노란색 깃발은 검역선이나 병원을 표시하기도 한다. 10세기의 프랑스에서는 감옥의 문을 노란색으로 칠했고, 유다를 노란 옷을 입은 것으로 그렸다. 오늘날 yellow dog(망나니), yellow streak(비겁한 짓)이란 말은 배신과 비겁함의 의미를 띠고 있다. 그럼에도 이 노란색들은 그 자체로서는 불쾌하지만 다른 색과 적절히 조화를 이룰 때 매우 아름답게 보이는 경우가 많다."

이런 색채 연상이 색에 대한 적절한 지식과 이해를 돕는 데 가치가 있고 중요하다고 해도, 미술에서 색 그 자체는 그 주변의 것들과 관련되지 않으면 아무런 의미가 없다. 그래서 그레이브스는 "…… 그 자체로서는 불쾌한 색도 다른 색들과 적절히 조화되어 있을 때는 만족스럽고 아름답다. 그것은 미술에서 색에 대한 반응에는 일반적인 타당성이나 법칙이 없으며 색은 공간과 선에 관련을 맺음으로써 그 의미가 결정된다는 사실을 보여 준다."라고 했다. 따라서 하나의 색으로 그 가능성과 의미를 논하기보다 전체 구성 안에서의 색채 관계에 관한 의미를 논해야 한다.

시각적이고 장식적인 미술에서 색채의 관계는 대부분 미적 기능에 기초한 것이다. 따라서 색채 관계는 색의 조화에 주어진 원칙들에 의존하고 있다. 이런 색의 조화는 음악에서의 화음과 같이 주변과의 관계에 의해 좌우되며 모든 색의 의미 또한 주변과의 관계에 의해 설정된다. 이런 관계는 다음을 상상해 보면 잘 알 수 있다.

졸업식장에서 검은 학사복을 입고 있는 동료들 사이에 아름다운 하얀 드레스를 입고 서 있는 졸업하지 못하는 학생의 감정을 상상하고 그녀가 그 장면을 그림으로 그린다면, 하얀 드레스의 밝은색은 밝거나 의미 있는 색으로 여겨지지 않을 것이다. 그러므로 시각적으로 밝은색이라고 해서 반드시 정서적인 밝음을 의미하지는 않으며 색들은 그것이 표현되는 관계를 통해서 색이 지니는 정서적 내용을 나타낸다. 이런 관계는 주관적인 경험과 연상의 산물이기 때문에 표현주의 미술에서와 같이 색채관계는 매우 개별적이다.

(6) 통일

• 조형의 목적은 감각을 즐겁게 하기 위해 일관성 있는 양식으로 미술작품을 만드는 모든 물질적 요소를 조직하는 것이다. 그러나 감각을 즐겁게 하는 것은 가치판단과 관련되는 것이다. 다시 말해 대다수의 사람들은 피카소의 '게르니카'가 감각을 즐겁게 한다고 생각하지는 않는다. 위대한 작품일수록 그 작품을 구성하는 조형요소들의 통일에 어떤 미세한 변화도 허용하지 않는다. 즉 그 작품의 조형요소 중 어느 하나라도 변화시키면 전체적인 통일감이 무너진다는 것이다. 만일 작품의 구성요소 중 어느 하나라도 배제한 작품이 존재할 수 있다면 그 작품은 불완전한 것이다. 어떤 것도 전체적인 작품성에 해를 주지 않고서는 배제할 수 없는 가장 유기적인 최소한의 형태를 화면 구성의 통일로 인식한다면 교사는 학생들의 조화로운 통합을 이끌어 내도록 도와줄 수 있다. 그런 교사는 미적 요소의 일부분인 균형과 리듬을 배타적으로 보지 않을 것이며 그것들의 표현적 특성과 모든 요소의 통합을 알 수 있을 것이다. 그 교사는 각각의 부분이 전체의 부분이라는 필연성도 인정하지만 그 부분들의 변화 가능성도

인정할 것이며 또한 가장 핵심적인 것만을 표현하는 가장 경제적인 방법을 모색할 것이다.

• 그렇지만 필요는 각 미술가마다 다양하기 때문에 핵심적인 것도 가치판단과 관련되어 있다. 교사가 법칙보다 개별성을 우위에 두지 않고, 또 창작과 구성의 통일을 통합적 개성의 결과로 생각하지 않으면 바람직한 지도를 할 수 없다.

임상미술치료에서의 작품은 미적 교육의 유일한 원칙과 조금 다른 것으로 미적 산물이 감각을 발달시켜 외부세계와 얼마만큼의 조화로운 관계를 발달시켰느냐의 기록이라는 사실을 아는 것이고 심리적인 안정감을 찾아가는 역할을 돕는 것이며 감각이 세련되게 길러지면 그런 감각을 미적 작품으로 표현하게 된다는 것이다(2007, 김영민).

그러므로 하나의 그림을 이해하는 데는 통일성의 원리, 조화로움의 원리, 화면구성의 원리 등 통일된 조화로움의 구성원리를 알아야 한다.

(7) 색채란 무엇인가?

일반적으로 색채(color)는 광원으로부터 나오는 빛이 물체에 비추어 반사, 투과, 흡수될 때 눈의 망막과 여기에 따르는 시신경의 자극으로 감각되는 현상이라고 한다. 따라서 색은 사물 자체의 특성이 아니라 빛의 특성이며, 색이 있는 사물은 주변 환경의 영향을 받아 변하게 된다. 그러므로 "색이란 사물의 고유한 특성을 드러내기도 하지만 색채에 의한 감정의 반응까지 일으키게 한다"(2007, 김영민).

우리가 사용하는 '색'과 '색채'는 구분될 필요가 있다. '색'은 시지각 대상으로서의 물리적 대상인 빛과 그 빛의 지각 현상을 일컫는다. '색채'는 물리적 현상으로서의 색이 감각 기관인 눈을 통해서 지각되었거나, 그러한 지각 현상과 같은 경험 효과를 일컫는다. 색이 물리적 현상인 것에 비하여, 색채는 심리적 현상이라고 할 수 있다. 따라서 색채에 대한 본질적인 연구와 색에 관련된 제 문제들을 연구하는 학문인 색채학은 화학, 물리학, 생리학, 심리학, 미학 등의 제 분야에서 연구되어야 하는 종합적 학문이라고 할 수 있다.

6. 빛과 색의 관계

1) 빛

우리가 살고 있는 환경 속에서 빛은 여러 가지 형태로 우리의 시각을 자극한다. 대기권에서는 산란현상에 의해 우리에게 파란 하늘을 보여 주기도 하며 나뭇잎에 닿아서는 반사 흡수되어 녹색의 대지를 보여 주기도 한다. 이처럼 빛이 만물에 비칠 때 굴절, 산란, 흡수, 반사 작용을 거쳐 우리 눈에 각기 다른 양상의 밝기와 색을 느끼게 하는 것이다. 물리학적인 의미에서 빛은 일종의 전자파이다. 우리가 빛이라 하는 것은 그 전자파 중에서 우리 눈으로 지각되는 범위를 가리키는 것으로 대략 380㎚ (nanometer)~780㎚의 파장을 띤 전자파를 말한다. 이 이상은 적외선, 이하로는 자외선, 더욱 벗어나면 전파가 있으나 우리 눈으로는 인지할 수 없다. 그래서 그 사이의 빛을 우리는 가시광선(visible light)이라 부른다.

2) 빛의 색

백색광으로 보이는 빛 속에는 여러 가지 색광이 포함되어 있다. 빛은 파장에 따라 굴절하는 각도가 다르기 때문에 흔히 프리즘에 의해서 그 스펙트럼(spectrum)을 볼 수 있다. 이렇게 분리된 빛은 다시 프리즘을 통과시켜도 더 이상 분광되지 않는다. 따라서 어떤 특정한 광선의 색은 그 분광조성에 의해서 설명할 수 있게 된다. 각각의 분광된 빛의 방사 양을 측정하여 파장이 긴 부분의 방사 양이 많으면 그 빛은 붉은빛이며, 파장이 짧은 부분의 방사 양이 많으면 그 빛은 푸른빛을 띠는 것이다.

3) 빛에 의한 물체의 색

물체는 그 자체가 색을 발하는 것이 아니라 빛을 받아서 흡수, 반사, 투과 등을 거쳐서 독특한 색을 나타내는 것이다. 결국 물체 표면에서 반사되는 빛의 분광조성에 의해 색이 결정된다. 물체마다 다양한 분광 반사율을 갖고 있는 것이다. 예로서 특정 물체의 표면이 장파장을 많이 반사하고 단파장은 흡수해 버린다면 우리 눈에 반사되어 들어오는 빛은 붉게 보인다. 그리고 무채색(흑, 백, 회색)의 경우에는 어떠한 파장의 빛도 동일한 비율로 흡수하고 반사하기 때문에 그렇게 보이는 것이다. 그러나 같은 물체라도 조명광의 색에 따라 다른 분광 반사율을 나타낸다. 일반적으로 우리는 태양광선의 백색광에 적응해 있기 때문에 색상이란 고정된 것이라 믿기 쉬우나 실상 색은 빛의 색에 의해 결정되는 것이다.

즉 광원에 따라 같은 색도 달리 보인다. 예로서 같은 물체라도 백열등 아래서는 물체색이 황색을 띠고, 형광등에서는 푸른색을 띠는 현상이 일어난다. 국제적으로는 이러한 색의 혼돈을 막기 위해 표준광을 결정하여 사용하고 있다.

7. 색의 지각

1) 눈의 색 지각

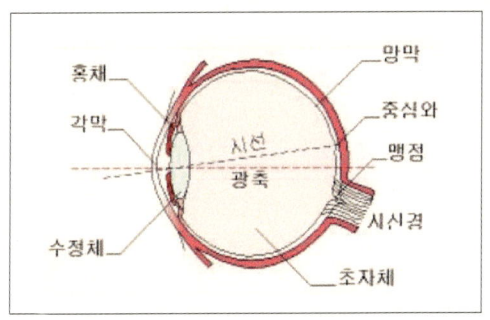

외부의 빛이 망막에 상을 맺으면 망막의 시세포에서 빛에너지를 수용해 물체의 색을 분별한다. 시세포는 간상체와 추상체의 두 가지로 구성이 되어 있는데 간상체는 주로 명암의 판단에 작용하며, 추상체는 색상의 판단과 관련해서 작용한다. 이렇게 망막에서 시신경 섬유를 거쳐 보내진 신호는 뇌세포를 자극한 결과로 우리에게 색상을 지각하게 한다. 색은 눈으로 지각하기보다는 뇌 속에서 지각된다고 볼 수 있는 것이다.

2) 학자들의 색각 이론

•영(Young)·헬름홀즈(Helmholtz)의 3원색설

1807년, 영국의 과학자인 Young은 망막 조직에 R, G, B의 색각세포와 색광을 감광하는 수용기인 시신경섬유가 있다는 가설을 발표했다. 이후 Helmholtz에 의해 시신경의 전달 과정이 보충되어 3원색설이 완성되었다. 이 이론에 따르면 망막에는 세 가지 색각세포와 거기에 연결된 시신경섬유가 있어서, 세포자극의 혼합에 의해 여러 가지 색지각이 일어난다고 한다. 따라서 이들 수용기에 문제가 있을 경우 보통 사람과 달리 색각 이상자가 된다고 한다.

•헤링(E. Hering)의 반대색설

1872년 독일의 심리학자이자 생리학자인 E. Hering의 이론으로서 그는 3종의 광화학 물질인 white-black substance, red-green substance, yellow-blue substance가 존재한다고 가정하고 망막에 빛이 들어올 때 분해와 합성이라고 하는 반대의 반응이 동시에 일어나 그 반응의 비율에 따라서 여러 가지 색이 보이는 것이라고 설명하였다. 예를 들어 red-green substance는 Red광을 받을 때 분해되고 Green광을 받을 때 합성된다는 것이다. 그에 따라 혼색은 이들 물질의 동시분해, 동시합성에 의해 일어나는 것으로 설명하고, 각 물질이 보색(반대색) 관계에 있다는 특성에 따라 반대색설이라고 칭하였다.

• 혼합설

위의 두 가설은 각기 장단점을 갖고 있어서 혼색과 색각 이상 등은 3원색설로 잘 설명되지만 대비와 잔상 등의 현상은 반대색설로 설명이 가능하다. 최근에는 1964년 미국의 Edward F. Mc Nichol 연구팀에 의해 위의 두 가지 색각이론을 모두 받아들 이는 혼합설이 발표되어 널리 인정받고 있다. 혼합설에 따르면 망막의 수용기 수준에 서는 3원색설과 일치하며, 신경계와 뇌에서는 반대색설과 일치하는 두 가지 단계의 과 정에 의해 색각이 일어난다고 한다. 즉 3원색의 정보는 망막에서 특정한 정보로 가공 되어 하나하나의 신경세포에 의해 2색의 on-off 신호로 부호화되어 뇌에 전달된다는 것이다. 결국 색이란 망막에서 일어나는 신경자극이 뇌의 재해석에 의해 일어나는 반 응인 것이다. 실제로 뇌를 다치면 색맹이 되는 경우가 있는데 이는 그것을 증명하는 근거이다.

8. 색채지각(색의 3속성)

우리가 색채를 보고 느끼는 요인에는 세 가지가 있다. 그 하나는 빛의 파장 자체를 나타내는 것으로 색상(hue) 요인이고, 두 번째는 밝고 어두운 정도를 나타내는 명도 (value), 세 번째는 색 파장의 순수한 정도를 나타내는 채도(chroma) 요인이다. 우리 는 어떤 색상을 지각할 때 항상 이 세 가지 요인을 함께 느낀다.

1) 색의 3속성

(1) 색상(hue)

빛의 파장에 따라 우리의 감각기에 의해 인식되는 색의 종별을 말한다. 색을 구별하기 위한 명칭을 말하기도 한다. 색상은 물체의 표면에서 선택적으로 반사되는 색 파장의 종류에 의해 결정되며 빨강, 주황, 노랑, 초록, 파랑, 보라 등으로 구분된다. 색상은 순수한 색일수록 현저하게 드러나므로 지각하기가 쉽다. 그러나 여러 가지 색이 혼합된 경우에는 색상이 강하게 드러나지 않아 지각하기가 쉽지 않지만, 무채색인 흰색, 검정색, 회색을 제외한 모든 색은 순색이 지닌 색상을 조금이라도 지니고 있다.

빛의 스펙트럼에서 뚜렷하게 구분되는 색상은 빨강, 주황, 노랑, 초록, 파랑, 보라 등의 기본색상이지만 각 색상의 사이에는 점진적으로 변화되는 무수한 색상이 존재한다. 섬세한 색채 작업을 위해서는 100가지 이상의 색상으로 구분해 볼 수도 있지만, 여러 가지 색 체계에서 일반적으로 통용되는 색상의 수는 대략 40가지 정도이다. 스펙트럼으로부터 전개된 많은 색상들의 위치와 변화를 쉽게 이해할 수 있도록 하기 위해 서로 인접하도록 둥근 고리의 형태로 배치한 것을 색상환이라고 부른다.

※ **색상환(hue circle)**

색의 순환적인 질서에 따라 순색 간에 균등한 색상차를 두어 고리 형태로 배열한 것을 말한다. 학자에 따라 여러 가지 형태의 색상환으로 설명하고 있다.

그리고 색상환에서 거리가 가까운 색은 색상차가 작다고 해서 유사색 또는 인근색이라고 하고, 거리가 비교적 먼 색은 색상차가 크다고 하며, 반대색이라고 한다. 거리가 가장 먼 정반대 쪽의 색은 서로 보색관계이다.

(2) 명도(value/lightness)

색의 순수성질이라 할 수 있는 명도는 색의 밝고 어두운 정도를 명도라고 한다. 색상 간의 명암 정도와 색채의 밝기를 비교할 수 있는 척도를 가리킨다. 백색을 가할수록 명도가 높아지며 흑색을 가할수록 명도는 낮아진다. 명도의 기준 척도로 gray scale(무채색 스케일)을 사용한다. 물체의 표면이 모든 빛을 흡수하면 검정색으로 보이며 우리는 이 검정색을 어둡다고 느낀다. 이처럼 빛이 반사하는 양에 따라 색의 밝고 어두운 정도를 느끼는 것이 명도이다. 명도는 우리가 색을 보고 느끼는 밝고 어두움의 정도를 말하지만, 주어진 광원을 중심으로 반사의 정도를 말할 때에는 명도를 밝기라고도 표현한다. 같은 명도의 색이라도 주어진 광원이 밝고 어두운 정도에 따라 명도가 다르게 느껴지기도 한다. 최고 채도의 순색은 각기 다른 명도를 갖는다. 노란색은 가장 밝게 느껴지고, 다음은 주홍의 순서이며, 빨강과 초록은 중간 정도의 밝기이고, 보라와 파랑은 어둡게 느껴진다.

이처럼 색상끼리의 명암상태, 색채의 밝기를 나타내는 성질, 이러한 밝음의 감각을 척도화한 것을 명도라고 한다. 그러므로 흰색에 가까울수록 명도는 높다고 할 수 있으며 검정색에 가까울수록 명도는 낮아진다.

(3) 채도(chroma/saturation)

색의 강, 약을 드러내는 관계를 말한다. 즉 색의 탁하고 선명한 강약의 정도를 나타내는 척도이다. 순색에 가까울수록 채도가 높으며 다른 색상을 가하면 채도가 낮아진다. 무채색은 채도가 0인 색을 가리킨다.

색 파장이 얼마나 강하고 약한가를 느끼는 것이 채도이다. 그것은 여러 가지 색 파장이 혼합되어 물체의 표면에서 흡수되거나 반사하는 양에 따라 다르게 느껴지는 것으로 특정한 색 파장이 얼마나 순수하게 반사되는가의 정도를 나타낸다. 따라서 채도는 순도, 또는 강도라고도 표현한다. 색의 선명도, 즉 색채의 강하고 약한 정도로서 진한 색과 연한 색, 흐린 색과 맑은 색 등은 모두 채도의 높고 낮음을 가리키는 말이다. 이렇게 색의 순수한 정도, 색채의 포화상태, 색채의 강약을 나타내는 성질을 채도라고 말한다.

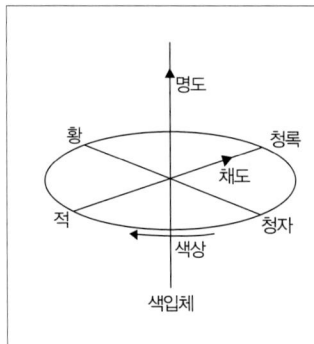

※ 색입체

색의 3속성에 따라 3차원의 공간 속에 정리한 것을 말한다. 색의 체계적인 분류와 조직적인 색채계획을 위하여 사용된다. 일반적인 색입체에서 색상은 원(색상환)으로, 명도는 직선으로 채도는 방사선상으로 배열되어 있다. 이런 공간 속에서 명도는 무채색 축을 따라 위로 올라가면 고명도, 아래로 내려가면 저명도가 되며, 채도는 방사선상에서 무채색으로 들어가서 저채도, 바깥으로 나오면 고채도가 된다.

2) 색채심리

색채는 사람의 감각이나 감정을 자극하는 효과가 있으며 색마다 그에 따른 감각과 감정도 다르다. 색채와 감각 그리고 감정의 관계가 구체적으로 어떻게 연결되는 것인가는 개인차가 있지만 어느 정도의 보편성을 띠고 있다. 또한 어떠한 색에 대한 경험과 인상의 강약에 따라 색은 그와 관계하는 여러 가지 사항을 연상하게 한다. 예를 들어 적색을 봤을 때 사람마다 불, 사과, 사랑, 혈액 등의 이미지를 떠올리는 것이다. 이와 같은 이미지는 뇌 중추의 흥분에 의해 일어나는 심적 현상이며 과거의 경험이 재편성됨으로써 생기는 것이다. 어떤 색상이 모든 사람에게 공통된 연상 작용을 일으키는 경우에 그 색상은 하나의 상징이나 기호로서의 역할까지도 하게 된다.

(1) 주관성

흑과 백의 평균된 백의 밝기를 가진 회색으로 보여야 하는데 흑과 백의 반짝이는 느낌을 가지게 하는 현상을 말한다. 무채색의 자극밖에 없는 데서 유채색이 보이는 것도 이에 속한다. '페히너'라는 사람이 처음 발견했다.

(2) 기억색

대상의 표면색에 대한 무의식적 추론에 의해 결정되는 색채이다. 기억하는 동안 실물보다 더 강조된다. 색상은 원색에 가까워지게 되고 명도, 채도 또한 높아진다.

(3) 항상성

조명조건이 바뀌어도 일정하게 유지되는 색채감각이다. 항상성은 보는 밝기와 색이 조명 등의 물리적 변화에 응하여 망막자극의 변화와 비례하지 않는 것을 말한다. 흰 종이를 어두운 곳이나 밝은 곳에서 보았을 때 어두운 곳에 있을 때가 더 밝게 보이지만 여전히 우리 눈은 흰 종이를 인식한다.

(4) 대비현상

• 색상대비: 명도와 채도가 같은 색이 서로 대비되었을 때 원래의 색보다 색상차이가 일어나는 것이다.

• 명도대비: 밝은 색은 더욱 밝게 어두운색은 더 어둡게 나타나는 대비현상을 말한다.

• 채도대비: 높은 채도와 낮은 채도의 색을 같이 놓았을 때 높은 채도의 색은 더욱 높게, 낮은 채도의 색은 더욱 낮아 보인다.

(5) 잔상현상

잔상은 자극을 준 다음 그 색을 제거하여도 그전의 상이나 반대의 상을 느낄 수 있는 것을 말한다.

• 부의잔상: 자극으로 생긴 상의 밝기나 색상 등이 정반대로 느껴지는 현상을 말한다.

• 정의잔상: 자극으로 생긴 상의 밝기와 색이 똑같은 느낌으로 계속해서 보이는 현상을 말한다.

(6) 명시성

두 색의 밝기 차이에 따라서 멀리서도 식별이 가능함을 나타내는 것으로 얼마만큼 색이 눈에 잘 띄는가에 대한 성질이다.

(7) 주목성

색이 우리의 눈을 끄는 힘을 말하는 것으로 배색에 의해 눈에 잘 띄는가, 멀리서도 잘 인식되는가를 정하는 것이다. 일반적으로 고채도 난색계열의 밝은 색이 눈에 잘 띈다.

(8) 색의 감정적인 효과

−온도감

• 난색: 따뜻함, 여유로움

• 한색: 차가움, 긴장감

−시간의 장단

• 난색: 빠르게 느껴짐

• 한색: 느리게 느껴짐

난색 ◄─────────────────────────► 한색

－중량감

• 고명도: 가벼움

• 저명도: 무거움

난색 ←――――――――――――――→ 한색

－강약감

• 고채도: 강함

• 저채도: 약함

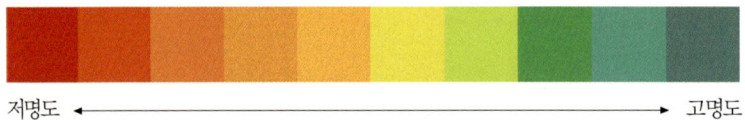

저명도 ←――――――――――――――→ 고명도

－경연감

• 저채도/고명도/난색: 연한 느낌

• 고채도/중명도 이하/한색: 단단한 느낌

저채도 ←――――――――――――――→ 고채도

(9) 색채에 의한 감정 이미지

〈색채 이미지의 예〉

색표본	색이름	연상되는 내용
	빨간색(R)	정열
	주황색(YR)	식욕
	노란색(Y)	청순
	연두색(GY)	생동
	녹색(G)	평화
	청록색(BG)	상쾌
	파란색(B)	젊음
	남색(BP)	고독
	보라색(P)	공포
	자주색(PR)	사랑
	흰색(W)	순결
	검정색(K)	죽음
	회색(N5)	우울

〈배색 이미지의 예〉

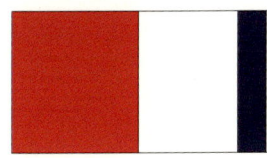

순색의 대비(강함, 선명함, 즐거움, 젊음) 등

혼색의 대비(달콤함, 우아함, 애정, 고상함) 등

3) 색체의 공감각

보는 것과 동시에 다른 거리, 공간감각의 느낌을 수반하게 된다. 이는 색의 강, 약을 드러내는 관계를 말하며 한편으론, 즉 색의 탁하고 선명한 강약의 정도를 나타냄으로써 색의 거리감이 나타난다. 즉 순색에 가까울수록 채도가 높으며 다른 색상을 가하면 채도가 낮아진다. 무채색은 채도가 0인 색을 가리킨다. 이 채도가 가지는 색광의 파장과 거리감은 우리가 인지하는 감각에 작용하여 이루어진다.

(1) 색채와 소리
- 높은음: 밝고 강한 채도의 색
- 낮은음: 어두운 색
- 예리한 음: 순색에 가까운 밝고 선명한 색
- 탁음: 둔한 색, 낮은 채도의 색

(2) 색채와 모양
- 빨강: 사각형
- 노랑: 삼각형
- 초록: 육각형
- 파랑: 원
- 보라: 타원
- 흰색: 반원

• 검정: 사다리꼴(요하네스이텐, 칸딘스키)

(3) 색채와 맛

• 단맛: red, pink

• 짠맛: blue-green, grey, white

• 신맛: yellow, yellow-green

• 쓴맛: olive green, brown-maroon

(4) 색채와 향

• 방출 향: white, light yellow

• 머스크 향: golden yellow, red-brown

• 꽃향기: rose

• 민트 향: blue, green

• 에테르 향: white, light blue

(5) 색채와 촉감

• 윤택감: 짙은 톤의 색

• 경질감: 은회색, 한색계열의 회색 기미

• 조면감: 어두운 회색톤

• 유연감: 따뜻하고 가벼운 톤

• 점착감: 짙은 중성난색, 올리브 계통 색

4) 빛의 색 혼합

(1) 가산혼합/감법혼합(빛의 혼합)

빛의 스펙트럼을 3등분하여 이들 파장 범위를 대표하는 세 가지 색인 적(red), 녹(green), 청자(blue)를 3원색으로 하는 혼색을 말한다. 이를 색광의 3원색 또는 빛의 3원색이라 하며 색광이 겹칠수록 밝게 된다. 3색을 모두 혼합할 경우 백색광이 된다.

(2) 감산혼합/가법혼합(색채혼합)

색 필터와 같은 흡수매체의 겹침에 의해 별개의 색이 생기는 것을 감산혼색이라 한다.

색 필터 청(cyan), 적자(magenta), 황(yellow)을 조합해 2중으로 겹친

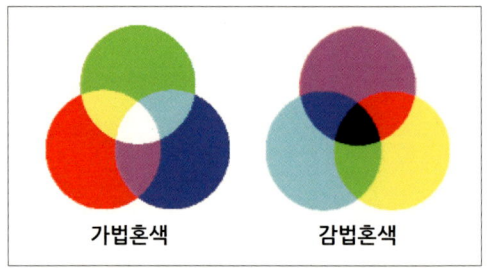

가법혼색　　　　　감법혼색

필터에 백색광을 투과시킬 경우 빛이 필터를 통과할 때 흡수되기 때문에 혼색 결과는 원래 개개의 색보다도 어두운 색이 된다. 예를 들어 황과 청이 겹친 필터를 통해 백색광을 통과시켜 보면 황색 필터에서 단파장의 빛이 흡수되고 청색 필터에서 장파장의 빛이 흡수되어 최종적으로는 녹색 광만이 나오게 된다. 같은 원리로 청과 적자에서는 청자색의 광이 나오며 황색과 적자에서는 적색 광이 나온다. 이와 같이 색광의 혼색의 경우와는 반대로 원색이 역(보색)으로 되어 있다. 이상적인 청, 적자, 황의 삼색필터가 모두 겹치면 빛이 투과하지 않기 때문에 검은색이 된다.

9. 현대 추상 회화에서 보이는 구성과 색체론

현대 추상은 칸딘스키와 클레, 몬드리안의 추상주의를 이해하지 않으면 안 된다. 그 원인은 1912년 칸딘스키가 발표한 『예술에 있어서의 정신적인 것에 대하여』란 책에 의해 미술영역의 확장이 이루어졌기 때문이다. 칸딘스키는 심리적 관점에서 미술도 음악처럼 점, 선, 면 등과 같은 순수한 조형 요소들을 결합하여 하나의 작품을 이룰 수 있다고 생각했다. 그의 저서에서는 선의 역할을 음악적 율동으로 해석하며 점은 음계를 상징하여 면에서의 채색을 통해 음악적 색채를 화면으로 옮길 수 있는 것이라고 하였다. 그는 그러한 의미에서 색채를 음악과 같은 맥락에서 연구하였는데 음악이 음의 조화를 통해 감동을 전달하듯, 회화 역시 구체적인 대상이 없어도 색채의 조화를 통해 감정을 표현할 수 있다고 주장한다. 그는 음악에서 음의 높낮이가 다르고, 악기마다 독특한 음색이 있듯, 색채도 저마다 느낌이 다르다는 것을 연구를 통해 밝혀냈다. 예를 들어 노란색은 전형적인 지상의 색으로 맹목적인 착란이나 광기 어린 병적인 색, 파란색은 전형적인 하늘의 색이며 순수에 대한 동경을 준다는 것 등 각각의 색채마다 느낌이 다르다는 것이다. 칸딘스키는 이런 연구를 통해 심지어는 색상으로 보면서 음악을 들을 수 있다고도 했다. 이에 몬드리안은 화면에서의 구조학적인 조율과 화면에서의 율동성보다는 구조학적으로 해석하여 화면의 조화로운 작업을 한다.

임상미술치료에서 중요한 것은 인간의 삶에서 필수적인 요소인 빛에너지를 통하여 경험하게 되는 색을 다양하고 균형 있게 사용하는 것이다. 어떤 사람이 한 색만을 너무 오랫동안 사용하는 것은 균형을 이루지 못하는 삶을 살고 있다는 것을 의미하기도 한다. 이러한 관점에서 색이 주는 의미를 고려하는 것은 임상미술치료에서 중요한 일이다.

1) 현대 추상이 보는 색채학

(1) 빨강

① 상징

- 불과 태양, 따뜻함과 온기, 건강과 생명, 열정, 활력 에너지 확장, 사랑과 결합한 에로스 의미, 성적 욕구, 물질적·능동적, 속세의 권위, 성의 타락, 경고, 애정의 친밀도
- 특징: 한계가 없고 특징적인 따뜻한 색이다. 생기에 차 있고 활동적이며 동요하는 색으로서 내적으로 작용하나 사방으로 자기 힘을 소모하는 노란색이 지닌 경솔한 면은 없다. 거의 외부로 향하지 않고 주로 내부에서 비등하고 작열한다. 남성적으로 성숙한 색이며 이로 인한 타락성과 불온의 색으로도 표현된다.
  - –차가운 빨강: 정열의 요소를 가지고 있는 첼로의 중음과 저음의 음색

② 선호와 기피의 성향

- 선호: 에너지가 넘치는 어린이들, 역동성 표현
  - –외향적, 역동적, 단정적, 충동적인 사람
  - –삶을 즐기는 낙천성을 가지며 항상 즐거운 기분으로 있고 싶어 함
  - –자발적, 생에 대한 강한 애정 소유
  - –신체적 활동, 모험, 운동경기 등의 외적인 활동을 즐김

－흥분을 잘하고 성급, 불안정, 공격적, 떠들썩한 성향이 많고 객관적인 면이 적고 단순 피상적 경향, 자신의 어두운 면을 고려하지 않고 자신의 실패를 타인에게 돌리려 한다. 때로 냉혹하고 탐욕적인 성향의 사람들이 빨강으로 대표되기도 한다.

－조용하고 내성적인 사람이 빨강을 자주 입거나 사용하면 빨강이 지닌 따뜻함과 활력에 대한 욕구를 가지고 있다고 볼 수 있으며, 때로 자신의 진실한 감정을 이러한 색 뒤에 감추려는 경향도 있다. 아동에서는 대인의 친밀도를 드러낸다.

•기피현상: 모성적 관계에 부담

－너무 생각이 많거나 움츠리는 성향, 냉담한 사람

－빨강이 주는 심리적·정서적 영향을 충분하게 체험하지 못한 것으로 추측

③ 치료적 개입과 효과

•빨강은 차크라에 의하면 감각적이고 생식기관과 관계가 되기에 주의하여 사용되어야 한다.

•부부관계나 성적인 것에 무관심한 사람에게는 빨강의 자극도 필요하다.

•임신과 생리에 문제가 있는 여성들에게는 옷이나 침실, 점등색으로 빨강 사용 권유 가능

•무감각하고 냉정하며 너무 생각이 많은 사람에게는 빨강을 권유

•치료에서 빨강으로 그림을 그림으로써 환자들은 빨강이 주는 감정과 에너지 경험

•빨강의 체험을 통해 어떤 활동에 동기 유발과 용기를 얻고 신체적 일을 시작할

수 있다.

- 불안을 멀리하여 안정을 얻게 되며 관계나 상황에 안정감을 얻음

(2) 파랑

① 상징

- 물과 대양과 하늘을 상징, 형이상학적 동경과 초월성, 심리안정 내면의 색, 우주
  적이며 명상적
- 감각적 에로스의 빨강에 비해 정신적 에로스의 성격 띔
- 비현실성·비물질적인 것, 추상적인 것, 우주적인 것, 영원성을 의미
- 조건 없는 신의와 지속적 애정과 헌신과 진지함 상징, 상냥함, 감정이입, 명상적
  사고
- 휴식, 거리감, 절제의 상징
- 몽환적, 취한 상태, 불안, 침울함, 차가움을 의미, 공허한 합리주의로 받아들여
  지기도 함
- 밝은 청색은 플루트, 어두운 청색은 첼로와 유사, 색조를 심화시키면 콘트라베
  이스

② 선호와 기피의 성향

- 선호: 내성적, 만족과 충만, 애정과 영적 결속, 종교나 전통 안에서의 안정을 가
  지고 있음을 의미
- 의무를 잘 지키고 양심적·인습적 심사숙고하는 경향

-자기관찰과 내적 통찰력이 많고 침착

-집단생활에 잘 어울림, 친구들에게 신의 있고 감정이 풍부하고 지혜롭고 영리, 자기통제 잘함

-적응력, 신뢰 있고 애정이 많고 감동을 잘함, 센티멘털하기까지, 걱정을 너무 많이 함

• 청록색 선호

-섬세, 교양, 지적, 고상, 자신감이 있어 보임, 그런 것에 부러움을 사고 싶어 함

-타인에게 우호적이나 항상 일정거리 둠

-관찰력 있고 중립적, 공정, 자신의 일을 스스로 알아서 하거나 규칙을 정하며 초연한 성향

-타인의 도움이나 지휘 거부

• 터키색 선호

-복잡한 성격에 판타지 많고 독창적

-외적으로 편안해 보여도 불안이 끓어오를 수 있음

-이 색은 자의식을 높여 주고 보호하는 작용

• 파랑에의 지나친 집착

-완고, 엄격, 과거에 매달리거나 독선적

-타인도 자기처럼 정직하고 침착하기를 요구

-자기비판의 결여, 자신의 의도가 진실하다는 것을 증명하고 주장을 관철하고자 함

-융통성 없는 고착된 시야, 창의성 결여, 양보하거나 뒤지는 것을 싫어함

-사회성은 있으나 낯선 사람에게 경계

-위축된 행동이나 자기조절 의미

•파랑의 기피

-휴식과 신뢰 깊은 결속에 대한 욕구가 충족되지 않은 상태, 장기간에 걸쳐 스트 레스와 자극을 받은 사람

-남청색의 거부: 이완된 휴식을 피해 달아나는 것(허약하거나 우울함에 대한 불안)

-동경하는 것이 실현 불가능한 관계(지금은 휴식을 감당할 능력이 없음)

③ 치료적 개입과 효과

•신경조직을 편안하게 해 줌: 피로하고 병이 있을 때 파랑 쪽으로 욕구 증가

•종이에 파랑 원을 그리거나 낙서: 신체 이완, 마음이 고요해짐

•파란색 적용한 치료: 어려운 상황에 인내심 가지게 되고 문제해결력 향상

-영적 발전을 지속시키기 위해 사용

-남색: 심리적으로 어려운 상태의 사람을 자유롭게 함, 고요와 편안함을 줌

-사고와 정서의 조화를 이루게 됨, 정신적 이해력의 확장

-깊은 이완, 타인의 수용 가능해짐

-균형을 잡을 수 있는 치유의 색이나 너무 자주 사용하면 자기 고립적 경향

-남청색: 눈의 건강에 도움(이 색으로 그리거나 자연에서 이 색을 바라보기 권장)

-하늘색: 광활함과 자유로움, 모든 물질세계에서 해방된 느낌, 이 색으로 인해 숨을 내쉴 수 있게 됨

−터키색: 불안한 상황(대중연설 등)에서 자신감과 안정을 주는 색,

　수줍어하고 타인 앞에 자신을 개방해야 하는 사람들에게 필요한 색

(3) 노랑

① 상징

• 빛의 색 광명 긍정적이고 적극적인 색 지고의 순수함에서 밝음의 본성을 내포
명랑, 유쾌, 다채롭고 부드러운 자극을 줌 태양상징, 빨강처럼 따뜻한 색이나
빨강의 감각적 정서적 면에서 보다 정신적 영역에서 따뜻함의 의미 지님 지성적,
이해 및 이성과 관계, 정신적 수용능력 높고 명쾌한 사고, 높은 이상, 성인기 우
울의 색, 책임회피, 질투, 적대적 행위, 유아적 행동을 의미하기도 한다.

② 심리적 작용

• 긍정적 요소: 행복하고 지혜로우며 상상력이 많은 색

−생동감과 명랑함과 자유로움을 줌

−영리한 인성, 강한 신념과 확신 대변

−사업 감각과 유머감각

• 부정적 요소: 참을성이 적고 자기중심적, 고집 세고 완고

−화려한 색이나 강제적, 우쭐대고 야하고 거만

−깊이와 온정이 없는 피상적이며 분노 폭발 경향

−황금색 노랑: 가치 있는 어떤 것 제시

−빛바랜 노랑: 삶의 어려운 상황 나타냄, 우울색

−인간을 불안하게 하고 빈정대며 흥분시키며 뻔뻔하고 강제적인 기분에 작용되는 색, 폭력의 성격, 더 밝은 톤으로 가고자 하는 큰 욕구를 가진 견딜 수 없는 힘과 높이까지 오게 된다. 점점 더 높아지는 날카로운 트럼펫 소리처럼 들리고 정신병리학적 경험에 의하면 빨강과 함께 광기의 색으로 작용될 수 있다.

③ 선호와 기피의 성향

• 선호: 다방면에 관심 무에서 유를 만들며 새롭고 전진적인 어떤 것을 개발하는 기술이 있는 예술가와 연관되며 변화를 필요로 함

−새로운 상황에서 더 큰 행복을 기대

−지적 영역에 모험심, 새로운 것과 자기성취를 추구

−과학적 성향, 지적 도전과 토론을 즐김

−철학적, 다양한 종교와 세계관에 관심

−확장, 미래로 도약하는 것을 암시

−우울증 환자들이 선호하는 색

−어떤 것이 결핍되거나 마음 깊숙한 곳에 있는 감정을 숨기기 위해 사용할 수도 있다.

• 기피: 자신의 내면을 깊이 들여다보거나 자신만의 동기를 찾는 데 두려움

−자신만의 생각에 빠지기 쉬우며 불쾌한 생각들을 밀어내려 함

−자신만의 생각과 느낌에 대해 불안, 그런 상태를 직면하려 하지 않음

−자신이 너무 상투적으로 되는 것을 두려워함

−노랑에 관련된 희망들에 대해 일시적 실망한 경우 기피하게 될 수도 있음

－어떤 기대 상황을 전혀 이루지 못할 때, 노랑으로 방어하거나 손실을 보상하려 함

－일상에서 허무감과 소외감이 많이 들 때 노랑 기피－이러한 심리상태에서 노랑이 위선적, 피상적으로 느껴짐

④ 치료적 개입과 효과

- 왼쪽 뇌를 자극하는 색: 학문이나 지적인 일을 하는 데 도움
- 노란색의 유도: 정신력 강화, 기억력과 지적 학습을 개발하는 목적
- 너무 현실성이 적은 사람, 보호받지 못한 사람들을 개선
- 긍정적 에너지를 얻거나 생각을 정리하고 정보를 기억하려면 노랑 사용, 상상
- 지적 활동 과다: 노랑과의 연관을 줄이도록 한다.
- 연노랑－고집 센 사람, 자기에게 집착한 고루한 사람, 연노랑의 연습으로 자신에게서 따뜻한 느낌이 나오도록 경험
- 진노랑－억제되어 있고 경직된 사람: 이완되고 명랑해짐

(4) 주황

① 상징

- 따뜻함, 활동성, 호기심
- 영감과 유쾌한 자극을 줄 수 있는 외향적 색
- 축제와 즐거움과 충만함 상징
- 주황의 불－사랑과 자비와 온기 의미

- 떠오르는 태양과 일몰을 상징-종교적 깨달음의 색
- 젊음, 강함, 용기, 호기심, 편안함과 불안정과 동요 상징

② 심리적 작용

- 주황은 빨강이 노랑에 의해 인간에게로 더 가까이 오게 됨으로써 생겨난 색
- 주황을 이루는 데 큰 역할을 한 빨강은 이 주황이 경솔하지 않도록 배음을 유지시켜 줌
- 기도를 알리는 중음의 교회 종소리처럼 울리며 강한 알토 음성처럼 라르고를 연주하는 비올라처럼 울린다.
- 긍정적 요소: 따뜻하고 명랑한 효과와 흥분을 자아내기도 한다.
- 행동을 활발하게 하면서도 조정하는 효과
- 심리적으로 깨어 있게 하고 편안함을 주며 갈등을 이완
- 깨달음과 인식의 색, 온화함과 모든 것에 흥미를 끌어냄
- 성취에 대한 노력과 추구
- 부정적 요소: 피상적 변덕스러움, 불안유발 경계의 의미

③ 선호와 기피의 성향

- 선호: 빨강과 노랑이 주는 자극적인 면에 대한 욕구가 큼을 의미
- 친구관계가 좋고 타인에게 잘 적응
- 높은 포부, 집단 활동에 참여하는 것을 좋아함
- 예의 바르고 심사숙고 명랑한 성향, 사회적 생활에 인기

−타인의 도움으로 자신의 목적을 가장 잘 성취

−성공에의 열망: 그들이 가진 인기와 유머감각을 통해 성취

−사랑스럽고 단순한 것을 즐기며 악의 없는 속임수를 즐김

−타인이 집단에서 항상 관심의 대상이 되는 것을 좋아하지 않고 자신은 인정받고 각광받고 싶어 함, 이러한 욕구가 이뤄지지 않으면 기분 저하, 토라짐

•기피: 노랑과 빨강의 기피 성향과 같이 이해됨

④ 치료적 개입과 효과

•침울하고 우울한 사람에게 도움 무기력하고 무감각하며 모든 일에 관심 없는 사람에게 필요

•주황색 낙서, 그림: 좀 더 사회화

•호흡이 짧은 사람, 간질환자

•주황의 치료−단계적 접근 필요(먼저 남색, 흰색, 가라앉은 파랑, 핑크, 보라, 차분한 녹색의 연습 후 주황 사용)

−주황만 너무 사용 시: 귤색으로 강도를 낮추도록 유도

•인지학적 미술치료에서의 주황

−주홍: 어떤 사람에게는 즐길 수 있고 치료에 도움이 되나 다른 사람에게는 견딜 수 없고 안정을 파괴하는 색

−담즙질(슈나이더의 기질론에 따른 분류)이 강한 공격적 성향의 사람: 자신이 폭발할 것 같이 느낌

−점액질의 우울증세가 있고 활동적이지 못한 사람: 주홍으로 기분이 좋아지며

생동감 얻게 됨

(5) 녹색

① 상징

- 식물, 자연의 기본적 색, 봄을 상징
- 조화의 색 희망, 평화, 개혁과 부흥을 상징
- 천지창조에서 최초의 것, 식물의 발아 의미
- 종교적으로 화해의 색, 위로자, 성령의 색

② 심리적 작용

- 절대적 초록의 큰 특징: 수동적 작용, 비만과 자기만족의 냄새, 인간세계에서 상류계층에 속함
- 초록이 밝은 쪽으로 넘어가면 무관심이 더 강하게 울리고 어두운 쪽으로 가면 평온이 더 강하게 울림
- 심리적으로 조화롭고 균형 잡힌 효과를 줌
- 마음을 진정시키고 부드럽고 쾌적, 신선, 평화로움 불러일으킴
- 내적으로 물러설 수 있는 능력과 집중력 제공, 흥분의 제어
- 자율적인 동시에 방어적, 확실성과 인내의 효과
- 신경계에 도움, 균형과 평형을 주는 역할, 심장의 박동을 고르게 함
- 모든 색 중 가장 편안함을 줌
- 마음을 가라앉히기 때문에 심리적 접촉을 가능하게 함

• 황녹, 번쩍거리는 녹색: 충동적·소모적·탐욕적인 성향

③ 선호와 기피의 성향

• 선호: 좋은 인상을 주고 집단에서 지도자의 역할

—남을 도울 준비가 되어 있고 겸손, 참을성 강하고 중요한 인간관계와 책임감

  소유

—유순, 성실

—교양 있고 앞서가는 사람으로 명성을 가지고 있으나 중심에 서지 않으려 함

—훌륭한 교사가 많으며 자신의 성취에 자부심

—수용적, 융통성, 자기 통제력을 잘 유지 친절

—솔직, 집단생활을 잘하고 삶과 사람에 대한 개방적 성품

—사회성 좋으나 보통은 고요하고 한적한 생활을 즐김

—내적 욕구는 자연과 가깝게 있는 것

—마음과 정신과 육체가 편안함을 경험함으로써 삶의 춤과 축제에 참여하는 것

• 전나무 색의 선호: 인정받는 것을 필요로 하며 반대에 대항하는 성

• 전나무 색의 기피: 한결같은 성품이나 반대에 부딪히면 저항력을 잃고 자기 자

  신의 요구에서 생긴 긴장에 시달림

• 녹색에의 집착: 무의식적으로 불안에 시달리는 사람

—불안하고 적대적 환경에서 바로 서고 더 나아지기 위해 조화와 균형의 색을 구

  할 가능성, 이런 경우 빨강이 부족

④ 치료적 개입

- 약화된 시력을 보강하기 위해 생각이나 행동이 느린 사람이 너무 많은 녹색 경험: 그런 성향이 강화됨

−너무 많은 녹색의 사용: 기분 저하, 우울한 성향에 빠지기 쉬움

- 미술치료에서 필수적인 색
- 불안증세, 현실성·지구력이 약한 사람, 억압과 압박받은 사람(황록색), 조화를 얻기 어려운 분열된 사람, 정신이 혼란한 사람, 자기 힘으로 독립할 수 없는 사람, 운동성이 강한 사람
- 녹색+노랑=〉좀 더 활동적 감성에 더 강하게 다가가게 함
- 녹색+파랑 계열 색 연습=〉넉넉함과 느슨함을 얻게 됨
- 청록색−진지함과 신뢰성 및 언행일치가 필요한 사람에게 적합

(6) 보라

① 상징

- 파랑과 빨강의 혼합색
- 자극과 억제를 동시에 지니고 있음
- 대표적인 차가운 색과 따뜻한 색으로 혼합되어 있기 때문에 색 중에서 통일성과 균형을 맞추기가 가장 어려움
- 보라색의 신비함−요술사, 마술사, 신비가, 초감각적인 것의 상징
- 감정이입과 공감과 여성성의 상징

② 심리적 작용

- 창의적이거나 불안정한 것을 표현

- 빨강의 자극과 파랑의 억제를 동시에 내포−통일성을 이루기 어려운 분열이 심한 갈등의 색

- 한편으로 극단의 두 색을 맞추기 때문에 중재의 색이기도 함

- 따뜻함과 차가움, 능동성과 수동성, 의식과 무의식, 이성과 정열 사이의 균형을 이룸

- 정신병동 환자−보라 선호

- 일반인−억제의 색으로 여김

- 육체적·심리적 의미에서 가라앉은(냉각된) 빨강으로서 어떤 병적인 것, 힘을 잃은 것, 자체에 슬픈 어떤 것을 지니고 있는 것으로 봄

- 긍정적 요소−직관적·감각적 이해와 파트너와의 일치를 바라며 두 극단의 분열을 지양

- 부정적 면−마음이 흔들리는 미결정과 미분화의 경험, 퇴행적 도피와 도주의 경향

③ 선호와 기피의 성향

- 감수성이 많고 보통 사람들과 다르게 느끼는 경향

- 자신이 일반인들과 다르다는 인상을 주고자 하며 그러한 측면을 즐김

- 공생과 융합에 대한 동경, 신비주의적 집단이나 종교영역에 관심

- 짙은 보라색 톤의 옷을 즐겨 입는 것−신비한 경험을 추구하거나 마술적 욕구

- 밝은 보라 선호–항상 최상의 취향을 가지고 있으며 고상, 문화적인 것에 관심이 있음
- 자신도 예술적 재능 보유, 자신이 의도하는 세계나 판타지의 세계에서 살려 하고 초연, 속세에 물들지 않는 편
- 오만하거나 여성성을 너무 강조, 허영심을 보일 수도 있음
- 보라의 기피–타인과 융화하고자 하는 동경을 자주 억제: 타인이나 파트너와 융화하기 위한 조건이 이루어지지 못한 경우가 많았기 때문

④ 치료적 개입과 효과
- 기분조정, 호흡이 짧은 사람에게 평온함을 줌, 분주하고 서두르며 기분에 불협화음을 이루는 사람에게 평정심을 줌
- 파란 톤의 보라: 신경성과 심경의 변화가 심한 사람, 숨을 내쉬는 데 어려움이 있는 사람에게 도움
- 붉은 톤의 보라: 신진대사의 변화가 심한 사람, 숨을 들이쉬게 하는 데 도움
- 보라색의 낙서–창의성을 높이고 직관력과 개성 개발

(7) 갈색

① 상징
- 따뜻한 갈색(황갈색, 붉은 갈색)–생명과 따뜻함을 나타내는 대지 상징
- 생산력과 어머니의 모성적 힘, 자연과의 일치 상징 자연의 비옥함을 대변

• 흑갈색-부식토 표시, 생산적 대지 상징, 겸손과 소박함, 청빈함 상징

• 차가운 갈색-불모의 대지를 연상: 퇴락하는 자연, 단단한 대변의 색, 배고픔, 경멸과 무시받는 느낌을 상징

• 엄격한 교육과 훈련, 결벽증을 표현

② 심리적 작용

• 갈색의 사용: 내적 아름다움, 억제미가 나타남

• 심리적으로 수용적이며 수동적 느낌

• 활력 있고 감각적 느낌을 주기도 하고 심리적 저항력, 자기주장과 관찰력 표현

• 인내력과 지구력을 나타냄

• 충동성 완화, 현실적, 책임감 높임

• 주황과 검정의 혼합인 갈색-주황이 지닌 자아 중심적이고 욕구 중심적 경향이 일부분 나타나나 주황보다 융통성이 적고 고집스럽고 완고, 억제를 많이 하는 경향, 부정적인 모성 콤플렉스를 나타내기도 함

③ 선호와 기피의 성향

• 선호-충동적이지 않으며 말없이 자신의 책임을 완수하는 경향

• 운동성이 적고 적응능력 결여

• 포근함과 감각적 만족에 대한 욕구가 높아지고 대지와의 연관성이 있는 것을 받아들임

• 갈색 옷 선호-감각적, 성적 부분과 관련

• 지나친 갈색 집착: 이 색이 가지는 부정적인 면을 과장

• 너무 묵직, 답답, 비행동적 개성이 약하고 남의 눈에 띄는 것을 싫어하고 나태

• 밝은 갈색과 베이지 톤의 선호—수줍음과 정이 많음 타인에게 필요한 사람이 되고 싶어 함

• 밝고 화려한 색을 억제하는 경향

• 갈색의 기피—신체감각이 강한 편이 아님 편안함이 거부되었다는 것 의미

④ 치료적 개입과 효과

• 흙을 만나기 어려운 현대인의 치료에 필수적인 색

• 갈색 점토를 사용한 치료—자연의 색이고 대지의 색인 갈색을 통해 보호받고 싶은 결핍된 욕구를 무의식적으로 드러냄

• 강박증 노이로제 환자에게—갈색과 오물을 나타내는 그림시리즈를 그리도록 유도

• 그림에 갈색이 많을 때—우울, 성장과정에 억제의 경험을 많이 한 것을 나타냄

• 부정적 모성콤플렉스의 표현

• 신경과 감정이 양극화하는 경향의 사람, 피상적인 사람에게 사용이 필요

(8) 검정

① 상징

• 밤과 어두움 상징

• 그림자, 동굴, 지옥, 심연과 죽음 의미

- 부정, 악, 생명의 결핍, 슬픔, 금욕적 생활, 금기, 무의식 상태, 無와 공허의 의미
- 장엄함과 고행의 표시—중대행사나 장례, 수도복에 사용
- 성적 자유의 억압을 상징—남성의 권위가 지배적인 문화에서 일반적으로 여성에게 강요(차도르)
- 감각이 사라진 無처럼 미래와 희망이 없는 영원한 침묵처럼 내적으로 들린다.
- 새로운 시작과 잉태를 위한 준비단계의 긍정적 의미로 볼 수도 있음

② 심리적 작용

- 자기방어, 자극적인 영향의 억제, 폐쇄적·반항적 항의
- 포기의 상징
- 외부와 차단하는 경향, 우울적 성향, 통제된 욕구와 지적 능력과 관계

③ 선호와 기피의 성향

- 선호—반항적 항의를 하나 포기도 잘하여 많은 것을 운명에 맡기는 성향
- 검정옷의 선호—자신이 교양 있고 흥미로운 사람이라는 인상을 주고 싶어 함
- 검은 옷만 입는 경우 내면의 소원과 속세적 욕구들을 감추거나 억누르는 것 의미—매우 활발하고 자의식이 강한 사람들: 그림 그릴 때 자신이 원하거나 경험했던 중요한 것을 검정색으로 강조하는 경우
- 검정색을 너무 자주 사용하여 그림을 그리거나 그림에 검정 덧칠: 심리적 억제, 불안, 슬픔 혹은 분노를 가진 경우
- 그림에 나오는 사람의 신체에 검정색 자주 사용: 그 부분의 기능적 문제나 장애

를 생각해 볼 수 있음

－아동화에서 손이나 팔에 검정색을 칠하는 것: 소유개념이 희박하거나 도벽의 가능성

－다리에 검정색 자주 칠하는 것: 성에 대한 금기나 성적 행위에 대한 양심적 가책일 가능성

• 기피－어떤 것에 포기하지 않는 것, 이런 사람에게 포기는 결핍과 불안을 주는 손실을 의미, 포기할 수 없기 때문에 과도한 요구를 부과할 위험이 있음

④ 치료적 개입과 효과

• 미술치료나 색 명상에서 일반적으로 권장되지 않음

• 검정으로 자신의 감정이나 억압된 정서를 표현하는 사람에게는 그러한 색을 통해 자신의 상황을 자유롭게 표출할 기회를 줄 수 있음

• 검정의 사용은 카타르시스적 의미를 둘 수 있으며 치료의 과정에 나타날 수 있는 현상

－아동: 그림을 지우거나 보이지 않게 하기 위해, 사물의 윤곽을 분명하게 보이도록 하기 위해 검정 선택하는 경우도 있음

• 우리 문화에서는 서예를 통한 먹이 주는 검정색의 의미를 서양과 달리 긍정적으로 수용

－먹의 검정: 정신을 깨어 있게 하고 정신을 통일, 마음을 안정시키는 영향

• 검은색은 자궁 속의 어두운 색으로 그 안에서 어머니에게 보호받는 것을 무의식적으로 느끼는 상황과 관련하여 생각해 볼 수도 있음

(9) 흰색

① 상징

- 빛과 밝음 상징, 신의 존재를 의미

- 깨달음, 비추임, 부활, 완전성 의미

- 추상성, 보편성, 투명성, 깨끗함, 명료함, 신선함, 개방성과 솔직함, 순수함, 선함, 절대적 자유, 탈 억제, 긍정, 완전한 희생, 포기, 삶의 다채로움 거부, 생명의 결핍, 감정의 결여, 차가움, 엄격함, 경직성, 공허, 절망, 외로움과 불행, 종교적으로 고행과 금욕 상징, 죽음, 순결과 처녀성, 절대성과 시작과 끝, 채움과 비움의 합일

② 심리적 작용

- 개방과 자유의 잠재성, 내적 정화의 작용

- 모든 표정과 본질이 사라진 세계를 상징, 절대적인 커다란 침묵

- 근본적으로 자기 고유의 색을 보이지 않음—무관심, 무감각

③ 선호와 기피의 성향

- 선호—지나친 선호: 내면으로 자신을 숨기는 것

- 종교집단의 선호: 순수함과 단순한 생활에의 욕구

- 종교적 관련 없는 지속적 선호: 미성숙한 인성, 완벽주의 경향, 실천 불가능한 생각 소유

(10) 은색

① 상징

- 여성적 원리와 관련, 순결의 상징, 성모 마리아를 대표

- 기독교에서는 영혼의 빛을 밝혀 주는 색

- 변화와 정화와 지혜의 상징

- 적응력이 있는 색, 다른 색과 조화

- 무감각과 무기력에 대항하는 색

② 심리적 작용

- 확고한 저항력과 보호와 치유의 욕구

③ 미술 치료적 개입 효과

- 보호와 은신처에 대한 욕구, 현세가 아닌 천상의 세계로 도피하고 싶은 욕구 표현, 노란색으로 대체되기도 함

(11) 금색

① 상징

- 태양에 관한 모든 것 내포, 위대한 것, 귀한 것, 유일한 것 상징

- 애정, 충만, 성숙의 색, 깨달음의 상징, 모성성 의미

- 물질적 호사와 타락을 의미하기도

(12) 회색

① 상징

- 검정과 흰색이 혼합된 무채색, 미분화, 안개, 스모그, 소나기, 구름의 색
- 반대와 대립되는 것을 피하는 색
- 주저하고 삼가는 특징, 조용함의 상징, 통제와 극단적인 것을 조정하는 색, 우울함을 나타내고 공격적 표현을 억제하는 색

② 심리적 작용

- 회색은 음향과 운동이 없다. 회색이 짙을수록 절망감은 더해 간다.
- 변화를 바라지 않는 색, 생동감을 거부, 침착, 조심성을 가지고 극단에서 균형과 타협을 찾음

③ 선호와 기피의 성향

- 선호−흥분과 자극을 회피, 칭찬이나 인정받는 것과 무관하게 열심히 일하며 사업을 잘함
- 지나친 선호−일중독
- 평안하게 살고 싶어 하는 노인들이 즐기는 색
- 변화를 좋아하지 않고 은폐하고 가리는 경향
- 내적 에너지를 보살피지 않고 외적으로 평안하며 안락하게 보이려 함
- 고상한 것을 좋아하는 성향의 사람들
- 지나친 회색옷의 집착−비난과 비판을 많이 하는 사람

• 기피-활동적, 손해를 보지 않음

• 흥분된 기분을 가라앉히거나 과도한 생각을 자제하기 위해 회색에 대한 생각을
  많이 하도록 함

⒀ 분홍

① 상징

• 애정과 사랑은 있으나 빨강과 같은 정열은 없음

• 아름다움과 신비로운 사랑의 상징 부드러움과 섬세함의 상징

• 진한 분홍-과거 빨강의 활기가 약해진 의미로 노인들이 즐겨 입는 옷 색

• 침착하고 나서지 않는 명랑함 어느 정도 조용히 즐기는 특징

• 색이 주는 정신적·영적 질서에서 중심위치로 봄

• 높은 영성과 투명성을 상징

② 심리적 작용

• 부드럽고 섬세한 영향을 줌 혈액순환이 잘되는 사람의 피부와 육체와 관련

• 신체와 관련해 쾌감과 고통을 나타낸다.

• 만다라에 분홍이 많을 때-무방비 상태의 연약함을 인정, 그것의 노출에 따른
  공포와 보호의 필요성 시사

③ 선호와 기피의 성향

• 선호-보호를 원하며 주변으로부터 특별한 대우를 바람 애정과 사랑이 필요,

안전하다고 느낄 필요, 강한 빨강은 이런 사람을 불안하게 함

－지나친 사용: 꿈나라, 환상 세계에 살고 있고 모든 것을 장밋빛 안경으로 보려 함

•기피－정서적으로 부드럽고 섬세하고 귀여운 것에 대한 평가를 절하한다는 표현

－분홍을 연약하게 보고 분홍의 선호가 그들에게는 약함을 인정하고 자신도 약해질까 두려워함

④ 치료적 개입과 효과

•실리주의자, 직업과 일로 생동감과 활기를 잃은 사람, 편안하게 숨 쉴 여유 없는 사람, 스트레스에 억눌린 사람에게 권함

(14) 자주

① 상징

•왕이나 권력자의 위엄과 권위 상징, 속세의 권능 의미, 화려함과 축제, 기독교에서 귀한 존재의 상징

② 심리적 작용

•상승되고 명랑한 기분을 주고 마음이 따뜻해지고 휴식을 줌

•경직된 것을 풀어 주고 자유로움을 주며 불안정하거나 방종해지는 것을 막아 줌

•색 자체에 빨강과 파랑이 있어 들숨 날숨이 가능

•사람을 황홀하게 만드나 빠른 시간에 다음 단계의 혼란에 빠지게 하여 우울하

게 할 수 있음

- 보수적이지 않고 자신감을 가지게 하며 관용적이게 함
- 속물근성과 엘리트의식을 가지게 함

③ 선호와 기피의 성향

- 선호—감수성이 많으며 기지가 있고 까다로운 편, 다른 사람보다 문화적인 것에 더 관심이 있음
- 남들과 다르게 보이고픈 욕구 외향적이나 과도하게 민감, 극단적 변덕스럽고 기상천외한 면이 있음
- 지나친 선호—건방진 성격 소유, 극단적으로 개인적이고 기이한 성격으로까지 이르게 됨

④ 치료적 개입과 효과

- 억눌린 사람, 용기가 꺾인 사람, 억제를 심하게 하는 사람과 분노나 고통이 쌓인 사람과 슬픔이 있는 사람에게 치료적 효과가 있음

10. 아동의 색채심리

어린이의 색채사용을 알아보면 형태를 묘사하고 색을 칠하지 않거나 전체를 한 가지 색으로 칠하기도 한다. 그러나 색칠을 할 경우 형태에 상관하지 않고 자기가 선호

하는 색을 우선적으로 사용하며, 하나의 형태에도 자신이 좋아하는 색을 다 칠하기도 한다. 주로 사용하는 색은 6~7가지 색이며, 밝고 선명한 원색을 선호한다. 빨강, 노랑, 파랑, 보라, 분홍의 순으로 색을 선호한다.

색채보다는 대상의 묘사에 충실하고자 노력하는 경향이 많으며 선호하는 색상도 자주 변하게 된다. 대상을 놓고 색칠하는 과정은 우리가 생각하는 것처럼 어떤 개인적인 의식의 의미를 깊이 갖는 것이 아니라 자연스럽게 진행된다. 그러나 점차 어린이들이 사용하는 색채에서 심리적 상태와 연관되는 경우가 많다.

1) 유아동의 색채별 심리분석

(1) 색채의 상징과 아동심리

각각의 색채에는 심리적인 속성을 포함한 상징적인 특성을 가지고 있다. 이러한 상징적인 의의는 수 세기를 거쳐 역사, 종교, 관습 및 문화 영향에 의해 확립되어 온 것이다. 그리고 이 상징적 의미에는 문명의 발달과 더불어 전개되었던 인간의 감정과 관념들이 표현되어 있다.

유아동이 표현하는 그림 속의 색채는 자신의 심리를 나타내는 경우가 많다. 무의식으로 선택한 색채라 해도 그들 자신의 내면의 심리를 수반하게 되는 것이다. 근본적으로 정신분석학적 배경을 가지고 있는 어린이 미술의 이해 또는 이를 바탕으로 한 심리진단을 위한 접근들은 아동의 색채사용을 통한 이해를 중심으로 이루어지고 있다.

일본의 색채학자 아사리는 아동의 색채사용에 대해서 다음과 같은 제시를 하였다.

색채의 의미를 해석할 경우 심리학적인 술어(術語)와 색을 직접 연결 짓는다든지, 단순히 전통적인 습관을 결부시킨다든지 해서 결과적으로 연구자의 주관적인 방법이 주도해서는 위험하다.

아사리는 색채 특성과 아동의 행동을 결부시켜서 심리를 분석하였다. 분석결과 광범한 지역에 걸쳐 동일한 법칙이 지배하고 있다는 하나의 보편성을 발견했다. 다른 색채학자들도 민족적으로 갖는 특수한 색의 해석을 제외하고는 색의 이미지 해석이 비슷하게 나오고 있다는 것이다.

빨간색에 대한 임상적 의미를 나열하면 공격성, 활동성, 적극성, 피, 불, 뜨거움 등을 상징하며, 실제로 적극적이고 활동적인 어린이들이 선호하여 자주 사용한다. 조용하고 내성적인 어린이도 화가 나거나 분노를 느낄 때에는 빨강과 검정 등을 선택하여 과격한 분위기를 나타내게 된다. 그러나 활동적인 어린이가 감기 등으로 체력이 저하되었을 경우는 빨강과 같이 에너지가 강한 색상을 일시적으로 멀리하는 경우가 있다. 이러한 현상은 아사리의 연구의도와 같이 색상과 아동의 행동을 결부시켜 이해하여야 한다는 이론과 맥을 같이하는 예이다. 색채가 갖는 고유한 이미지와 상징을 이해하고 그와 더불어 어린이의 행동발달을 파악하여 이해할 수 있다면 더욱 근접한 심리진단이 이루어질 수 있다.

(2) 색채별 심리분석

① 빨간색의 상징과 아동심리

빨간색은 열정, 힘, 활동성, 따뜻함이라는 적극적인 이미지를 갖고 있으며 자극적이고도 흥분을 일으키는 색이다. 또한 공격성이나 분노, 맹렬 등을 연상시키기도 하다. 이렇듯, 빨강은 모든 색 중에서 가장 위압적이며 역동적인 색이다. 눈에도 가장 잘 띄

고 다른 색을 압도한다. 반면 매우 감성적으로 예민하여 다양한 색조 변화를 전개할
이 색의 열기는 화염과 같이 격렬하여 위험이나 긴급을 전달하기 위해 많이 활용되며
심리적으로 자극성이 강하고 흥분적이며 불안을 초래하고 신경을 긴장시키나 그 반
면에 활기에 넘치며 혁명의 상징을 나타내기도 하여, 빨간색의 운동복이 운동선수들의
공격력을 높여 주는 역할도 한다.

또한 이 색채는 장시간을 보면 자극성이 강하여 인체 생리 작용의 평형이 깨지기도
하며 혈압과 맥박을 증가시키기도 한다.

심리학적으로는 주관적인 경과시간이 길게 느껴지는 색으로 고급식당의 색상, 거실
등과 같이 시간을 즐겁게 하는 자리에는 차분한 적색계통을 사용하는 것이 좋다. 또
중량, 면적, 체적 등 과대평가되는 색채이므로 몸에 살이 많은 사람은 붉은 색상의 옷
을 주의하여 입는 것이 좋다.

물질 면에서 적색은 능동적이며 정신 면에서 보면 수동적이며 적극적인 성격을 가지
고 있다. 따뜻하고 외향적인 성격의 사람들이 선호하기 때문에 심리요법에 많이 애용
되고 있다.

만다라에서 이해하는 빨간색의 의미는 우리가 건강하게 생존하며 보다 위대한 내면
의 지혜를 터득하게 되는 변화에 필요한 에너지로서 긍정적인 의미를 지니고 있다. 반
면 부정적인 의미로는 파괴성을 가진 분노, 그리고 고통을 시사한다.

빨간색은 보라, 주홍, 분홍색 속에 포함된 색이다. 빨간색이 다른 색상과 혼합되었
을 때, 이는 에너지는 존재하고 있으나 빨간색과 혼합된 색상이 상징하는 그 무엇에
의하여 강하게 억류되어 있다는 느낌을 전달한다. 예를 들어 보라색의 경우, 에너지로
상징되는 빨간색이 원형적인 어머니를 상징하는 푸른색과 합쳐져 있다는 것을 나타낸

다고 볼 수 있다.

유아동의 빨간색의 심리적 성격으로는 기력이 충실하고 활기가 넘치며, 행동은 적극적이고 매사에 힘찬 활력이 넘쳐흐르지만, 그 밑바닥에는 뭔가 마음에 흡족하지 않은 부족한 것이 숨겨져 있는 것이다. 그 불만이 행동의 기폭제가 되고 있는 상태이다. 그 때문에 남을 밀어젖히고 경우에 따라선 상대를 공격해서라도 자신을 전면으로 내놓고 싶은 자기주장, 욕구, 자기 현시욕구의 의식이 강하다고 하겠다.

유아동이 빨간색을 넓은 필치로 수직이나 수평으로 다른 색 위에 이중으로 칠하는 것은 적대감이나 자기주장의 표현이다. 빨간색이 조화롭고 아름답게 칠해졌을 때는 애정의 표현이기도 하며, 거칠게 칠해졌을 때는 적대감과 공격심을 표시할 경우도 있다.

② 노란색의 상징과 아동심리

노란색은 모든 색상 중에서 어떤 색보다도 밝고 뚜렷한 느낌을 갖고 있다. 노란색은 인체의 신진대사에 유리한 영향을 주기도 한다. 노란빛에 대한 생물학적 반응들은 대체로 인체에 별다른 영향을 미치지 않는다고 밝혀졌지만 이 색은 정신적이고 영적인 인상을 강하게 주는 색이며 퇴보하거나 두드러지게 유아 수준을 넘어서는 데 실패한 환자들은 거의 예외 없이 노랑을 선택한다는 것이다.

노란색은 밝고 부드러우며 따뜻하고 가볍고 아름다우며 화려한 색이다. 아동들의 대부분이 노란색을 좋아하고 대단히 선호하고 있다. 그러나 노랑 순색에 비해 어두운 노랑은 싫어하는 경향이 있다.

노란색의 특징으로는 같은 넓이보다도 더 크게 보이는 팽창의 효과를 가지고 있다. 또한 멀리 떨어져서 보면 실제보다 더 가까워 보이는 진출의 효과도 가지고 있다. 어두운 색을 배경으로 했을 때는 멀리서도 식별하기가 쉬운 색이다. 그래서 교통 표지판이나 장애물, 도로 중앙 분리선, 건설 현장 등의 안전색채로서도 큰 역할을 하는 중요한 색상이다.

동양철학의 측면에서 보면, 노랑을 선호하는 사람은 대체로 혁신적이고 독창력이 있고 지혜롭다. 이런 유형은 내성적이고 분석적이기 쉽고 세상에 대해서 높고 심각하게 생각하며 재능 있는 사람들이 여기에 속한다.

서양에서 노란색은 비겁함, 편견, 박해를 상징한다. 이런 이유 때문에 정신적 장애가 있거나 의식적으로나 무의식적으로 지적인 것과 관련된 복잡한 모든 것을 경멸하는 사람들에게서 나타나는데 단순히 자신이 정신적으로 불안함에 대한 방어본능인 것 같다.

이 색은 상쾌하고 찬란한 느낌을 주기도 하며 색채조절을 할 경우 노란색이 흰색보다 더 밝게 보이는 경향이 있다. 연상적 이미지로는 청순, 명랑, 질투, 화려함 등이 느껴지며 개나리, 나비, 어린이 비옷, 봄꽃 등이 연상된다.

아동이 노란색을 선택할 경우, 표면상으로는 명랑하고, 어리광스럽고, 사교적이며, 정서적인 인정미가 넘쳐흐르지만 의존적인 행동이 많으며, 유아적 상태에 머무르려는 욕구 사이의 갈등을 나타내는 색으로 마음속의 외로움으로 의지할 이성, 안심하고 어리광을 부리며 의존하고 싶은 애정의 욕구를 간직한 것이다.

③ 파란색의 상징과 아동심리

파란색은 맑게 갠 하늘과 드넓은 바다 그리고 시원한 그늘을 연상시키며, 편안함과 정적, 평화를 상징하는 색상이다. 실제로 파란색이 뇌파를 이완시킨다는 실험결과가 보고되었다.

파란색은 평온한 분위기를 만드는 색이다. 따라서 파란색을 싫어하는 사람은 거의 없다. 밝은 파랑은 소극적인 성격을 나타내고, 긍정적인 인상들은 고요함, 안전성, 편안함, 온건, 온전함 등이다. 부정적인 성격으로는 놀라움, 우울, 차가움 등을 지니고 있다.

지속적인 이미지 결합에서 나타난 파랑의 이미지는 수동성, 고요함, 촉촉함, 깨끗함, 무취, 정신 반영, 우울, 슬픔, 바다, 하늘, 그리움 등이다. 그리움은 특별히 밝은 파랑에 의해 촉발된다.

시각 효과 면에서는 파랑은 시각적 작용이 매우 강해서 파랑을 칠한 넓이나 부피는 실제보다 작게 보이는 수축성이 있으며, 멀리 있는 것같이 보이는 후퇴색이다. 따라서 배경색이나 바탕색으로 많이 쓰인다. 흑색 위의 파랑은 밝고 순수한 힘을 나타내며 밝게 보이며, 파랑을 초록색 위에 두면 색 자체의 제 빛을 잃으나 자주와 같이 놓으면 활기를 되찾는다.

온도 감각에서도 한색이나 진정색의 대표적인 색이다. 이러한 이미지는 물, 얼음, 찬공기가 연상되므로 추위, 냉각의 표시로 쓰인다. 파랑에서는 정직, 희망, 침착, 서늘함, 쓸쓸함, 충실, 깊음, 투명, 고요함, 공간적 느낌 등을 주는 것으로 동서양의 감정이 비슷하다. 서양에서는 우울함, 병적임 등을 나타내나 우리나라 사람들에게는 청산, 청자, 청송, 녹주, 독야청청 등 실제 색은 초록계열이지만 이미지에 있어서는 파랑을 연상하는 특색이 있는 고귀하고 숭고함, 충성 등과 함께 상징적인 파란색이 많다.

어린이들의 견해에도 차갑고 남성적이며 강하고 뚜렷한 색이라는 견해가 많다. 연한 파랑은 남성적이며 밝고 부드럽고 강하며 호감을 가진다. 어두운 파랑은 어둡고 딱딱하며 차갑고 무거우며 남성적이며 강하다. 하늘과 신호등, 바다, 호수 등을 연상하고 남자들의 색이라는 인상이 강하며, 따라서 남성적인 강인함을 느끼며 선명하고 뚜렷한 인상을 받는다.

파란색을 선택하는 아동은 심신이 지칠 대로 지쳐 있는 스트레스 상황으로 '가능하다면 쉬고 싶다'는 생각이 드는 반면, 한편으로는 '맡은 일을 성실하게 하지 않으면 안 된다'는 생각이 교차하여 정신적으로 협공을 당하는 심리 상태이다. 하지만 그림을 그리는 경우에 따라 달라질 수 있는데 어린이가 예민하고 긴장된 필치로 그림물감의 청색 덩어리 채로 집중적인 그림을 그렸다면 놀고 싶은 욕망을 강렬하게 억제당하고 있어 반항하고 싶지만 뜻대로 되지 않는 상태라고 생각해도 무방하며, 선과 형으로 그리는 경우는 비교적 명랑한 성격의 아동으로 주위에 잘 적응하는 행동을 한다.

④ 초록색의 상징과 아동심리

초록은 식물의 색이며 엽록소의 색이며 햇빛이 땅에 닿아 물과 공기의 혜택으로 성장하는 생기가 느껴진다. 이 색에서 연상되는 상징어는 풍요로움, 젊음, 신선함, 희망, 평화, 안전, 이상, 안락함 등이었으며 동서양을 통해 거의 같은 경향이다. 즉 초록은 '자연계의 색'이라는 뜻이다. 초록은 빨강·파랑과 함께 빛의 원색으로 풍토와 문화적 배경의 차이나 개인적인 차이가 나지만 같은 민족, 경험에 의해 공통적 이미지를 가지는데 인간에게 가장 친밀한 색인 초록은 표지로서의 안전, 진행, 구급 등으로 쓰인다. 그러므로 비상구, 안전 지역 표시, 진행을 알리는 신호나 녹십자 등에 쓰인다. 초록은 한 이미지 조사에서 '미래의 색'이라는 조사가 나왔는데 미래에 대한 평화나 안전을 기대하는 희망이 포함되어 있음을 나타내는 것이라고 생각된다. 또한 과거의 향수, 고향, 자연 등 이미지에서 인식, 평화, 위안, 이상, 순정, 신앙불변과 명상, 젊고 미숙함,

신선함, 가공되지 않은 자연 그대로의 상태 등의 추상적 연상을 갖게 된다. 이러한 초록이야말로 인간의 이상, 평화를 상징하는 이상적인 색이라고 할 수 있다. 한편, 초록을 생각하는 폭은 주목성이나 명시도, 판독성은 낮은 편이나, 어린이들에게 있어서 초록은 노랑 다음으로 선호하는 색이며 밝고 뚜렷하며 깨끗한 색이라는 의견이 많다.

그러므로 초록을 좋아하는 어린이는 충동에도 잘 견디며 자기감정을 잘 조절할 수 있고 행동적이며 자기만족적이며 잘 생각해서 행동하는 특징이 있다. 초록색을 선택하는 유아동은 주로 자기감정을 강하게 표현하지 않는 내향적인 어린이다. 빨간색을 좋아하는 어린이에 비해 비교적 자기 억제적이다. 녹색은 감정적 충동이 순화된 것이며 감정의 결여나 회의적인 경향이 있기도 하며 엄격한 가정의 아동이 즐겨 쓴다. 한편으로는 수면부족이 계속되고 밤을 꼬박 새기도 하며, 또 그와는 반대로 잠을 지나치게 많이 자서 의식이 잠에서 덜 깬 상태이다. 이럴 경우 계속 방치한다면 파란색에서 보라색으로까지 변형될 수 있다.

캘로그는 만다라 속에 나타나는 남색은 삶 속에서 위협적인 사건을 경험한 이들이나 유아기에 어려운 경험을 한 사람에게 나타나며, 어머니에 대한 불신감을 나타내고 있음을 발견하였다. 만다라에서 이해하는 남색에 대한 다른 견해로는 직관력이 깨어나고 보다 지혜로워지고 있으며, 보다 의미 있는 삶의 철학이 성장하고 있음을 나타낸다고 본다.

⑤ 보라색의 상징과 아동심리

빨강과 파랑의 혼합으로 생긴 중성색으로 시인성과 주목성이 낮다. 본래 귀족의 색으로 고귀, 우아, 평안, 신비, 영원 등을 연상시킨다. 고대 중국에서는 태평성대의 상징이나 형이상학적 세계의 사상적 표현으로 사용되기도 하였다. 우아하게 보이는 색이기도 하고 예술가들과 문화적인 취향의 사람들이 좋아하고 여성을 더욱 여성스럽게 보여 주기도 한다. 이 색을 좋아하는 사람은 섬세하고 뛰어난 취향을 가지고 있으며 허영심이 있는 반면, 재능이 뛰어나고 모든 예술, 철학, 발레, 심포니, 그 밖의 고상한 일을 즐겨하는 사람들이다.

반면, 이 색을 싫어하는 사람은 겉치레, 허영심, 자만심의 적이며 곧잘 문화적인 것들을 중요하게 여기지 않는 경향이 있다.

보라색을 고집스럽게 잘 사용하는 유아동의 경우는 억제된 불행한 심리상태와 관계가 깊고 친구를 많이 사귀기를 싫어하는 감상적 태도가 강하다. 또한 보라색은 아동들의 질병과 상응한다. 예로 심사위원이 아동화를 평가하는 과정에서 보라색의 강한 인상을 남기는 작품의 주인인 아동의 환경을 묻자 선생님은 그 아이가 병으로 얼마 전에 죽었다는 예가 있다.

일본의 아동 색채심리학자 '아사리'는 보라색에 대한 특별한 관심을 가지고 연구하였는데, 보라의 생리적·심리적 의미에 병리적 현상을 증명하였다.

성인일 경우 감기에 걸렸거나 피로가 쌓여서 몸이 불편한 상태라고 할 수 있다. 또 가족 중에 환자가 있어 마음과 몸의 밸런스가 취해지지 않아 늘 위화감이 생기고 울적한 생활이 계속되고 있는 상태이다.

⑥ 주황색의 상징과 아동심리

주황은 활력과 에너지가 강한 색으로서 생생한 활력을 가지고 있다. 또한 사회적인 색으로서 명예를 상징하며 환희와 사치적, 발랄한 성격을 가지고 있다. 주황을 좋아하는 사람은 건강이 넘치는 사람으로서 사회에 잘 적응하는 사람들이다. 사교성이 좋으며 혼자 있기를 싫어하고 외향적인 성격을 지닌 사람들이 많다.

주황을 좋아하는 아동은 주위와 잘 적응하는 사회적 성격의 어린이다. 그러나 어떤 경우는 강한 감정적 표현을 도피하려고 사용하기도 한다. 또한 공상적 놀이로 현실생활에서 도피하려는 어린이에게서 나타나기도 한다. 동정과 우애를 구함과 동시에 수줍은 어린이에게서 주로 나타나는 색상이다.

⑦ 갈색의 상징과 아동심리

갈색은 빨간색과 초록이 혼합된 색상이다. 심리적으로는 충동과 억제 사이의 중간적인 입장에 있는 색상이라고 볼 수 있다. 또한 갈색은 오렌지색과 파란색을 혼합하여 만들 수 있는 색상이다. 이러한 혼합색은 유아동의 어머니와의 갈등관계를 시사한다고 할 수 있다.

루처는 갈색이 신체적인 증상에서 오는 불편한 경험에 대하여 감정적인 안정이 필요함을 나타낸다고 했다. 그는 제2차 세계대전으로 인하여 집을 잃은 사람들을 대상으로 한 색상검사에서 갈색이 가장 두드러진 위치에 놓여 있는 것을 발견하였다. 이러한 색상검사를 토대로 루처는 갈색을 비슷한 또래와의 교우관계, 즉 익숙한 것에서 느끼는 근원적인 안정감에 대한 중요성을 나타낸다고 정의하였다. 한편, 갈색은 씨를 뿌리고 거두어들이는 풍요로운 들판과 대지를 연상시키는 색이기도 하다. 추수를 한 후 빈 들판은 뭔가가 거기에 있다가 사라졌다는 이유 때문에 가을을 연상시키기도 한다.

갈색을 고집해서 쓰는 어린이는 모성애의 결핍과 관련이 깊어 애정의 욕구가 강하며 더러운 것을 싫어하고, 물욕, 금전욕이 강한 상태이다. 고동색일 경우는 극도의 애정

부족이며 항상 불만이 많고 자기주장을 잘 나타내지 않는다.

⑧ 회색의 상징과 아동심리

순수한 회색은 보수적이고 조용하며 고요한 성질을 갖는다. 뿐만 아니라 황량함, 지루함, 수동성 그리고 무생명의 분위기를 자아내기도 한다. 회색은 빛과 어둠의 양면성을 갖는다. 그것은 긴장도 안심도 아니다. 회색지대에서는 어떠한 방향으로도 분명함을 갖지 않는다. 그것은 중립성이다.

회색 선택에 대한 유아동의 심리는 대인관계가 원만하지 않으며 경계심이 강하고 열등감을 많이 갖고 있으며, 가정에서 억압당하는 느낌을 만성적으로 갖고 있는 아동이며, 냉정하고 내성적이며 경계심이 많고 외로움을 많이 탄다. 아주 밝은 회색은 흰색과 같은 상징이 나타나고 그 외의 회색은 전부 검정에 가까운 의미로 표현된다.

⑨ 검은색의 상징과 아동심리

검정은 어둠의 힘이다. 혹은 달리 표현해서 어두운 밤의 상징이다. 검정에 대한 우리의 인상에서 보면 검정은 이 어두운 힘이고, 어둠의 힘을 대표한다. 검정은 암울하고 알려지지 않은 것에 대한 공포이며 밤의 어두움, 슬픔 그리고 죽음이다.

검은색 선택의 심리는 정서행동에 결함이 있는 것을 표시하는데, 주위의 간섭으로 스스로 억압하고 있는 상태이고, 자유로운 감정의 호흡이 결여되어 있으며, 공포와 불안으로 압박을 느끼며 또 고독해지거나 공격적으로 되거나 어느 한쪽으로 기울어진다. 어머니의 강한 간섭이 가장 민감하게 나타나며, 가정환경이 대체로 밝지 못한 경우가 많다. 뜻하지 않게 보기 싫은 것을 보게 되거나 생각하지도 않았던 불쾌한 얘기를 듣거나 해서, 평소에 믿었던 것에 의문을 품게 되며, 그 원인이 되는 인물이나 사건에 대하여 불안과 불신을 가지게 된 상태이다. 이 의식은 불신, 의혹, 불안, 공포, 죽음으로 이어지는 것일 수 있다. 다른 불건전한 의식도 상승 작용하여 위험한 행동으로 나타나는 경우도 생각할 수 있기 때문인데 깊이 주의해야 한다. 이 색깔을 선택하는 그 자체가 건전한 정신상태라고 할 수는 없다. 최근 이 색깔을 선택하는 사람이 늘고 있는 추세다. 사소한 것으로 남을 신용할 수 없게 된 세상이 왔다는 느낌이 강하다.

⑩ 흰색의 상징과 아동심리

흰색은 빛, 하늘, 숭고함, 희망, 성스러움, 그리고 순수함을 나타낸다. 기독교 지역에서 흰색은 순결, 결백, 순수를 나타내며, 유대인들에게 있어서 순결과 기쁨을 나타낸다. 검정의 반대색으로 흰색은 신, 검정은 악마를 상징한다. 또한 흰색은 긍정을, 검정은 부정을 상징한다. 악한 의도는 없지만 자신의 속마음을 숨기는 거짓말을 하얀 거짓말이라고 하기도 한다.

유아동이 흰색을 자주 사용할 경우, 그 선택의 심리는 외부 또는 과거에 대한 후회 등이 결백한 심정으로 되돌아가고픈 마음으로 흰색이 많이 표출된다. 내성적이며 폐쇄적이고 고집이 세서 친구가 적다.

2) 아동기 미술활동의 특성과 변화

(1) 무의식·유희 시기(3~4세)

이 시기의 어린이는 색채사용에 있어서 무의식적으로 손에 닿는 대로 칠하는 습성을 갖고 있으며 선묘적인 특징이 두드러진다. 또한 대상표현에 미숙하지만 자기감정 이입이 높으며 어떤 목표나 계획 없이 손에 잡은 도구를 이용하여, 표현의 결과보다는 움직임의 과정이 어린이에게 더 즐거움이 되는 무의식적 유희시기이다.

이 시기 미술교사의 지도와 단체생활의 경험이 유아의 색채사용과 색채선택에 큰 영향을 끼치며 집에만 있는 유아는 그렇지 않은 경우에 비해, 어린이의 개인적인 경험과 인상에 의한 색채사용의 빈도가 높다. 반면 교육기관에서 미술시간을 접한 유아는 단체수업을 통한 모방심리와 교사의 색채지도가 작용하여 개인적 성향과 경험에 의한 색채사용의 빈도는 떨어진다.

이 시기 유아의 표현과정을 보면, 처음 선택한 색으로 색칠 없이 거의 선을 위주로 한 묘화작업에서 끝나는 경우가 대부분이다. 색채사용은 빨강, 파랑, 노랑 등 원색을 제일 많이 선호하며, 그중에서도 남녀 모두가 공통으로 빨간색을 우선적으로 선호한다. 결국 유아 시기의 색채는 물체에서 느껴지는 관념의 색이 아닌, 개인적 인상과 경험에 의한 선호색을 추구하고, 또한 주로 원색 중 빨강이나 파랑 등 명시성이 높은 색을 많이 사용한다.

(2) 상징·직관적 형상화 시기(5~7세)

이전 단계인 무의식·유희적인 표현과정으로부터 점차 의식적인 표현과정으로 대상의 표현을 의도적으로 시도하고 시각적으로 자기표현을 나타낸다. 또한 표현의 미숙에 따른 대상의 형태를 상징적으로 표현하는 데 관심을 기울인다. 또한 표현에 있어서 대상마다 각자의 그리는 틀이 생기는데 이것은 시지각을 포함한 경험에 의해 형성되며, 지각도 개념의 영향을 받는다. 또한 자기중심적인 표현을 주로 하며 내가 알고 있는 것을 선, 형태, 색으로써 표출하려는 의욕이 앞서고 자유분방한 자기 생각을 주저하거나 거리낌 없이 표현한다. 동기 부여를 하지 않아도 스스로 비슷한 소재라도 반복하여 한꺼번에 여러 장을 그리기도 한다. 이 시기는 자신에게 중요하거나 경험했던 것, 알고 있는 것, 좋아하는 것을 크고 자세히 표현하고 관심이 없거나 의미가 없는 것은 생략하거나 작게 그린다. 그려진 내용이 간결하고 단순하여도 그림 속에 표현하려는 것은 보이는 것보다 훨씬 복잡하고 많은 의도와 내용이 담겨 있다. 표현에 있어서 대상의 형태 이외에 알고 있는 문자, 숫자 자신만의 기호, 도형, 무늬를 그려 넣기도 한다. 이러한 그림은 어린이의 욕구, 대상에 대한 감정과 개념의 인식, 주변 환경에 대한 인식을 나타낸다.

색채사용에 있어 대상의 색채와는 무관하게 자신이 좋아하는 색을 사용하는 어린이가 많은데, 그 반응은 성별, 연령 등에 따라 개인차가 있을 수 있으나, 공통적으로 좋아하는 색이 빨강, 노랑, 파랑, 보라, 분홍의 순으로 색을 선호한다.

어린이의 색채사용을 알아보면 형태를 묘사하고 색을 칠하지 않거나 전체를 한 가지 색으로 칠하기도 한다. 그러나 색칠을 할 경우 형태에 상관하지 않고 자기가 선호하는 색을 우선적으로 골고루 사용하며, 하나의 형태에도 자신이 좋아하는 색을 다 칠하기도 한다. 이 시기 색채보다는 대상의 묘사에 충실하고자 노력하는 경향이 많으며 선호하는 색상도 자주 변하게 된다. 대상을 놓고 색칠하는 과정은 우리가 생각하는 것처럼 어떤 개인적인 의식의미를 깊이 갖는 것이 아니라 자연스럽게 진행된다. 하지만 이 시기에 그림의 특징은 선적 묘사와 함께 색채에서 심리적 상태가 나타난다.

(3) 인지적 형상화 시기(7~8세)

이 시기의 아동은 사물의 개념을 습득하게 된다. 즉 사물에 대한 감각이 지각을 이루게 되며, 이러한 경험이 여러 번 얻어질 때 하나의 '개념'으로 형성되어 그것이 그림에서 상징적으로 표현되기 시작하는 것이다. 예를 들면 하늘을 표현할 때는 파란색을 먼저 잡게 되고, 사과는 빨간색으로 칠해야 한다는 지각이 색의 인·지각으로 고정화되어 있다.

또한 이 시기에 학습이 중요한 과제로 이루어지는 시기로 자연에 대한 다양한 인상과 경험이 많다면, 대상과 색상이 자연스러운 관계를 이룰 수도 있는 시기다. 맑은 하늘도 알고, 안개 낀 하늘도 보고, 또 노을 하늘도 인상에 의한 경험에 축적이 되었다면 그림 표현에서도 다양한 색채의 사용을 가능케 한다.

11. 아동과 성인 발달단계에 따른 병리학적 이해

1) 발달단계에 따른 특성과 변화과정

–인간의 성장과 발달

인간은 죽음에 이르기까지 성장과 퇴행한다. 임상미술치료는 기본적으로 인간에 대한 심리적 접근이며 미술활동을 이용한 심리치료를 행하기에 효과적으로 임상미술치료가 성공을 위해서는 인간의 성장과 발달에 대한 정확한 이해와 병리적 요인의 이해를 필요로 한다. 지금까지 인간의 변화에 대한 많은 이론이 개발되어 왔으며, 이 이론들을 인간발달이론이라 칭하고 있다. 인간발달이론은 대부분 인간의 신체, 심리, 사회적 기능 간의 상호 작용과 사회적 환경이 인간의 발달에 미치는 영향을 설명하고 있다. 본 장에서는 인간발달단계에 관한 이론이 갖는 유용성과 그 원리, 그리고 구체적인 발달 단계별 특성을 살펴봄으로써 임상미술치료의 이론적 토대를 형성하고자 한다.

(1) 인간발달의 연구

인간발달에 관한 연구는 여러 분야의 학문에서 이루어져 왔으나 공통적으로 다음의 주제에 대하여 설명을 제시하고 있다.

① 태아기로부터 노년기까지의 발달을 설명할 수 있는 기제는 무엇이며, 그것은 생의 각 단에서 어떻게 다르게 나타나는가?
② 전 생애에 걸친 변화와 안정(지속성)을 밑받침하는 요인은 무엇인가?
③ 인간발달에서 육체적, 인지적, 정서적, 사회적 기능 간의 상호 작용은 어떤 성격을 지니고 있는가?
④ 사회적 관계가 인간의 발달에 어떤 영향을 미치는가?

임상미술치료의 기본적인 5단계 과정은 초기과정, 문제와 상황에 대한 조사 및 평가, 개입에 대한 계획 수립, 실제적인 개입, 종결로 이루어진다. 그러므로 임상미술치료에서 모든 각 단계에서 인간의 발달단계에 관한 지식은 기본이 된다.

특히, 인간발달에 관한 이론들을 이해하는 것은 임상미술치료에 있어서 환자나 내담자의 문제를 평가하고 이해하는 데 매우 중요한 역할을 한다. 인간의 보편적 발달에 관한 지식은 병리적인 또는 문제가 있는 발달을 정상적인 발달로부터 구분해 내는 데 필수적이다. 임상미술치료에서 병리적 문제 및 병리적 문제를 가진 사람 그리고 병리적 문제가 놓여 있는 상황에 관한 정확한 평가는 매우 중요하다. 정확한 평가를 바탕으로 효과적인 개입과 계획을 수립할 수 있으며 나아가서 성공적인 진단 치료개입이 가능해지기 때문이다.

인간발달에 관한 지식과 병리현상의 이해는 임상미술치료에서 환자나 내담자의 성장에 관하여 그의 신체적 체계와 자아체계 그리고 사회적 체계를 이해할 수 있도록 도와주며 환자나 내담자 본인의 자원과 주변 환경을 자각할 수 있는 자기성찰과 문제해결을 위한 도움을 준다.

임상미술치료에서 병리적 문제해결을 위해 임상미술치료 프로그램이나 서비스를 고안할 때도 발달단계에 입각한 접근은 상당히 유용하다. 이는 인간에게 있어 생의 특정한 시기에 공통적으로 맞게 되는 삶의 사건들이 있기 때문이다. 이러한 단계의 발달적 특징을 이해함으로써 그 집단의 환자나 내담자의 욕구와 그것을 충족시킬 진단과 치료개입을 임상에 적용할 수 있으며 인간발달에 관한 지식이 올바른 임상미술치료의 실천을 위한 토대를 제공하는 기초지식이라 할 수 있다.

2) 인간발달의 개념 및 발달의 원리

인간은 수정되는 순간부터 사망에 이르기까지 전 생애에 걸쳐 안정 또는 정체되어 있는 것이 아니라 역동적 변화를 거듭한다. 이러한 인간의 역동적 변화를 설명해 줄 수 있는 개념이 바로 발달이다. 이러한 발달에 대해서는 다양한 정의가 이루어져 왔다.

Greene(1986)은 발달을 신체, 심리, 사회적 변인을 포괄하며, 일생에 걸쳐 일어나는 안정성과 변화의 역동이라고 정의하였다.

Schell과 Hall(1979)은 발달이란 일정한 방향으로 질서정연하게 점진적으로 증진되며 보다 복잡해지는 변화로 정의하였다. Specht와 Craig(1982)는 인간발달은 생리적 요인과 문화적 요인을 혼합하는 과정이며, 시간이 지남에 따라 한 개인의 구조, 사고, 행동이 변화하는 것을 의미한다고 하였다. 한편, Zanden(1985)은 발달이란 임신에서부터 사망에 이르기까지의 시간적 흐름에 따라 유기체에서 일어나는 질서정연하고 연속적인 변화로 보았다. 발달은 성장과 구분되는 개념으로 볼 필요가 있다.

성장은 신체 크기의 증대, 근력 증가 등과 같은 양적 확대를 의미하며, 생리적으로 이미 설계되어 있는 계획표에 따라 양적 확대가 이루어지다가 일정한 시기가 지나면 정지되는 인간의 부분적 측면, 특히 신체적 부분에 국한된 변화를 설명하고자 할 때 주로 사용되는 용어이다. 이에 반하여 발달은 신체뿐만 아니라 심리적 측면과 사회적 측면에서의 변화를 모두 포함하며, 양적 확대뿐만 아니라 양과 질에서의 상승적 또는 퇴행적 변화를 모두 포함한다.

즉 발달이란 인간의 신체적 요인, 심리적 요인 그리고 사회적 요인이 상호 작용하여 수정에서부터 사망에 이르기까지의 전 생애에 걸쳐 일어나게 되는 질서정연하고 연속적이며 상승적 또는 퇴행적 변화과정을 의미한다. 인간발달에는 반드시 개인차가 존재하긴 하지만 발달적 변화는 예측 불가능하거나 무작위적인 변화는 아니며 체계적이고 규칙적인 변화이다. 따라서 전체적 존재인 인간에게서 전 생애에 걸친 삶의 과정에서 이루어지는 발달은 일관성 있는 원리에 따라 진행된다.

(1) 발달의 원리

① 발달에는 일정한 방향이 있다. 즉 발달은 두부(head)에서 미부(tail)의 방향으로 또는 상부에서 하부로, 중심부위에서 말초부위로, 전체 운동에서 특수 운동으로 진행된다.

② 발달은 연속적인 과정이지만 발달의 속도는 일정하지 않다.

③ 발달은 유전과 환경의 상호 작용에 의해 이루어진다.

④ 발달에서 개인차가 존재한다. 개인차는 후기로 갈수록 더욱 커지는 경향이 있다.

⑤ 발달은 점성적 원리를 따른다. 즉 특정단계에서의 발달은 이전단계의 발달과업 성취 정도에 기초하여 이루어진다.

⑥ 발달에는 결정적 시기가 있다.

3) 인간발달단계 이론

발달단계(stages of development)란 발달상에서 어떤 과제의 성취와 특정한 측면의 발달이 강조되는 삶의 특정 기간을 말한다. 각 발달단계는 고유한 특징이 있어서 그 이전단계나 이후단계로부터 이루어진 발달을 통합한다. 발달단계는 대략 연령을 기준으로 구분되는데 각 단계를 가르는 연령에 따라 발달적 전환이 나타나는 것이다. 하지만, 발달단계를 구분하는 연령은 대략적인 것이다. 발달단계의 진행은 연속적이며 한 단계에서의 발달은 그 이후 모든 단계에 영향을 미친다.

인간의 발달단계는 여러 학자들에 의해 각기 다르게 제시되었다. 프로이트(Freud)는 인간의 발달을 구강기, 항문기, 남근기, 잠복기, 생식기의 5단계로 제시하였고, 융

(Jung)은 아동기, 청년기와 성인기, 중년기, 노년기의 4단계로 제시하였으며, 피아제(Piaget)는 감각운동기, 전조작기, 구체적 조작기, 형식적 조작기의 4단계로 제시하였고, 에릭슨(Erickson)은 유아기, 초기아동기, 유희기, 학령기, 청소년기, 성인 초기, 성인기, 노년기의 8단계를 제시하였다.

학자에 따라 발달단계 제시가 이처럼 서로 다른 것은 이들 각자가 발달단계를 구분하는 데 사용한 기준이 다르고 또한 관심 영역이 달랐기 때문이다.

<주요 학자들의 인간발달단계 구분>

프로이트	융	피아제	에릭슨
구강기(0~1세)	아동기, 사춘기	감각운동기(0~2세)	유아기(0~1세)
항문기(1~3세)	청소년기,성인기	전조작기(2~7세)	초기아동기(1~3세)
남근기(3~6세)	중년기	구체적 조작기 (7~12세)	유희기(4~5세)
잠복기(6~12세)	노년기	형식적 조작기(12세)	학령기(6~11세)
생식기(12세~)			청소년기(12~20세)
			성인 초기(20~24세)
			성인기(25~65세)
			노년기(65세~사망)

〈피아제의 성장기 인지발달단계〉

단계		핵심변화	세부내용
감각운동단계 (출생~18개월)	신생아~2개월	감각의 발달, 반사	─소리에 반응, 움직이는 사물을 쫓거나 만지며 감각에 익숙해짐
	2~4개월	기대반응	─우유병을 보고 오물거리거나, 발소리를 듣고 안기려 함
	5개월	기억의 시작	─무언가가 기억나서 찾는 모습
	7개월	자기 능력 인식	─자기를 잡는 것이 자신의 손임을 인식 ─사물을 잡아 움직여 봄
	8개월	능력 발휘	─두 개가 부딪쳐 소리 내기 ─보이는 것만 존재→숨바꼭질 좋아함
	9개월	정체성 발달	─자기가 의지하는 사람에 대한 애착 ─혼자 있는 것에 대한 공포 ─독립된 자아와 내 것과 남의 것 인식
	10개월~1년	목적을 위한 도구 사용, 영속성	─멀리 있는 공을 가져오기 위해 막대기 사용 ─보이지 않아도 있는 것을 인식
	1년	운동 모방	─부모의 행동을 따라 하며 즐거워함
	1년~15개월	블록 쌓기	─블록을 두 개, 세 개 쌓을 수 있음

	1년~18개월	정서 발달,
		인과관계
		인식(탐구)
			─성공과 실패 관련 행복과 슬픔 표현
			─뭔가 잘 안 되면 짜증내고,
			  울면 그치지 않음
			─자신의 능력을 보여 주고 싶어 하고,
			  칭찬받고자 하는 마음 발생
			─부딪치면 소리 나고, 던지면 날아가고,
			  없던 것이 생기는 모든 것에 흥미 있음
			─실험도 하며 스스로 알아 가는 기쁨
			─새로운 경험을 하면 모방하려 함
			─언어 발달

단계		핵심변화	세부내용
전 조작적 사고단계 (18개월~7세)	18개월~4세 (전 개념)	언어의 상징화	−사물과 그의 이름 일치 −어떤 행동을 단어로 알고자 애씀 −따라 하는 것에서 벗어나 말의 규칙을 　이해하고 스스로 말을 만들어 함
		논리적, 개념적 사고의 전 단계	−같은 부류를 나름대로 분류 가능 −분류되는 특징, 차이 이해 −수학적, 논리적 사고 불가능 −많고 적음 이해 −풍선을 찌그려도 같은 양이라는 것을 　인식 못함
		자기중심적	−2세의 숨바꼭질: 자기 눈을 가리면 　남이 자기를 못 보는 것으로 인식
		상상	−말이 안 되는 말을 하면서 인식을 못 함 −사물에 생명이 있는 것으로 꾸밈 −자기 나름의 상상과 새로움 창조
	4세~7세 (직관적 사고)	기억(직관)	−머릿속으로 그리며 판단: 　튜브로 빨·노·파 순으로 넣으면 　나올 때도 빨·노·파 순으로 나올 것을 앎
		부분과 전체	−전체와 일부 개념 이해 −사각형 이해는 4세, 마름모 이해는 7세
		불완전한 이성적 대화 시작	−"달이 왜 쫓아와?" "나를 좋아하니까." −궁금한 것이 많아진다. '왜?' 병이 도짐 −호기심과 상상력 풍부 −과학적인 이해보다는 막연한 신념에 의한 　정서적 판단
		논리적 두려움	−풍부한 상상력으로 인해 두려움을 알게 됨: 　'죽음'을 듣고 부모나 자신의 죽음을 　생각하여 두려워함

단계		핵심변화	세부내용
전 조작적 사고단계 (18개월~7세)	4세~7세 (직관적 사고)	가역성, 보존성 이해	−풍선을 찌그리고 양을 물을 때 4~5세는 다르다고 인식, 7세는 같다고 인식 −논리적 관계 이해, 수의 개념 사용
구체적 사고단계	7~12세	법칙 이해, 지적 능력 향상	−7×8과 8×7이 같다는 것 이해 −귀납적 결과 유추, 논리적 연산 가능 −5세는 정해진 길로만 갈 수 있으나, 7세는 자신이 길을 정하고 선택 −직관을 넘어 왜 그런지 설명 가능 −다양한 측면 고려 가능 −크기와 양의 비교 가능 −구체적 공통점으로 사물 분류 −풍선을 찌그릴 때 양이 같음은 이해하나 부피가 같음은 이해 못 함
		습관 형성시기	−운동감각 발달로 손놀림과 민첩성이 증가하여 글씨 쓰기 등이 능숙해짐 → 이 시기에 습관화가 중요
		인격 형성시기	−감정 표출은 못 하지만 쉽게 상처받으며, 미래의 인격이 결정되는 시기(내면화) −언어적 발달
		사실(현실) 적인 관심	−대부분의 관심사는 현재 발생하고 있는 것에 초점이 맞추어져 있음
형식적 사고단계	12~18세	추상	−머릿속으로 가상의 것을 다루게 되며, 이때부터 미래를 생각 −다양한 해결책이 있음을 알고, 그중에서 좋은 것을 선택 후 왜 그것을 선택했는지 합리적인 이유 제시
		비판적 사고, 표현	−분석과 비판을 좋아하며 자신의 정신적 능력의 향상과 그것의 이용에 기뻐함 −외적 표현 욕구 심화 −다른 집과 자기 집 비교

단계		핵심변화	세부내용
형식적 사고단계	12~18세	논리적 사고	−과학적 사고 발달 −가설과 실험, 결과 분석 능력 향상 −연역적 사고 가능
		사회화	−사회와 자신의 가치관의 충돌을 통하여 　균형을 맞추어 가는 시기 −일시적인 반항과 과격한 행동 −미래의 모델 찾기 −미래의 현실 고민 −각종 사회적 욕망 발달 −자기에게 맞는 사회적 기준 선택, 적용

　　프로이트는 성적 본능이 인간발달에 기본적인 영향을 미친다고 보고 발달단계를 심리성적 단계라 하여 다섯 단계로 제시한 것이며, 자아기능을 강조하는 융의 발달단계에서는 다른 이론가들에게서 세분되고 있는 사춘기 이전까지가 한 단계로 묶여 제시되고 있다. 피아제의 발달단계는 주로 인지발달에 초점을 맞추어 설정된 것이며, 에릭슨의 발달단계는 인생의 전 과정을 포괄하면서 동시에 발달에 있어서의 심리적인 측면과 사회적인 측면을 모두 고려한 것이다. 위의 학자들 중에 에릭슨의 단계 구분이 비교적 포괄적인 것이라 할 수 있다. 유아기에는 노년기까지 모든 시기에 대하여 단계가 구분되어 있고 비교적 각 단계의 기간도 적절하다. 그런데 에릭슨(Erickson, 1963)은 인간발달을 8단계로 구분하였으나 최근에는 발달단계가 더 세분화되는 경향이 있다. 또한 유전적 요인과 태내에서의 발달이 중요하다고 인식되면서 태아기가 발달단계에 첨가되는 경향이 있으며, 평균수명이 연장되면서 노년기도 전기와 후기로 구분되는 경향이 있다.

4) 인간발달단계별 특징

(1) 태아기

인간의 발달과 성장은 수정되는 순간부터 시작되기 때문에 인간발달에 대한 논의는 태아기부터 시작되어야 한다. 태아의 발달을 대략 3단계로 구분하면 다음과 같다.

- 제1단계→임신 초기: 태아의 급속한 세포분열이 진행, 신체의 각 부분이 출현하기 시작
- 제2단계→임신 중기: 손가락, 발가락, 피부, 지문, 머리털 등이 형성됨
- 제3단계→임신 말기: 신체 내부기관과 뇌, 신경체계가 형성되고 태아의 발달이 완성됨

인간의 개인적 차이는 환경뿐 아니라 유전에 의해서 영향을 받으며 태아의 발달에 영향을 미치는 요인은 유전적 요인과 임신부의 영향으로 구분하여 볼 수 있다. 유전적 요소들은 태아기에 형성되며 개인적 차이에 기여할 수 있는 영역들은 다음과 같다.

- 태아기의 유전적 요소가 결정하는 개인적 특징
① 성장률: 운동능력, 지적능력, 퍼스널리티, 신체적 변화에 영향을 미침.
② 개인의 신체적 특징이나 기질적 특징
③ 선천성 결함(예: 다운증후군(Down's syndrome))

- 태아에게 영향을 미치는 임산부의 요인들
① 임신연령: 임신연령은 태아의 건강에 영향을 미친다. 이상적인 임신 시기는 대략

16~35세가량이다.

② 임산부의 건강상태

③ 약물복용, 흡연

④ 임산부의 정서적 상태: 임신에 대한 임신부의 태도는 긍정적인 것과 부정적인 것이 공존하는 양면적인 것이다. 임신에 대한 태도는 임산부 자신의 개인적인 요인과 주변 여건에 의해 영향을 받는다.

−임상미술치료의 관심이 되는 태아기의 문제

① 모성보호 및 사회적으로 임산부의 안정적인 물리적 환경 조정

② 빈곤가족을 포함한 요보호가족의 임산부들이 적절한 의료적 보호

(2) 유아기

출생 시부터 대략 2세 정도까지의 기간이며, 이 기간의 가장 큰 특징은 성장속도가 매우 빠르다는 것이다. 신체적 발달은 출생 후 몇 달간은 감각체계가 운동체계보다 더 발달하며 따라서, 근육은 자유의지에 따라 움직이기보다는 감각에 전달되는 자극에 반응을 보이게 된다. 초기의 운동능력은 반사적인 성격이 더 강하다. 후에 쥐기, 빨기 등 자유의지에 의한 운동으로의 변화가 일어난다.

−인지적 발달

① 유아기 때의 인지발달은 주로 감각적 경험과 그에 따른 운동양식의 정교화를 통해 이루어진다. 이러한 감각적 경험을 통해 형성되는 인지능력을 감각운동적

지능이라 하고, 피아제(Piaget)는 이러한 점에 주목하여 유아기 때의 지적발달을 초래하는 기본적인 기제는 감각운동이라 하였다.

② 유아기 때의 중요한 인지발달의 하나가 대상영속성(object permanence)의 습득이다. 초기에 유아는 자신의 지각영역 내에 있는 사물만 의식하지만 시간이 지남에 따라(9~10개월가량) 자신의 지각영역 내에 있지 않더라도 사물이 존재한다는 것을 알게 된다. 이를 대상영속성이라 한다.

−사회적 발달

① 사회적 발달이란 타인과의 관계를 형성하는 능력이 발달되는 것을 말하는데, 이 능력의 발달에 있어서는 사회적 애착의 형성이 중요하다. 사회적 애착이란 타인과의 사이에 형성되는 특수하고 긍정적인 정서적 유대를 말하며, 이것은 유아기에는 부모, 그중에서도 엄마와의 관계에서 형성된다.

② 유아를 돌보는 사람이 유아에게 일관되고 편안하며 적절한 반응을 보이면 유아는 외부환경에 대해 신뢰감을 형성하게 되지만, 돌보는 사람의 반응이 그렇지 못하면 유아는 외부 환경에 대해 신뢰감을 형성치 못하게 된다.

③ 유아는 초기에 자신의 감각에 자극을 주는 대상에 반사적 반응을 보이면서 그 대상의 특징을 인식하게 되고, 그 후에는 이미 친숙해진 대상에 선택적으로 반응하게 되며, 그다음에는 친숙한 대상과 가까이 접촉하기 위해 보다 능동적으로 행동하게 된다.

④ 특정한 사람에 대해 애착이 형성되어 감에 따라 유아는 낯선 사람에 대한 불안(stranger anxiety)과 격리불안(separation anxiety)을 느끼게 된다. 전자는 낯

선 성인의 출현에 대하여 유아가 긴장이나 불편을 보이는 현상이고 후자는 엄마에게서 떨어질 때에 분노와 절망을 보이는 현상이다. 격리불안은 두 살이 되면 잠시 떨어지는 것을 용납할 수 있는 정도로 완화된다. 엄마와의 사회적 애착이 완전히 확립되면 유아는 엄마에 대한 영상과 엄마의 사랑에 대한 기억을 간직함으로써 부모와 떨어져 있는 동안 자신을 달랠 수 있게 된다.

−정서적 발달

① 초기의 유아는 자신의 내부적 상태에 따라 감정상태가 주로 결정되지만, 시간이 지나면서 정서가 점차 분화하기 시작한다.

② 기쁨, 공포, 분노의 세 가지의 정서가 시간에 따라 점차 복잡하게 발달하며, 생후 1년이 지나면서부터 유아의 정서는 불안, 자랑스러움, 수치심 등의 측면이 포함되기 시작한다. 이는 이때부터 유아에게 자의식이 생김을 의미한다.

유아기에 있어서 네 가지 측면의 발달과제들은 복잡하게 상호 연관되어 있다. 즉 감각적, 운동적 성숙을 배제한 채로 지능의 발달에 대해 논할 수 없으며, 대상영속성과 정서적 표현을 생각하지 않은 채로 사회적 애착의 확립을 논할 수 없다. 예를 들면 격리불안은 엄마가 눈앞에서 사라지면 그 존재가 아주 없어지는 것으로 생각하기 때문에 유아가 보이는 현상이지만, 엄마에 대한 사회적 애착을 확립하고 대상영속성의 개념을 획득한 후에는 엄마가 눈앞에서 사라져도 그 존재는 영속적이며 다시 돌아온다는 것을 확신함으로써 불안이 완화된다.

-임상미술치료의 관심이 되는 유아기 선천성 장애의 문제

① 장애의 발생: 생물학적 측면에서는 유아의 신체기능이 불완전한 경우와 인지적 측면에서는 정신지체(mental retardation)의 경우를 들 수 있다.

정신지체란, 유년기를 포함하는 발달의 기간 중에 일어나며, 평균 이하의 지적기능과 적응적 행동에서의 결함을 지닌 상태를 말한다. 이러한 경우 유아에 대한 이해와 부모 및 가족들이 겪는 문제에 대한 구체적인 의료서비스와 부모상담, 임상미술치료, 교육, 훈련이 필요하다.

② 손가락 빨기: 이것은 유아가 신체를 움직일 수 있게 된 이후에 있는 초기의 형태 중 하나로서 유아의 빠는 행동을 박탈하거나 나이가 좀 든 아동일 경우 긴장과 피로한 기간 중에 존재하는 퇴행행위로 말미암아 나타난다.

손가락 빨기는 유아의 수유상 어려움이나 어머니의 불안으로 나타날 수 있으며, 잘못된 유아의 양육보호에서 나올 수도 있다. 따라서 이러한 현상에 대하여 부모, 특히 어머니의 태도에 관심을 가짐으로써 임상미술치료에서 부모교육과 자녀의 치료가 필요하다.

(3) 학령전기

학령전기는 대개 2세부터 4세가량의 기간을 말한다. 이 시기의 아동은 자기주장과 지배에 대한 욕구가 매우 강하다. 이는 개인으로서의 자신을 의식하기 시작하는 데서 비롯된 것으로 반항과 고집, 자기주장이 나타나기 시작한다. 이 시기의 아동이 경험하는 긴장은 아이의 행동을 제한하고 규제하려는 환경의 요구에서 비롯된다. 예를 들면, 두 살이 지나면 잘 달릴 수 있게 되는데 아동은 새로이 획득한 달리기 능력을 즐거워

하며 어디서나 뛰어다니고자 한다. 그러나 부모는 아이의 달리기 능력을 자랑스러워하지만 시간과 장소에 따라 규제를 가한다. 그러므로 학령전기의 아동은 자신의 행동에 타인의 요구를 고려해야 한다는 것을 배우게 된다. 이러한 과정을 거쳐 초기에는 타인과의 상호관계를 고려하지 않는 자기중심적 존재로부터 타인과의 상호관계를 고려한 존재로 성장해 간다. 이 시기에 아동은 자신의 고유성을 인식하기 시작하여 학령전기 후반에 가면 '내 마음대로' 하는 것보다는 '내 스스로' 하는 것에 더 관심을 갖게 된다.

−신체적 발달

① 유아에 비해 팔다리가 길어지고 머리의 비율이 작아진다.

② 달리기와 뛰기가 운동능력으로 등장하며, 다른 신체동작도 접하게 된다.

−인지적 발달

① 상상능력과 언어능력이 발달한다.

② 유아기 때에는 실제 사건에 의존하여 행동하였지만 학령전기가 되면 과거의 일을 상상 속에서 모방하고 재현할 수 있게 되며, 학령전기 후반부에 가면 현실의 제약을 넘어선 상상도 할 수 있게 된다. 상상능력의 발달은 아동의 의식과 세계가 확장됨을 의미한다.

③ 유아기 때까지는 사고와 언어가 별개로 존재하지만, 이때가 되면 사고와 언어가 통합되기 시작하여 아동은 모든 사물에 이름이 있음을 알게 된다. 네 살경에 기초적인 언어능력이 확립된다.

④ 상상과 언어는 사실상은 거의 반대방향의 작용을 한다. 상상은 현실을 뛰어넘

게 해 주지만 언어는 개인의 사고를 사회적 표현규칙에 맞추게 된다. 그러나 때때로 어린이는 마음속에서 강하게 느끼고 있으나 언어를 통해서 표현하지 못하는 경우도 있다. 사회사업과정에서 그림이나 놀이치료를 통해서 문제아동의 내적 세계를 이해하고자 하는 시도는 이러한 전제에 입각한 것이다.

−사회적, 정서적 발달

① 학령전기에는 자의식이 발달함에 따라 자기통제능력이 발달하게 된다. 자기통제능력은 사회적 요구에 순응하여 행동을 조절하거나 지연하는 것이 포함된다.

② 학령전기의 자기통제는 충동을 통제하는 것과 환경에 대한 지배감이라는 두 가지 측면으로 형성된다.

③ 어린이는 자신이 지금 원하는 것이 당장 주어지지 않는다 하더라도 조금 지연된 후에 또는 조금만 기다리면 가능하다는 것을 알게 된다. 유아기에 형성된 신뢰감이 어린이로 하여금 이러한 것을 터득하도록 도와준다. 자신의 욕구가 궁극적으로 충족될 것임을 알게 됨으로써 분노나 초조와 같은 감정적 경험의 격렬함이 감소된다. 이와 같이 조금 지연된 후에 욕구가 충족될 것을 아는 것과 격렬한 감정적 반응의 감소가 욕구충족이 지연이 일으키는 좌절감을 완화시켜 준다.

④ 학령전기의 인지적 능력/언어와 상상 능력이 좌절감을 다루는 데 가장 중요한 도구가 된다. 즉 어린이가 자신이 원하는 것을 언어를 통해서 좀 더 잘 표현할수록 그의 욕구가 충족될 가능성이 더 커진다. 또한 욕구가 충족되지 않았을 때 자신이 어떻게 느끼는가를 언어를 사용해서 표현할 수 있다. 이와 같이 밖으

로 표현된 감정은 표현되지 못한 감정보다 다루기 쉬워진다. 또한 이 시기 상상력의 발달은 자기를 괴롭히는 문제들이 표현되고 해결될 수 있는 상황을 상상할 수 있게 하여 현실에서 어린이가 지배할 수 없는 상황을 지배하며 감정을 다스리도록 도와준다.

⑤ 환경에 대한 지배는 어린이가 자신에게 관련된 다양한 영역의 일상생활이나 활동에 대한 결정에 참여하려고 노력하는 데서 비롯된다. 예를 들면 자신이 입을 옷을 선택한다든지 먹을 음식을 결정한다든지 그 이외의 가족활동에 대한 결정에 영향력을 미치고자 한다. 또한 일상적인 가사에 공헌함으로써 자신이 가족의 귀중한 일원이라는 것을 느끼게 되고, 이러한 자신감은 다양한 기술과 능력을 습득하면서 더욱 증가하며 그에 따라 환경에 대한 지배감도 높아진다.

－임상미술치료에 관심이 되는 학령전기 스트레스장애의 문제

① 습관장애: 손톱 깨물기, 수음, 유뇨증 등의 단순한 반복적 행동으로 표현된다. 이러한 행동은 틱(tics)현상과 구별되어야 한다. 손톱 깨물기는 아동과 성인에게서 공통적으로 나타나는 습관적인 신체활동이다. 보통 5살 때 처음으로 나타나며 10살이나 12살 때 이 횟수가 증가한다.

수음과 유뇨증도 가족 관계에서 비롯되는 불안과 관련이 있는 것으로 해석되고 있다. 아동이 이러한 행동을 못 하도록 위협적인 행동을 하는 것은 효과적이지 못하며 그 동기를 이해하고 해결책을 세밀하게 고려하여야 한다.

② 말더듬: 2세나 4세 즈음이 되면 간혹 말더듬이 현상이 나타나는데, 이것은 표현욕구가 언어 표현능력을 앞지르는 데서 나오는 현상으로 말더듬 현상은 짧게

나타났다 사라진다. 그러나 그 후 계속 말더듬 현상이 지속된다면, 그 아동에게는 수동적인 욕구와 공격적인 욕구 사이의 갈등이 있는 경우가 보통이며 이 갈등이 언어로 반영된 것으로 이해될 수 있다.

③ 아동학대와 아동방임: 아동학대는 어른으로부터 신체적, 정서적, 성적으로 아동에게 가하는 가혹행위를 말하며, 아동방임은 부모가 아동에게 필요한 적절한 신체적 보호나 정서적 지지를 제공하지 않고 방치하는 것을 말한다. 이 문제에 대한 사회사업적 임상미술치료 접근 방법이 프로텍티브 임상미술치료서비스(protective service)이다.

(4) 아동기

아동기에는 학교경험이 시작됨으로써 어린이가 보다 복잡한 사회적 영향을 받게 된다. 아동기 이전의 시기인 학령전기까지 아동은 거의 전적으로 가족의 영향하에 놓여있다. 학교는 아동에게 가족 이외의 외부로부터의 평가, 성공과 실패의 기회, 또래 집단과의 경험 등을 제공하는 중요한 영향력의 원천이 된다.

아동기는 대략 아동이 일반적으로 유치원에 들어가는 연령인 5세부터 초등학교를 졸업하는 12세 정도까지의 시기이다. 실제로 유치원과 초등학교의 경험은 매우 다르다. 유치원은 사실상 학교교육을 받는 시기라고 보기 어려우나 가족 이외의 사회적 영향력이 새롭게 등장한다는 점에서 이 이전의 시기와 구별된다. 그러므로 아동기를 유치원 시기에 해당하는 아동기 전기와 학교생활 시기에 해당하는 아동기 후기로 구분한다.

〈아동기 전기: 대략 유치원 시기에 해당(5~6세)〉

−신체적 발달

① 체중은 출생 시의 5배, 신장은 출생 시의 2배가량에 달함.

② 운동능력이 크게 신장되고, 삼각형, 사각형 등을 그릴 수 있을 정도가 됨.

−인지적 발달

① 기초적 수준의 도덕발달: 학령전기까지는 적합한 행동에 대한 요구가 자기 내부에 내면화된 것이 아니라 외부로부터 가해져야 하는데, 아동기가 되면 부모로부터 습득한 가치가 자신의 사고가 통합되어 적합한 행동에 대한 기준이 자아개념의 일부가 된다. 즉 사회적 규칙이 내면화되는 것이다. 기초적 수준이지만 사회의 도덕적 규범을 내면화하여 이를 자신의 행동을 인도하는 지침으로 사용할 수 있게 된다.

② 아동기 전기에 이러한 도덕발달을 설명하는 이론은 여러 가지가 있으나(프로이트의 정신분석이론, 행동주의 이론에 기반을 둔 학습이론, 피아제의 인지이론 등) 이들 이론에서 공통적으로 지적되는 것은 학령전기의 타율적인 도덕규범이 아동기 전기부터 자율적인 것으로 변화한다는 점이다.

−사회적 발달

① 성 역할에 대한 인식 형성: 아동기 전기에 성 역할에 대한 인식이 생기고 아동은 전체적인 자아개념에 자신의 성을 연관시키게 된다. 자신의 성과 그에 맞는 행동 및 사회적 관계에 관심을 가지게 되며, 자기와 같은 성의 친구들과 어울리게

되고 성에 따른 옷차림, 놀이, 직업에 대한 사회적 기대를 의식하고 이에 따르고자 하게 된다. 아동이 인식하는 성 역할 기준은 아동의 행동을 형성하는 데 영향을 미치기 때문에 이 시기에 성 역할 인식형성은 매우 중요한 의미를 갖는다. 성 역할 기준은 문화와 시대에 따라 차이가 있으며, 아동기 전기에 부모와 친구들의 기대와 보상, 처벌이나 상 등이 주어지면서 성 역할에 대한 아동의 인식이 형성된다. 성 역할 인식이 형성되어 자신의 성에 맞는 역할기대를 알게 되고 이에 맞추어 행동해 나가면서 아동은 점차 자신이 가진 성 역할 기준을 자신과 친구들의 행동에 적용해 가기 시작한다. 아동기 전기의 어린이는 매우 엄격하고 고정적인 성 역할 기준을 갖는다. 이것은 이 시기에는 아직 개인적인 사고나 가치관의 차이를 고려할 만큼 융통성이 없으며, 단지 학습을 통해 갖게 된 기준에 입각해 판단하기 때문이다.

② 자아개념의 형성: 자아개념은 개인이 자신의 것이라고 생각하는 개인적 특성에 대한 지각 또는 느낌을 의미한다. 즉 보다 간단히 말하면, 자신에 대해 자기가 갖고 있는 이미지(image) 또는 자신에 대한 스스로 평가가 곧 자아개념이라 할 수 있다. 자아개념의 형성은 타인과의 상호 작용은 주로 친구들과의 놀이이다. 이러한 놀이를 통해 아동은 타인의 역할을 이해하게 되고 자신에게 주어진 타인의 기대도 이해하게 된다. 따라서 아동은 자신에게 주어진 기대와 자신의 실제로 성취한 것을 비교하기도 하고, 타인이 자신의 행동을 얼마나 지지하는가를 살핌으로써 자신에 대한 이미지(자아개념)를 형성하게 된다. 자아개념은 자신이 중요하다고 여기는 사람들로부터의 평가가 어떠한가에 따라서 긍정적인 것으로 형성될 수도 있고 부정적인 것으로 형성될 수도 있다. 이 시기의 아동에게 있

어 사랑과 지지는 아동의 자부심을 형성하는 데 있어 매우 중요하다.

③ 이 시기에 아동은 놀이 등을 통해 타인의 역할을 이해하게 되고 각자의 입장에 따라 사람들의 생각이 다를 수 있다는 것을 이해하게 되지만 이를 자신의 사고 내에서 제대로 고려하는 능력은 아직 미숙하다.

–정서적 발달

① 아동기 전기 아동은 자신의 감정을 다루는 방법을 배우게 되며, 감정표현의 방법도 배우게 된다. 문화권마다 감정표현의 방법이 다르므로 아동은 정서적 표현에 관련된 사회규범을 학습해야 한다.

② 이 시기에 아동은 여러 가지 근원을 갖는 불안과 공포심을 경험하는데, 현실적인 근거가 있는 불안이나 공포심도 있지만, 비현실적이고 근원을 알 수 없는 불안이나 공포심도 있으므로 이에 대한 이해의 태도가 필요하다. 이러한 아동의 불안과 공포에 대하여 부모는 이해해 주고 감정이입적인 태도를 취하면서 그것을 극복해 나가도록 도와주어야 한다. 어린이의 불안이나 공포를 놀리거나 강제로 금지하려고 해서는 안 된다. 또한 5~6세 정도가 되면 자신의 감정을 감추거나 가장하는 방법을 알게 되는데, 이는 불안을 감소시키려는 아동의 노력이다(방어기제).

–임상미술치료의 관심이 되는 스트레스장애 문제

① 보육시설: 적절하고 안전한 놀이 공간, 정서적, 인지적 발달을 위한 임상미술치료

② 공격성: 특히 남아의 경우 공격성 증가, 대중매체의 영향에 대한 임상미술치료

〈아동기 후기〉

학교교육 과정(공식적인 교육을 통하여 사회가 요구하는 지적 기술과 사회적 기술을 익히는 단계)

–신체적 발달

① 이전 단계에서와 같은 급격한 신체적 발달은 없고 운동능력이 크게 성장한다.

② 운동능력의 발달은 신체적 발달뿐 아니라 심리, 사회적 발달에도 영향을 미쳐 운동능력이 아동의 자부심 형성에 중요한 역할을 하게 된다.

–인지적 발달

다양한 개념적 능력을 획득하게 된다. 즉 다양한 사고를 통하여 행동을 대상에게 수행할 수 있게 된다.

① 보존기술: 물체의 형태가 변화하거나 담는 그릇이 달라져도 질량이나 부피와 같은 물리적인 성질은 변화하지 않는다는 점을 이해하는 능력(물을 밥그릇에 담으나 컵에 담으나 양의 변화가 없다.)

② 유목화기술: 대상들을 그들이 공유하는 속성에 따라 분류하거나 위계에 따라 분류할 수 있는 능력(예컨대, 가족이나 친구를 좋아하는 순서대로 하는 행위, 생물이 동물과 식물로 나누어짐을 이해하는 것)

③ 조합기술: 보존의 능력 중에서 숫자에 대한 보존능력을 획득한 후에 어린이가 갖게 되는 개념적 기술이다. 일정한 수의 사물이 있을 때 이것을 펼쳐 놓든지 밀집해 놓든지 또는 형태를 바꾸더라도 그 숫자는 마찬가지임을 이해하는 능력,

조합의 능력이 획득되어야 덧셈, 뺄셈, 곱셈, 나눗셈 등의 기초적인 연산이 가능하다.

④ 이러한 개념이 습득됨에 따라 아동은 분류와 인과관계에 대한 추론을 할 수 있게 되고, 물리적 세계의 규칙과 대상 간의 관계를 지배하는 원리에 대한 통찰력을 갖게 된다.

⑤ 또한 사회에 대한 인식도 변화하여 자기중심적인 사고에서 타인의 입장을 고려하고 이를 적용할 수 있을 만큼 인식이 성숙, 확장된다.

－사회적 발달

이 시기에는 사회적 사고가 성숙하면서 타인의 감정, 사고, 의도를 유추할 수 있게 되고, 사회적 관계와 연관된 공허함, 충성, 권위, 정의 등의 개념을 습득하게 된다. 그리고 사회적 규칙이나 인습을 이해하게 된다. 이 시기의 특징적인 경험들과 사회적 발달에 대한 그 영향을 정리하면 다음과 같다.

학교: 학교는 아동이 가족 이외에 처음으로 접하는 사회기관으로 다음의 특징을 갖는다.

① 아동의 통제와 교육에 대한 책임을 가족이 아닌 성인이 맡고 있다.

② 학교에 가게 됨으로써 아동의 생활은 학교와 가정으로 이분된다.

③ 영속적인 관계를 특징으로 하는 가족과 달리 학교에서의 관계는 매 1년마다 새로운 사람과 새로운 양식으로 전개된다.

④ 가족에서와 달리 학교에서 아동은 동년배 집단의 일원으로 소속되어 있다.

⑤ 학교도 가족처럼 연령구성이 다양하지만 학교에서는 아동의 수가 훨씬 많다.

－아동의 사회화

학교는 아동의 인지발달뿐만 아니라 아동의 성격이나 자아개념의 형성에 매우 중요한 영향을 미친다. 학교에서 아동에게 영향을 미치기 위해 사용하는 과정

① 직접적인 수업과 지도

② 상과 벌에 의한 사회적 강화

③ 사회적 비교 등

   수업이나 지도는 인지발달에 가장 직접적으로 영향을 미치며, 사회적 강화는 특정 행동을 장려하거나 제한하기 위한 조치이다. 사회적 비교는 연령이 같고 지위 구분이 없다는 학급구성의 특수성에서 연유하는 것으로 능력과 성취에 입각한 비교를 통해 서로를 구분하게 만든다. 이러한 구분은 아동의 자아개념에 영향을 미치게 된다.

－사회적 규범의 학습

학교는 가족과 직장 사이에 전환적 기관이라는 의미를 갖는다. 학교는 교과과정뿐만 아니라 사회적 규범을 학습시킴으로써 아동을 미래의 사회성원으로 길러 낸다.

① 학교에서 교사는 아동들에게 보편적인 기준을 적용함으로써 모든 아동을 공평하게 대우하고 이를 통해 아동들은 보편주의적인 규범을 학습하게 된다.

② 매년 교사가 교체됨에 따라 아동은 영속적인 가족관계와 다른 성인의 사회관계를 이해하게 된다.

③ 학교생활을 통해 아동은 스스로 무언가를 하고 이에 대해 책임을 지는 자주성의 규범을 학습하게 된다.

④ 학교생활을 통해 아동은 일정기준 이상에 도달하기 위해 노력하는 성취의 규범을 학습하게 된다. 성취는 학교를 통해 배우는 가장 중요한 규범으로 아동은 학교에서 자신의 성취에 대해 계속 공식적인 평가를 받게 된다.
이러한 경험은 사회적 규범의 학습뿐 아니라 아동의 자아개념 형성에도 중요한 영향을 미치게 된다.
⑤ 친구관계의 경험: 친구관계는 아동이 학교라는 사회기관의 일원이 되면서 갖게 되는 새로운 경험이다. 가족과 달리 친구는 자의에 의해 선택이 가능하며, 또한 지위 차별이 없이 동등하다는 특징을 갖고 있다.

−친구관계의 경험을 통한 아동들의 학습
① 다양한 생활방식이 있음을 알게 되어 자기중심적인 사고방식에서 벗어나게 된다.
② 또래집단의 압력에 점차 민감해져 친구들로부터 인정받는 것을 매우 중시하게 되며 성인의 영향력은 점차 감소하기 시작한다.
③ 동성의 친구와 친밀한 관계를 형성하게 된다.

−팀 스포츠의 경험
운동은 여러 규칙을 한 번에 다룰 수 있는 인지발달에 영향을 준다. 팀 스포츠를 통한 학습
① 집단목표를 개인목표의 상위에 놓은 것을 배우고, 팀 성원 간의 상호의존과 협동의 중요성을 배우게 된다.

② 분업의 원리

③ 승리와 패배의 경험을 통하여 경쟁의 여러 측면에 대해 배우게 된다.

−정서적 발달

① 아직 비현실적이고 초자연적인 것에 대한 공포감이 남아 있으며, 학교생활에 따르는 기대를 충족하지 못할 경우를 예상한 불안감 등이 있을 수 있다.

② 학교생활을 하면서 사회관계의 범위가 넓어져 여기서 욕구의 좌절이나 친구로부터 놀림 등으로 인한 분노감이 표출되는 경우가 많다.

③ 동성의 친구에게 강한 애정을 느끼게 된다.

−임상미술치료의 관심이 되는 정신병리적 심리 문제

① 행동장애

행동장애란 가정, 학교, 지역사회 등에서 문제시되는 행위와 사회적 활동상의 장애를 의미한다. 이러한 행동장애에는 불순종, 거짓말, 도벽, 파괴적 행동, 싸움질, 방화, 무단결석, 잔혹함, 여러 가지 성적 행위 등이 있다. 이러한 행동은 두뇌손상이나 정신적 장애로 야기될 수 있다. 또한 행동장애는 가정에서 받지 못한 만족을 보상하려 하거나 이것을 대체하기 위해 일어나기도 한다. 또한 행동장애는 자신의 열등감을 은폐하고 다른 사람에 대한 독립심과 우월감의 표현이기도 하다. 때로는 어머니나 아버지의 권위와 유사한 권위에 대한 도전이기도 하며 불안에 휩싸인 상황에 의한 도피이기도 하다. 아동의 행위에 내재하는 부모들의 허용과 관계를 이해하고 이것을 치료하는 데 노력해야 한다.

② 학습장애

이는 뇌가 정보를 받아들이고 처리, 사용하는 방식에 문제가 발생하는 것이다. 즉 정상적인 지능을 가졌음에도 불구하고 실습에 어려움을 겪는 현상을 말한다. 언어문제, 시각과 관련된 문제, 시각적으로 인지한 것을 동작으로 전환하는 데 관련된 문제, 운동능력의 문제 등으로 나타난다.

③ 학교 공포증

어머니로부터의 분리를 두려워하는, 즉 분리불안의 한 형태로서 학교에 가는 것을 두려워하게 된 현상이다. 나이 든 아동의 학교공포증은 가족 사이에서 부모가 자신의 공격성에 대한 불안을 통제할 수 없는 경우에 나타나기도 한다. 이런 경우 아동과 부모의 관계에 대한 치료개입이 필요하다.

(5) 청소년기

청소년기는 아동에서 성인기로 전환하는 시기이다. 연령적으로 대략 12세~22세까지 소속되며, 12~18세의 청소년기 전기와 18~22세의 청소년기 후기로 구분할 수 있다. 청소년기 전기에는 급속한 신체적 변화와 인지적 발달을 경험하며, 청소년기 후기는 자아정체감 확립과 더불어 성인생활을 준비하기 위한 여러 가지 과제에 집중한다.

〈청소년기 전기: 12~18세까지〉

－신체적 발달

① 성인에 가까운 신체가 형성

② 2차 성징의 발달, 성적 성숙

-인지적 발달

① 추상적 사고가 가능: 자신의 사고를 비판적으로 검토할 수 있고, 사물들 간의 관계에 관한 가설을 세울 수 있게 된다.

② 추상적 사고의 발달은 긍정적인 면도 있지만 부정적인 영향도 끼칠 수 있다. 추상적 사고가 가능하기 때문에 그로부터 얻어진 이상에 비추어 현실을 지나치게 비판적으로 생각할 수도 있으며, 미래에 일어날 일에 대한 예측을 할 수 있기 때문에 진학문제나 취업, 결혼 등과 관련하여 지나친 염려를 하여 과도한 불안을 경험할 수도 있다. 또한 이 시기의 청소년은 다른 사람이 자신에 대해 생각하리라고 예상되는 것에 따라 자신을 생각하고 그에 맞추어 행동하는 경향이 있기 때문에 자기비판이나 자기성찰이 지나치게 되면 열등의식이 강화될 수도 있다.

③ 청소년기 사고의 발달은 여러 가지 환경적 요소에 의하여 촉진된다. 이질적 구성원을 만나게 되는 다양한 경험이 증대하며, 그 결과 자기중심적 사고의 감소를 가져온다.

-사회적 발달

① 또래집단: 아동기의 친구보다 더 이질적인 성원들로 이루어진 친구관계를 경험하게 되고 이것의 영향력이 더 증가한다. 또래집단의 경험이 성인 집단경험의 전초적 경험이다.

② 이성관계: 청소년기 전기에는 아직도 동성의 친구관계가 중요하지만, 이성관계가 관심사로 떠오르게 된다. 하지만 이 시기에는 이성관계가 일대일이 아니라 주로 집단 간의 관계이다. 집단을 통한 이성과의 교제는 앞으로 이성관계에서의

행동요령에 대한 실험단계라 할 수 있다.

−정서적 발달

① 감정이 강하고 그 변화가 심한 단계

② 자아정체감이 형성되는 과정에서 불안하고 고독한 정세에 빠지기 쉽다.

③ 이 시기의 급격한 정서변화를 지나치게 억압하거나 그것을 부정적으로 받아들
이게 되면 사회적 고립이나 우울증과 같은 상태에 빠질 수 있으며, 정서변화에
대한 통제가 없이 지나치게 충동적으로 반응하면 비행행동으로 흐를 수 있다.
따라서 이 시기에는 자신의 급격한 정서변화를 있는 그대로 수용하고 이에 대해
고민하게 반응하지 않는 방법을 배워야 한다.

−임상미술치료의 관심이 되는 정신병리적 심리 문제

① 청소년 비행

청소년 비행은 대개 그 시작이 청소년기 전기에 이루어지며 이에 적절하게 대처
하지 못할 경우 비행의 경력이 이어지게 된다. 대부분의 청소년들이 성인기로의
전환을 성공적으로 하지만 이러한 전환에서 어려움을 겪는 문제 청소년들을 대
하게 된다. 가족상담소나 청소년기관을 통해 임상미술치료를 제공하기도 하고
반사회적 행동을 한 청소년들로 집단을 구성하여 임상미술치료를 하기도 하며
법원에서 교정을 위하여 임상미술치료를 하기도 한다.

약물복용이 개인의 가족, 직업 및 기타 사회적 기능수행 능력에 장애를 가져올
때를 말한다. 약물남용의 원인은 기성세대에 대한 저항과 또래집단에 대한 동일

시, 성적 충동과 욕구, 학업에 대한 고민, 산업화 도시화로 인한 가치관의 혼란, 향락중심의 문화 등 다양한 요인들의 상호 작용으로 볼 수 있다. 약물남용 청소년을 위한 치료와 재활 프로그램에는 정신과 의사, 임상미술치료전문가, 심리학자, 사회복지사, 교사 등 다양한 전문가들의 개입이 필요하다. 임상미술치료적 접근으로는 청소년의 자아를 지지하고 긴장의 처리 능력을 향상시켜 주는 것이 필요하다. 약물남용 청소년에 대한 임상미술치료의 유용성은 절대적이다.

〈청소년기 후기: 18~22세〉

–신체적 발달

신체적 성숙이 완성되며 이 시기에 신체적으로 활기, 힘, 건강의 최고 수준을 보인다.

–인지적 발달

① 지능검사 개념에 의한 인지적 능력은 10대 후반에 최고조에 달한다.

② 하지만, 인지발달은 여러 가지 측면을 가진 것으로 각 측면에 따라 실제의 인지발달은 약간씩 차이가 있다. 기계적인 암기나 지적 과제의 수행능력은 10대 후반에 가장 뛰어나지만, 판단이나 추론, 창의성 등과 같은 인지능력은 전 생애를 통해 발달한다.

–가족으로부터의 독립

① 신체적 발달이나 인지적 발달, 사회적·정서적 발달이 어느 정도 이루어져 독립적

인 생활을 영위할 수 있는 능력을 갖추게 된다.

② 그 이전 단계까지의 발달은 부모로부터의 독립을 위한 준비단계로 볼 수 있다.

③ 청소년의 이러한 자율성 획득에는 부모의 역할이 중요하다. 부모는 가족의 틀 내에서 청소년이 자신의 독자성을 표현할 수 있도록 배려하고 기회를 주어야 한다.

－성 역할에 대한 정체감

성적 대상을 선택하고 적절한 성 역할을 학습하며, 성행위에 대하여 이해하고 관련 지식을 습득하면서 성 정체감이 확립되어 간다. 아동기에서 청소년기 후기에 이르면서 자신의 성에 대한 정체감이 재개념화되고 확고해진다. 이는 다음의 네 가지 경험을 통해 이루어진다.

① 아동기에 친밀한 동성친구와의 경험을 통해 적절한 성 역할에 대한 친구 간의 규범을 알게 된다.

② 청소년기 초기에 일어나는 신체적 변화를 자신의 성 역할에 대한 정체감에 통합하게 된다. 즉 신체적 변화를 자신의 자아개념 속에 받아들여 자아개념의 일부로 형성해야 한다.

③ 청소년기 호르몬의 변화가 생식능력과 함께 성적 충동을 갖게 한다.

④ 청소년기 후기에 이르러 성인 남녀에게 주어지는 성 역할에 대한 사회적 기대를 접하게 된다.

-직업에 대한 준비

① 청소년기 후기는 직업선택을 위한 준비과정이다.

② 직업선택에 영향을 주는 요인으로는 개인적인 관심과 능력, 부모나 중요한 사람들의 기대 등을 들 수 있다(직업에 대한 사회적 평가, 직업의 수요와 공급 등과 같은 사회경제적 요인).

-자아정체감 확립

① 자아정체감이란, 자신의 독특성에 대한 비교적 안정된 느낌을 말한다. 자아정체감은 개별성, 통합성, 연속성(또는 계속성)의 차원을 갖는다. 개별성이란 나는 다른 사람과 구별되는 고유한 존재라는 인식을 말하며, 통합성이란 자신의 행동이나 태도 등이 전체적으로 일관성이 있으며 통합되어 있다는 인식을 말하고, 연속성이란 시간의 경과에도 불구하고 나는 동일한 사람이라는 인식을 말한다. 여기에 한 가지 차원을 더 덧붙인다면 바로 위에서 논의한 성적 역할에 대한 정체감을 추가할 수 있다.

② 자아정체감의 형성은 아동기 때부터 시작되는 것으로 볼 수 있으나 청소년기 후기에 가장 중요한 인생과업으로 등장한다. 자아정체감 형성을 위해서는 자신의 신념, 가치관 등에 대한 고통스러운 의문제시가 선행되어야 하며 따라서 일종의 위기를 경험하게 된다. 자신이 경험한 많은 요소들을 모아 통합된 명확한 자기정의를 내리는 것은 어려운 일이므로 자아정체감을 형성하는 과정에서 누구나 혼란과 우울증을 경험할 수 있다.

③ 자아정체감 형성이 제대로 이루어지지 않는 유형은 다음과 같다.

⊙ 정체감 유실(identity foreclosure): 자아정체감 형성을 위한 위기의 과정 없이 부모나 사회의 정체감을 자신의 것으로 받아들인 경우이다. 의사결정을 쉽게 하지만 독립적인 의사결정은 잘하지 못한다.

ⓛ 부정적 자아정체감: 정체감 유실의 한 형태로 부모나 사회가 요구하는 정체성과 정반대의 정체감이 형성하는 경우이다. 부모나 사회로부터의 부정적 낙인에 의해 더욱 강화된다.

ⓒ 정체감 혼란: 자신에 대한 이미지가 혼란스럽게 혼재하여 어떤 이미지도 확고하게 받아들이지 못하는 경우이다. 자신이 진심으로 원하는 것을 모르고 선택한 후 그 결정이 무의미하게 되며 결국 만족하지 못하게 된다. 자신에 대한 자신감이 결여되어 있다.

ⓔ 유예: 정체감 위기상태에 처해 정체감을 확립하기 위한 다양한 노력이 진행되고 있는 상태이다. 대부분의 나라에서 대학시절은 외부의 요구로부터 자유롭게 정체감 형성을 위한 다양한 실험을 할 수 있는 기간으로 인정되고 있다. 이러한 것을 심리·사회적 유예기간(psychosocial moratorium)이라 한다.

−임상미술치료의 관심이 되는 정신병리적 심리 문제
① 정체감 유실
② 부정적인 자아정체감
③ 정체감 혼란

(6) 청년기(22~34세)

청소년기로 들어가는 것은 일생에서 주요한 전환이다. 청년기 전의 모든 시기는 준비하는 시기라고 볼 수 있으며, 청년기 이후는 이제까지 준비해 온 것을 실현하고 구체화시키는 시기이며, 부모와 자신 간의 애정을 분리하는 분리감정이 필요한 시기로 청년기는 대략 22세에서 34세까지로 잡는다.

청년기는 신체적, 지적 측면에서 가장 정점에 있는 시기라고 할 수 있다. 사회적 측면에서는 다른 사람을 사랑하고 보살피는 능력이 심화되는 시기이다. 즉 이전의 시기에 자아정체감을 형성한 사람은 이제 타인과의 상호관계에 집중할 수 있게 된다. 이러한 맥락에서 청년기에 경험하는 가장 큰 변화는 직업을 갖고 결혼을 하는 것이다.

발달에 대한 잠재력은 전 생애에 걸쳐 존재하지만 청년기 이후의 발달은 아동기나 청소년기와는 그 성격이 다르다. 다시 말해서 청년기 이후의 발달은 새로운 신체적 기능이나 인지적 능력의 획득에 의해 일어나기보다는 주로 사회적, 문화적 요소에 의해 주도된다.

－신체적 발달
① 신체적 건강의 정점에 달함. 아동기보다 더 건강하고 질병발생률도 낮다.
② 육체적 힘은 25~30세 사이에 최고조에 달한다.

－인지적 발달
일부 인지능력은 쇠퇴하지만 언어적 이해력이나 귀납적 추론능력 등은 더 발달한다.

① 결정성 지능(언어적 이해력, 수에 관련된 기술, 귀납적 추론 등 교육과 경험의 축적을 통해 습득되는 능력): 연령증가에 따라 향상한다.

② 인지적 융통성(익숙한 지적 운용의 맥락에서 한 사고로부터 다른 사고로 전환하는 능력): 청년기나 그 이후나 큰 변화는 없다.

③ 시각 운동적 융통성(시각과 운동능력이 통합에 관련된 능력): 25세가량에 최고조에 달하고 그 이후에 점차 쇠퇴한다.

④ 시각화(시각적 자료를 조직하고 처리하는 능력): 연령에 따라 향상한다.

－사회적 발달

청년기의 사회적 발달과 관련된 특징적 사건과 그 영향을 정리하면 다음과 같다.

① 결혼

ㄱ 결혼은 청년기에 친밀감과 성숙한 사회적 관계를 성취하는 데 매우 중요한 한 요인이 된다.

ㄴ 결혼에의 적응: 결혼 초기의 몇 년간은 상호적응의 과정이다. 대부분의 사람들은 결혼이 가져다주는 긴장과 갈등을 예상치 못하기 때문에 결혼 초의 몇 년간은 매우 힘든 기간이다.

② 자녀의 출산과 양육

ㄱ 자녀의 출산은 매우 중요한 사건으로 부부 삶의 방식과 결혼생활을 전반적으로 변화시킨다.

ⓛ 자녀의 출산과 양육은 누군가를 보살피고자 하는 인간의 자연스러운 욕구를 충족시키는 긍정적인 측면을 갖는다. 하지만, 자녀출산과 양육은 새로운 적응을 필요로 하는 급격한 변화를 초래함으로써 부정적인 측면도 갖는다. 자녀출산은 새로운 책임의 등장, 이러한 책임의 분담, 일상생활상의 변화 유발 등부부에게 스트레스를 줄 수 있는 요인이며 또한 자녀양육에 관련된 의견 차이, 부모가 된다는 것에 대한 자신감 결여 등도 결혼생활에 영향을 미쳐 대개의 경우 자녀의 출산은 결혼에 대한 만족도의 저하를 가져온다.

③ 직업

ㄱ 직업은 생업수단임과 동시에 자아실현의 창구이기도 하다.

ⓛ 대부분의 문화권에서 청년기는 직업을 선택하는 기간이다. 이때에는 자신이 선택하고자 하는 직업이 갖는 몇 가지 중요한 요소들과 자신의 능력이 조화를 이룰 수 있는가를 잘 판단하여야 한다(그 직업이 요구하는 기술이나 업무상의 특징, 업무에 따른 위험, 그리고 직장에서의 공식적, 비공식적 인간관계 등을 내가 받아들일 수 있는가)이다.

－임상미술치료의 관심대상이 정신병리적 심리 문제

① 정신병리 심리적 문제 발생기

대부분 이 시기에 정신병리적 문제가 대두된다. 대부분의 문화권에서 청년기는 직업을 선택하는 기간이기 때문이다. 이때에는 자신이 선택하고자 하는 직업이 갖는 몇 가지 중요한 요소들과 자신의 능력이 조화를 이룰 수 있는가를 잘 판단하여야 한다. 또한 사회와 가족, 직장과 사람들 사이에서 오는 사회 불안적 요인이 가중되는 시기이기 때문이다.

② 이혼문제

이혼은 부부와 자녀들의 삶에 심각한 손상을 초래한다. 법적인 그리고 재정적인 해결과정을 거쳐야 하고 새로운 사회적 역할을 받아들여야 하며 이혼자로서의 새로운 정체감을 형성하여야 한다. 이혼한 사람들은 경제적 문제나 인간관계 등의 광범위한 생활상의 문제로 고통을 받으며 이로 인하여 정신적 고통도 큰 것으로 알려져 있다.

대부분의 이혼한 사람들은 이혼이 가져오는 스트레스에 대처하기 위하여 노력한다. 이혼한 사람이 스트레스에 대처하기 위하여 사용하는 전략과 대응양식에는 크게 여섯 가지의 차원이 있다.

–이혼한 사람이 스트레스에 대처하기 위하여 사용하는 전략과 대응양식

① 데이트를 하거나 새로운 친구를 사귀는 것과 같은 사회적 활동

② 공부를 다시 시작하거나 상담자에게 의논하는 것과 같이 학습에 관련된 활동

③ 무엇이 잘못된 것인가를 숙고하고 이혼에 대해서 개인적으로 이해하고자 하는 노력

④ 이혼에 관련된 감정을 표현하고 털어놓는 것

⑤ 취직을 하거나 자립하고자 시도하는 것

⑥ 집을 가꾸거나 아이들을 더 열심히 돌보는 것과 같이 가족에 관련된 활동

(7) 장년기(35~60세까지)

장년기는 경제적-직업적으로 비교적 안정되는 기간이기도 하지만, 새로운 위기가 시작되는 기간이기도 하다. 여러 학자들은 이 시기의 이러한 특징과 관련하여 다양한 이슈를 논하고 있다. 레빈슨이라는 학자는, 장년기에 성취해야 할 발달과제를 세 가지로 제시하였다.

① 자신의 과거를 재평가함.

② 삶의 남은 부분을 새로운 시기로 시작해야 함.

③ 개별화(individualization): 그 이전까지 상극의 관계에 있고 동시에 있을 수 없는 것으로 간주하였던 경향이나 상태가 자신에게 동시에 존재함을 깨닫고 이를 자아정체감 내에 통합하는 것. 예컨대, 젊음과 늙음, 남자다움과 여자다움, 애착과 분리(분리감정) 등을 동시에 경험하는 자신을 받아들여야 한다.

한편 굴드는 장년기에 벗어나야 할 다섯 가지 비합리적 가정을 제시하였다.

① 지혜를 중시할 것인가 육체적 힘을 중시할 것인가

② 대인관계를 사회화할 것인가 성적 대상화할 것인가

③ 정서적 융통성 대 정서적 빈곤

④ 지적 융통성 대 지적 엄격성

    장년기에 들어서면서 지혜를 통하여 문제를 해결하려고 시도하고, 대인관계를 이성보다는 사회적인 관계로 받아들이며, 감정의 대상을 다양화하고, 새로운 사고에 대하여 수용적이어야 건강한 것이라 할 수 있다.

−신체적 변화

① 아직 에너지가 충분하긴 하지만 신체적 능력과 건강은 감소하기 시작하고, 감각적 능력도 감소한다(시각이나 청각 등).

② 폐경에 따른 갱년기. 정서적 불안이나 우울을 경험할 수도 있다.

③ 남성들의 경우도 생물학적으로 남성호르몬의 감소와 정서적으로 지난 과정에 대한 재평가 등을 거치면서 불안, 우울 등에 빠질 수 있다.

−인지적 변화

장년기에는 인지능력이 감소한다는 견해도 있으나 실제로는 특정 측면의 인지능력만 감소할 뿐 다른 부분은 큰 변화가 없다. 단기적 기억능력은 분명히 감소하나 장기적 기억능력에는 별 변화가 없다. 단순암기나 새로운 정보의 처리 등의 능력은 다소 약화되지만 언어적 이해력이나 숫자처리, 추론적 사고와 같은 결정성 지능은 오히려 증가한다.

−사회적 변화

사회적 변화와 관련된 이 시기의 주요 문제를 정리하면 다음과 같다.

① 부부관계의 유지: 뉴만(Newman)은 결혼생활을 활기 있게 유지하기 위한 조건을 다음 세 가지로 제시하였다.

㉠ 부부는 각자의 개인적인 성장과 부부로서의 성장에 헌신해야 한다.

ⓛ 부부는 효과적인 대화체계를 개발해야 한다. 직업이나 자녀양육에 몰두하여 부부간의 상호 작용 기회가 감소하면 부부는 서로 고립된다.

ⓒ 갈등을 창의적으로 활용해야 한다. 갈등과 의견불일치가 있을 수밖에 없다는 것을 인정하고 이를 해결하기 위한 전략을 개발하는 데 보다 노력해야 한다. 갈등의 창의적 활용에서 가장 중요한 것은 부정적 반응에 상승적으로 대응치 않는 것이다.

② 자녀양육

장년기 성인에 있어서 자녀는 대개 학령전기로부터 청년기 초기에 이르는 발달 단계에 거치게 된다. 자녀 양육과 관련된 다양한 과제들을 해결하여야만 하는 단계이다.

③ 직업의 관리

장년기에 있어서 직업은 개인의 발달에 매우 중요한 영향을 미치는 요인이다. 직업에서의 성공과 개인적인 성장 간에는 상관관계가 있다.

장년기에 자신의 직업적 경력을 관리하는 것은 개인적인 성취와 사회적 통합에 있어서 가장 중요한 과제이다.

-임상미술치료의 관심이 되는 정신병리적 심리 문제

① 역할전도

㉠ 장년기 성인들의 부모는 노년기에 접어들기 때문에 자신을 돌보아 주었던 부모를 오히려 자신이 돌보아야 하는 역할전도가 발생한다.

ⓛ 역할전도는 장년기 자녀에게 심리적 충격을 주기도 하지만, 간병의 필요가 심

한 경우에는 장년기 자녀에게 재정적, 신체적, 정서적 부담을 상당히 주게 될
수도 있다.

(8) 노년기

노년기는 아직 건강하고 자주적인 활동이 가능한 노년기 전기(60~75세)와 신체적
능력이 더욱 약화되어 일상생활을 타인에게 의존해야 하는 노년기 후기(75세 이후)로
구분할 수 있다.

〈노년기 전기: 60~75세〉

 -노년기의 중요한 이슈

① 자아분화 대 직업역할에 대한 몰두: 은퇴와 관련하여 자신의 정체성을 기존 직
   업으로 분리시켜 새로운 역할로 나아갈 수 있는가, 아니면 기존의 직업적 역할에
   계속 고착되어 은퇴 후의 삶에 적응치 못하는가?
② 신체초월 대 신체몰두: 신체적 약화를 받아들여 자신의 삶을 후손에게 더욱 값
   진 것으로 만들기 위해 노력할 수 있는가?

 -신체적 변화

생물학적 노화는 모든 사람에게 일어나는 보편적 현상이다. 운동능력이 감소하며,
면역체계도 크게 약화된다. 노인의 70%가량이 적어도 한 가지 이상의 만성질환을
가지고 있다.

-인지적 변화

60세 이후가 되면 거의 모든 인지능력에서 쇠퇴가 발생한다. 물론 문화적인 차이나 개인적인 차이가 있기는 하지만 이는 거의 공통된 현상이다. 대체로 자극에 대한 반응이 느려지고, 기억이 감퇴하며 자기중심적 사고가 강화되는 경향이 있다.

-사회적 변화

① 역할변화: 노년기에는 배우자의 사망, 직업으로부터의 은퇴 등으로 인해 역할 상실이 일어나며 동시에 조부모로서의 역할, 은퇴자로서의 역할 등과 같은 새로운 역할을 부여받기도 한다.

　㉠ 조부모 역할: 대개 조부모들은 손자녀에 대해 자부심과 만족을 느끼며, 조부모의 역할은 그들의 전체적인 자아개념과 목적의식에 중요한 의미를 지닌다. 손자녀의 존재는 노인이 죽은 후에도 자신의 흔적과 영향력이 지속된다는 것을 의미하며, 이는 노인으로 하여금 자신의 죽음에 대해 편안하게 느끼도록 해준다. 조부모의 역할 중 중요한 한 가지는 전통적인 지혜와 문화유산을 손자녀에게 전해 주는 것이다. 이 과정에서 조부모는 손자녀가 이해할 수 있는 방식으로 이를 전달하려 노력하게 되며 따라서 조부모와 손자녀의 친밀한 상호작용이 일어나고 조부모의 사고방식이 손자녀에게 영향을 미치게 된다. 또한 조부모는 이러한 역할을 수행하는 과정에서 자신 삶의 경험이 갖는 의미를 새롭게 발견하게 된다.

　㉡ 미망인으로서의 역할: 노년기에 가장 힘든 역할변화는 배우자의 상실로부터 온다. 배우자의 상실은 극심한 정서적 고통과 재정자원의 감소(특히, 여성노인

의 경우)를 초래하지만 자녀나 친구, 또는 다른 의미 있는 활동에의 참여 등을 통해 극복할 수 있다.

ⓒ 정년퇴직자로서의 역할: 은퇴 역시 개인의 삶의 방식을 전체적으로 바꾸는 중요한 사건이다. 은퇴 후의 역할 수행은 대체로 다음과 같은 단계를 밟는다.

ⓐ 퇴직 직전 단계: 은퇴 후의 삶에 대한 준비단계. 직업에서 자신을 분리할 준비를 함.

ⓑ 허니문 단계: 그동안 못 했던 일을 하면서 행복을 느끼는 단계

ⓒ 퇴직 후의 일상생활이 자리를 잡아 가는 단계

ⓓ 휴식과 긴장완화의 단계: 활동을 다소 줄이게 됨.

ⓔ 퇴직 후 삶에 대한 꿈에서 깨어나는 단계: 퇴직 후의 현실생활이 생각과 다르다는 것을 깨닫고 퇴직자로서의 역할에 적응하는 것이 어렵다는 것을 인식하기 시작함.

ⓕ 새로운 방향을 설정하는 단계: 퇴직 후의 비현실적인 목표를 수정하여 보다 현실적인 것으로 목표를 재정립하게 된다.

ⓖ 일상의 단계(routine): 퇴직 후의 삶에서 일어나는 여러 가지 사건들을 다룰 나름의 기준을 새로이 개발하며, 비교적 생활 패턴이 안정화된다.

ⓗ 의존자로서의 역할로 전환: 질병과 장애로 인해 더 이상 퇴직자로서의 역할 수행이 힘들어지면서 간병과 보호를 요하는 노인의 역할로 전환된다.

② 자신의 삶에 대한 수용: 노년기에는 자녀양육책임으로부터 벗어나 부부관계에 보다 초점을 둘 수 있게 되고 또한 자녀들이 성인이 되는 등, 장년기까지의 자신의 삶이 결혼생활에서, 자녀양육에서, 그리고 직업 등에서 성공했는지 실패했

는지를 평가할 수 있는 증거가 축적된다. 그러므로 노년기에는 지나온 삶에 대한 평가를 하게 되는데, 이 과정에서 자신의 성취한계를 깨닫고 어느 정도의 실망을 하는 것이 불가피하다. 문제는 이것을 어떻게 받아들이는가 하는 것인데, 어떤 경우에는 지나온 삶을 돌아보면서 극도의 우울감에 빠져 현재의 어떤 경험도 그 우울감을 보상하지 못하는 경우가 있는가 하면, 또 어떤 경우에는 지나온 삶에 대한 평가를 지나치게 긍정적으로 합리화하여 극도의 자신감을 표현하는 경우도 있다.

이 두 경우는 모두 노년기에의 적응을 어렵게 만드는 것이며, 자신의 삶에 대한 실망감을 수용하면서 이를 자신이 성취한 것과 균형을 취하여 받아들이는 태도가 중요하다. 자신의 과거에 대한 이러한 융통성 있는 태도는 노인으로 하여금 삶의 새로운 방향에 대한 인식을 가능케 하며, 이러한 방향으로의 노력도 가능케 할 수 있다.

③ 죽음에 대한 태도: 노년기에는 죽음에 대한 심각한 두려움과 의문을 갖게 되는데, 이는 두 가지 측면에서 형성된다.

첫째는 자신의 죽음

둘째는 가까운 사람들의 죽음

죽음에 대한 두려움을 갖는 것은 자연스러운 현상인데, 이러한 두려움은 ㉠ 죽는 과정에 관련된 두려움(죽는 과정의 고통, 자신의 고통을 남들이 본다는 생각, 혼자서 죽음을 맞을지도 모른다는 생각, 자신에 대한 지배력을 상실한다는 두려움)과, ㉡ 죽음의 결과에 관련된 두려움(죽은 후 자신이 잊힐 것이라는 생각, 가까운 사람들의 슬픔, 사후세계에 대한 두려움)이라는 두 가지 측면에서 발생한다. 노년기에는 자신뿐만 아니라 가족이나 친지, 동료의 죽음에 대해서도 대응해야 한다. 가까운 사람의 죽음은 심각한 정서적 고통을 안겨 주며 자신의 건강에 대해 무관심하게 만든다. 가까운 사람의 죽음에 따른 정서적 고통을 애도(bereavement)라 하는데, 애도의 과정을 건강하게 통과해 가기 위해서는 ㉠ 죽은 사람과의 정서적 유대로부터 벗어나야 하며, ㉡ 이제 그 사람이 존재하지 않는 환경에 적응해야 하고, ㉢ 새로운 관계를 형성하도록 노력해야 한다.

–임상미술치료의 관심이 되는 정신병리적 심리 문제

　자부심의 저하

〈노년기 후기: 75세 이후〉

–신체적 약화에 대한 적응

　노년기 후기에는 노화에 따른 신체적 약화에 적응하는 것이 매우 중요하다. 자신의 신체적 건강상태에 맞도록 동작을 조절할 필요가 있다. 하지만 지나치게 정적으로 있는 것보다는 최적의 기능을 유지하기 위해 규칙적인 육체적 활동을 시도하는 것이 바람직하다.

–사회적 지지

　사회적 지지는 인생의 모든 단계에서 중요하지만 특히 노년기 후기에는 노인으로 하여금 자신이 가치 있는 존재라는 느낌을 갖게 하고 사회적 상호 작용의 망 속에 있다는 느낌을 갖게 한다는 점에서 중요하다. 사회적 지지는 ㉠ 의미 있는 관계의 지속을 통해 고립을 막아 주며, ⓛ 사회적 지지를 제공하는 사람이 노인의 일상생활에 도움을 줄 수 있고, ⓒ 스트레스의 부정적 영향이나 심각한 질병을 예방하는 데 기여한다는 점에서 노인의 삶의 만족도에 기여한다.

〈인간이해의 리트머스〉

경계성증후군(BORDERLINE SYNDROME)

정상(NORMAL)	스트레스(STRESS)	경계성장애(BORDERLINE DISORDER)	MIND DISORDER

〈인간 사고발달(동서양의 관점)〉

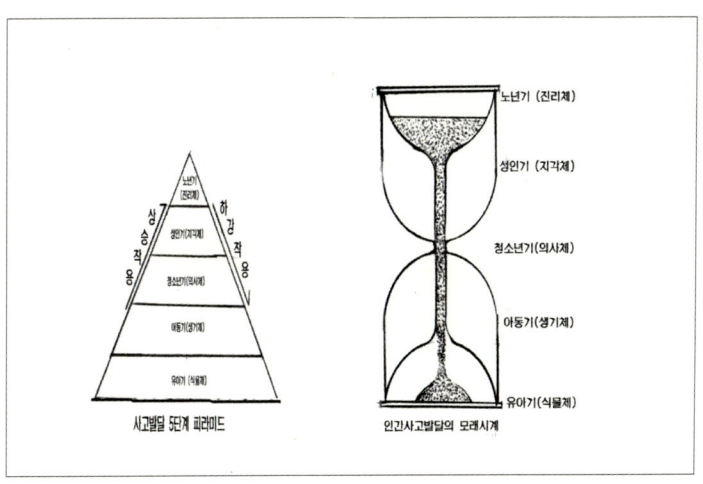

12. 임상미술치료의 병리학적 이해

1) 불안 및 정신 신체적 장애

〈정신병리 장애의 진단기준단계〉

출처: 임상미술치료집/2003/한솔

(1) 불안장애

• 공포장애는 공포증과 후외상성 장애로, 그리고 불안장애는 공황장애와 일반화된 불안장애로 나눌 수 있다.

• 공포증의 종류에는 광장공포증, 사회공포증, 특수공포증이 있다.

• 광장공포증 환자와 사회공포증 환자는 다 같이 군중을 싫어하지만 그 이유는 각각 다르다.

• 동물공포증은 대개 유아기에 시작되며, 청소년기 이후에 시작되는 경우는 거의 없다.

- 동물공포증은 고공, 폐쇄장소, 흙이나 먼지, 어둠 등에 대한 공포증과 유사하다.
- 정신분석적 관점에서 공포증은 억압된 원초아의 충동에 의해 일어난 불안에 대한 방어라고 볼 수 있다.

(2) 외상 후 스트레스

- 후외상성 장애는 인간이 겪을 수 있는 보편적 범위의 고통을 벗어난 특정한 사건 (파국적 사건)에 의해서 생긴다.
- 홍수법은 환자가 두려워하는 상황을 회피하지 않고 상상하거나 또는 실제로 그 상황에서 견디게 하면서 원래의 고통이 일어나지 않는다는 것을 확인함으로써 공포증을 치료하고자 하는 시도이다.

(3) 정신신체형 장애

- 심리적인 현상에 의한 신체적 불편감을 느끼는 장애
- 신체형 장애는 전환장애, 신체화 장애, 심인성 고통장애로 구분된다.
- 심인성 고통장애는 육체적 원인에서 비롯되지 않은 통증으로서 가장 흔한 유형의 신체형 장애이다.

(4) 우울증

- 단극적 우울증은 조증의 경험이 없이 단지 우울증적 증세만을 경험하는 것
- 양극적 우울증은 우울증과 조증이 함께 일어나는 것이다.

 상실과 고통은 성숙과 노화의 불가피한 요소로서, 사랑하는 사람을 잃기도 하고

학업이나 직업과 같은 삶의 주요한 부분에서 실패하기도 한다.

주된 특징은 자살을 항상 말하거나 생각한다.

• 로젠한과 셀리만은 단극적 우울증의 증세를 네 측면−정서적, 인지적, 동기적, 육체적 증상으로 구분하여 설명하였다.

• 정서적 증상을 보면 슬픔은 우울증의 가장 특징적인 정서적 증상이다.

• 인지적 증상을 보면 우울증에 걸린 사람은 자신을 매우 부정적인 시각에서 본다.

• 육체적 증상으로 우울증이 심해지면 모든 생물학적 즐거움은 감소된다. 식욕의 상실, 체중감소, 수면장애 등이 일어나며, 이것이 몸을 쇠약과 피로로 이끌어 간다.

• 우울증에 관련된 요인: 현대화와 우울증, 성과 우울증, 삶의 사건들과 우울증, 노령우울증

• 우울증을 막아 주는 데 도움이 되는 요소

　 * 배우자 또는 친구와의 친밀한 관계

　 * 집 밖에서 자신의 일을 갖는 것

　 * 의존적인 상태에 있는 자녀의 수가 적은 것

　 * 종교적 믿음

(5) 정신분열증

• 정신분열증은 가장 광범위한 심리적 장애이며 개인차가 심하며 또한 가장 단순하지만 어렵고 복잡해 보이는 문제이다.

• 정신분열증은 사고의 장애이며, 환청에 의한 행동적, 정서적 문제들에서 비롯된다고 볼 수 있다. 하지만 개인차가 심하여 그것을 가늠하기 어렵다.

- 사고장애: 내용과 형태의 측면으로 구분한다. 망상의 내용은 매우 기이해서 사고장애가 있다는 것을 자동적으로 알 수 있게 해 준다.
- 편집형 정신분열증: 정신분열증의 유형 중에서 매우 흔한 것으로 환청이 특징이다.
- 혼란형 정신분열증: 여러 가지 퇴행적 증상들을 동반하는 것이 특징이다. 체계가 결여된 환각, 환청 그리고 건강에 대한 염려 등을 보인다.
- 정신분열증은 사회적 계층 중 상위계층에서 발생하여 하위계층으로 이동하는 사회현상이 발생한다.

2) 사회적 및 대인 관계적 장애

(1) 성격장애(인격장애)
- 성격장애 중 기이하고 괴상한 증상이 특징인 성격장애는 정신분열형 성격장애, 정신분열성 성격장애, 편집성 성격장애가 있다.
- 성격장애의 유형 중 극적이고 감정적이며, 변덕스러운 증상이 특징이다.
  반사회적 성격장애, 경계선적 성격장애, 히스테리성 성격장애, 자기도취적 성격장애 등이 있다.
- 편집성 성격장애는 타인의 무해한 행동에서 항상 숨겨진 동기와 의미를 찾고자 하며, 이용당하거나 속지 않을까 하고 그 증거를 탐색한다.
- 정신분열성 성격장애는 타인의 감정에 무감각하며 사교적 기술이 부족하다.
- 정신분열형 성격장애는 사고, 인지, 대화, 행동에서 오랫동안 지속된 기이함이 특징이다.

- 경계선적 성격장애는 매우 광범위한 범주로서 특징은 다양한 성격영역—대인관계, 자아상, 기분, 행동에서 불안정한 것이다.

- 자기도취적 성격장애의 특징은 자신의 중요성과 능력에 대한 매우 과장된 의식이다.

- 회피적 성격장애의 특징은 사람들과 새로운 경험, 나아가서 자신이 익숙한 것들로부터도 회피하고자 하는 것이다.

13. 임상미술치료의 매체적 이해와 구성

1) 임상미술치료의 재료 이해

각각의 미술치료실들은 그들 나름의 표현 매개체들을 이용하게 된다. 그래서 임상미술치료실을 운영하는 임상미술치료사의 상식과 통하는 재료들을 준비해야 하는데, 데생하기, 그림 그리기, 콜라주, 비디오, 찰흙, 조각, 인형 만들기, 사진 등등, 그 리스트를 일일이 열거하기는 힘들 정도이다. 그러나 모든 것 이전에 중요한 점은, 창작 욕구를 불러일으키는, 충분한 재료들을 갖춤으로써, 환자나 내담자에게 훌륭한 질과 재료들이 제공되어야 한다는 것이다. 그러므로 특히 장애를 갖거나 문제를 갖는 환자나 내담자에게는 임상미술치료실이 세상을 살아가는 하나의 도구가 될 수 있다. 환자나 내담자들이 이 공간을 활용하기 위해서는 세상의 온갖 재료들을 경험해 볼 수 있다면 더욱 바람직할 것이다. 그들은 각자의 모습을 가질 권리가 있으며, 그 재료의 다양함이 창작에 있어서도 그들 각자의 범위에서 발전해 갈 권리를 갖는 것이다. 하지만 때에 따라서는 프로그램방식과 환경운영에 맞추어 임상미술치료를 행하여야 한다.

임상미술치료는 몸의 움직임과 여러 가지 구체적인 재료들로 그 결과물을 갖는 것에 의미를 포함하는 것으로, 그 행위와 과정에서 정신적인 것과 물질적인 것의 어떤 결과물을 낳게 된다. 그러므로 다른 사람에 의해 표현 가능하지 않은 부호를 통한 자기만의 세계를, 이러한 여러 가지 재료들을 갖고 미술 활동을 통해 스스로를 조절하면서, 자신의 본원적인 감정들과 접촉하여 자신의 내면에서 저항하고 갈등하는 것을 그치게 할 수 있는 것이다.

실제적으로 미술치료의 재료는 치료시간, 공간, 내담자의 성향 등에 따라 다르게 적용될 수 있다. 미술치료는 다른 심리치료와 달리 작품을 완성하지 못하였을 때 느껴지는 미해결된 느낌이 있어 주어진 시간에 완성될 수 있는 재료가 제공되어야 하며, 바닥과 벽의 상태에 따라 청소가 용이하지 않을 수 있으므로 이런 점도 고려하여 재료를 선택한다. 특히 환자나 내담자의 성격은 재료를 선택할 때 주의 깊게 고려해야 할 부분이다. 미술재료 중 물감, 핑거페인트, 물기가 많은 점토 등은 퇴행을 촉진시킬 수 있는 재료로서 성격이 경직된 내담자에게는 매우 유용하지만 충동적이고 자아경계가 불분명한 내담자에게는 충동적 성향을 더욱 심화시킬 수 있다. 반면 색연필, 사인펜과 같은 딱딱한 재료는 높은 통제력을 지닌 재료로서 충동적 성향을 통제하기 용이하다. 이렇게 내담자의 성격과 반대성향의 재료를 제공하는 것은 그의 내면세계의 억압된 부분을 재통합하는 기회를 줄 수 있기 때문이다. 또한 내담자의 자아기능이 미성숙한 경우에는 동시에 너무 많은 재료를 제공하면 혼란을 초래할 수 있기 때문에 내담자의 인지수준에 따라 재료를 제한해 주어야 하며 한편 임상미술치료에서는 환자와 내담자의 병리적 진행상황을 관찰하여 다음 회기에 적용하여 임상미술치료를 행하는 것이 바람직하다. 또한 가급적이면 환자와 내담자가 사용이 용이한 재료를 선택함으로써 재료에서 오는 낯선 감정과 매체의 능숙한 다룸이 용이하지 못할 때 오는 표현미숙을 미연에 방지하는 것도 좋은 방법이다.

2) 임상미술치료의 기법

(1) 테두리법

테두리법은 내담자에게 치료자가 도화지를 제시하면서 테두리를 그어 건네주는 방법이다. 미술치료대상자의 조형 활동을 자극하고 동기를 부여할 수 있으며, 빈 도화지나 작업에 대한 공포를 줄일 수 있어 자아가 허약한 아동에게 사용하면 좋다. 풍경 구성법이나 난화 상호이야기 만들기 법을 할 때에도 많이 사용한다.

(2) 그림 완성하기

그림을 그리는 데 저항이 있거나 의욕이 없는 미술치료대상자의 미술표현을 자극하고 촉진하기 위해 출발그림용지(starter sheet)를 사용한다. 이 방법은 치료사가 종이에 잡지에서 오린 얼굴사진이나 사람의 눈만을 붙여 주어 그림을 완성하게 하는 방법이다. 또 다른 방법의 하나인 그림 완성법은 소정의 용지에 기호가 그려져 있는 8개의 정방형을 제시하고 그 기호를 사용해서 그림을 완성하게 하는 방법이다. 유아나 성인, 정상적인 사람, 정신환자 등에게 모두 적용할 수 있다. 그린 순서를 적고, 무엇을 그렸는가를 해석하게 한다. 이것은 미술치료 과정이나 초기에 사용할 수 있으며, 환자나 내담자의 거부감이나 저항, 공포를 제거할 수 있다. 동그라미를 그리고 그 안에 임의의 점을 찍어 환자나 내담자에게 제시함으로써 환자나 내담자를 지지해 줄 수도 있다.

(3) 난화 그리기

누구든지 난화는 쉽게 그릴 수 있기 때문에 임상미술치료사들은 종종 그림 그리기를 어려워하는 환자들에게 난화를 그리도록 한다. 특별한 도식이나 보편적인 양식에 익숙하여 특히 상상력이 부족한 아동에게도 난화는 도움이 된다. 난화는 환자로 하여금 긁적거리기를 통해 창조하지 못했던 이미지를 발견하고 그리도록 해 주며, 숨어 있는 이미지가 출현하도록 도와준다. 이러한 난화의 장점을 이용한 것이 난화 상호이야기 만들기 법이다. 이 방법은 난화법과 이야기법을 종합하여 응용한 것이다. 치료자와 내담자가 각기 서로 제시해 준 난화에 이미지를 찾아 형상을 그리고 서로 번갈아 가며 이야기를 만들어 나간다. 이때 난화에서 이끌어 낸 심상의 형성이 치료에 중요한 의미를 지닌다. 최근에는 난화와 콜라주를 함께 사용하기도 한다. 이 기법은 중증 장애아보다 경도 장애아나 말을 할 수 있는 아동에게 더 좋으나 말을 못하거나 하지 않는 아동들에게도 발어나 언어화의 자극에 유용한 기법이다.

(4) 자유화와 주제화의 제시

자유화는 미술치료대상자가 제재나 방법을 스스로 결정하여 그리게 하는 것으로서 진단과 치료에 모두 활용한다. 내담자의 자발적인 표현은 무의식을 의식화하는 데 크게 도움이 된다. 그러나 임상미술치료 과정에서 중요한 주제는 자연스럽게 나타나지만 때로는 특별히 주제를 제시해야 할 시기가 있다. 예컨대 내담자가 무엇인가 느끼고 있을 때는 느낌을 그리도록 제안할 수 있다. 특별히 과제를 주는 과제화법은 인물, 가족, 친구, 집, 나무, 산, 동물, 길 등의 과제를 미리 주고 내담자가 상상화를 그리게 한다. 이상 행동에 대한 내면의 욕구와 그 욕구를 저지하는 압력을 잘 알 수 있다. 인물화, 묘화 완성법, 나무 그림, 집 그림 검사, 산과 해의 묘화법, 풍경 구성법 등이 여기에 속하며, 산, 길, 집과 같은 특정의 과제를 부여할 수도 있다.

(5) 매체의 제시

일반적으로 미술매체를 자유로이 선택하도록 하는 것이 가장 좋지만 때로는 미술매체의 제시가 도움이 될 때도 있다. 때때로 가는 붓이 스케치에 더 좋다든지, 조각할 때 점토가 진흙보다 더 적절하다든지 하는 것은 기술적인 문제이다. 이런 기술적인 도움을 주기 위해서는 미술매체와 그 성질에 대해 잘 알고 있어야 한다. 또는 정신 역동적 관점에서 미술매체나 과정을 이용하라고 제안하는 사람도 있다. 그러나 '미리 규정하는 것'은 잘못된 것이며, 억압된 미술치료대상자에게 자유로움을 주기 위해 핑거페인팅을 사용하도록 '말하는' 것은 권위적 관계를 강화할 뿐만 아니라 불안을 더욱더 야기한 것이 될 것이다. 그러나 환자나 내담자와 치료자 간에 친밀한 관계가 성립된 후에는 명백하게 이유를 설명하면서 특별한 제안을 해도 괜찮은 시기가 있다. 시각 장애아의 경우에는 점토를 통해 만들기를 함으로써 명백한 작품을 만들 수 있도록 촉진할 수 있고, 작품을 통한 대화를 통해서 아동의 갈등이나 증상의 배후에 있는 무의식적 사고를 명료화할 수 있다.

(6) 꿈의 활용

정신분석적 미술치료에서 꿈을 활용하듯이, 미술치료대상자 가운데 말로 표현하는 것보다 그림으로 자기 의사를 잘 전달할 수 있는 경우에는 꿈을 그리게 할 수 있다. 예컨대 꿈을 그리게 함으로써 악몽을 통한 경험을 명료화하고 이야기를 함으로써 꿈에서 상징화된 분노의 충돌들을 잘 이해하도록 도울 수 있다.

(7) 자신 표현하기

개인치료나 집단치료 시에 '나는 누구인가'를 알리고자 할 때 자신을 표현토록 하기 위해서 인물화를 그리게 한다. 또는 '이것이 나이다.—잡지 콜라주'를 시행하고, 서로 토의하며, 피드백을 하여 타인과의 비교를 통해 통찰한다. 자신의 표현은 자아감각을 발달시키기 위한 수단으로 많이 활용된다. 심신장애인은 신체영상이나 자아개념이 부정적이다. 이를 높이기 위해서 Starter sheet나 묘화 완성법, 손도장과 발도장 찍기, 조소활동, 동그라미기법, 씨앗으로 얼굴 만들기, 가면 만들기, 자기 신체 본뜨기(실물 크기), 인체퍼즐 게임, 거울 보고 자기 그리기, 손 본뜨기 등을 할 수 있다. 특히 소아 당뇨병이나 섭식 장애 환자 등에게도 효과적이다.

(8) 가족화 그리기

가족화와 동적 가족화는 가족을 그리게 하여 내담자의 심리나 가족의 체계 및 가족 지각을 파악한다. 가족화(Draw a Family: DAF)와 동적 가족화(Kinetic Family Drawing: KFD)는 지시가 다르며, 후자가 더 역동성 파악에 좋다. 동적 가족화는 "당신의 가족 모두가 무엇인가를 하고 있는 그림을 그려 보세요."라고 지시하여, 그린 후에 각 인물상이 누구인가, 연령, 무엇을 하고 있는가를 질문한다. 해석에 있어서는 인물상의 행위와 그림의 양식(구분, 포위 등), 상징(책상 등), 그림의 역동성(크기, 거리, 방향, 생략 등) 등을 기준으로 하여 진단한다. 가족화는 진단에도 활용하고 가족치료에도 사용할 수 있다. 예컨대, 개별치료는 KFD를 통해서 개인의 내적 문제 및 가족 내의 관계를 드러내게 하여 스스로를 통찰할 수 있게 하는 것이며, 가족치료는 가족 전원이 KFD를 그리게 하여 가족 전원이 심상을 형상화하면서 이야기를 창출케 한다.

(9) 학교생활그림 그리기

학교생활그림(Kinetic School Drawing: KSD)은 아동의 학교생활을 파악하는 데 좋으며, 치료에도 활용하고 가족화와 함께 받아 보면 아동생활 전체를 이해하는 데 유용하다. 교사, 친구, 본인을 포함해서 그리게 한다. 대부분의 아동은 학교생활에 대한 그림을 거부하는 경향이 적다.

(10) 풍경 구성하기

풍경 구성법(Landscape Montage Technique: LMT)은 도화지에 '강, 산, 밭, 길, 집, 나무, 사람, 꽃, 동물, 돌, 첨가하고 싶은 것'을 순서대로 그려 넣게 하고 하나의 풍경이 되게 채색하도록 한 다음 그것에 대해서 계절, 시각, 기후, 내의 흐르는 방향, 사람과 집, 밭 등의 관계에 대해서 이야기한다. 치료 가능성의 평가와 문제점의 추측과 관찰에 유용하다. 진단과 치료에 모두 사용할 수 있으며, 임상미술치료에서 내면의식세계를 분석하기에 좋은 자료로 사용된다.

(11) 협동화 및 그림대화를 하기

가족이나 소집단들이 크레용을 한 개씩 쥐고 한 장의 종이에 함께 그림을 그리게 한다. 비언어적 방법과 언어적인 방법 모두를 경험케 한다. 진단 시에는 그 집단의 체계를 분석할 수 있고, 치료 시에는 협동심, 커뮤니케이션기능, 자발성, EQ, 사회성, 집단이해, 인간관계 등을 높일 수 있어 매우 좋은 방법이다. 특히 그림대화는 치료자와 치료대상자가 비언어적으로 상호 역할을 교환해 가면서 실시함으로써 편안한 가운데 자기감정을 표출하고 상대의 감정을 이해하는 훈련을 할 수 있다. 언어장애나 우울증, 내향성, 소극성, 고집성을 지닌 아동에게도 사용하면 효과적이다.

(12) 색채 선택하여 낙서하기

색채 선택법은 내담자가 좋아하는 색을 선택하여 그것을 사용하여 그림을 그려 받는 방법이다. 가족체계 진단법에서도 좋아하는 크레용을 골라 사용토록 하는데 내담자에게 자유를 부여하는 데 있으며 감정적 이완과 자유를 부여하면 책임의식이 많아지는 임상 철학의 원리를 활용한다.

(13) 콜라주로 표현하기

콜라주 기법은 최근에 가장 많이 사용되는 미술치료 기법이다. 거부의 감소, 분노의 노출, 희망에 대한 상징 등 다양하게 활용할 수 있다. 표현이 쉽고, 그리기보다 정확한 감정 전달이 우수하나 선택할 수 있는 사진 매체가 많아야 한다. 자기감정을 나타내기, 가족이나 친구에게 말하고 싶은 것, 선물 주고받고 싶은 것, 타인에 대한 느낌 표현, 문제의 예방 및 대처 방법 등을 쉽게 표현할 수 있다.

(14) 찰흙의 질감과 느낌을 느끼며 조소로 표현하기

조소는 촉지각과 관계하는 조형 활동이다. 그리기가 중심이 되는 임상미술치료 영역에서 매체의 연구에 중요한 대상이 되는 것이 조소이다. 조소 활동법은 점토로 인물상을 만들거나 자기의 느낌을 표현하게 하여 해석하게 한다. 묽은 점토는 수채 물감과 같이 액체 도구로서 언어화가 결핍된 내담자에게 유용하며 과도한 언어화를 나타내는 사람들에게는 감각적 요소를 강조할 때 사용한다. 특히 분노나 적개심의 표현, 대상관계가 부족한 내담자의 치료에 유용하며 찰흙의 질감을 느낌으로써 감정적 이완을 도와준다.

(15) 동그라미 기법

동그라미를 도화지에 미리 그려 주고 그림을 그리게 하는 방법이다. 동그라미를 그린 후 그 안에 점을 하나 찍어 주어 표현을 촉진할 수 있다. 또한 이러한 방법은 심리적으로 허약한 내담자를 지지해 줄 수 있다. 또한 동그라미를 그려 주는 부모와 자기상 또는 가족 전체를 그리게 하는 동그라미 중심 가족화도 사용할 수 있다. 이 기법은 동그라미 중심에 중요한 인물이 배치된다는 원리를 응용하고 있다. 최근에 사용되는 만다라 기법도 원이 지니고 있는 인간의 마음 전체성과 인간과 자연과의 관계를 나타내는 우주관 내지는 종교성에서 도래한 것으로서 자아정체감 확립이나 심리적 통합에 유효한 기법이다.

(16) 손과 신체 본뜨기

인간은 자기 신체를 매우 중요시하고 신체 개념이나 신체 이미지로부터 긍정적 또는 부정적 자기 개념을 형성하게 된다. 자기의 손을 도화지에 놓고 본을 떠서 각 손가락에 자기가 하고 싶은 말을 적어 표현케 한다. 신체 본뜨기는 큰 종이를 벽에 붙여 놓고 내담자의 신체와 같은 크기로 본을 떠 준 후에 스스로 장식하게 한다. 이러한 활동으로 긍정적인 신체 이미지나 자기 존중감을 갖게 할 수 있다.

(17) 감정사전 만들기

감정차트 만들기는 도화지에 몇 개의 칸을 구분하고 최근의 감정을 그리거나 색종이로 나타내게 한다. 감정을 표현한 후에 모든 인간은 불편한 감정을 가지고 있음을 확인시킨다. 또한 칸 없이 한 장의 종이에 표현할 수 있다. 스펙트럼 형태의 띠로도 나타낼 수 있는 방법이다.

(18) 기타의 방법

미술치료과정에서 우리는 가면을 만들어 쓰고 게임을 할 수도 있고, 자신의 작품에 대해서 자유롭게 표현할 수 있도록 녹음기나 마이크를 사용하여 자신을 표출케 한다. 글짓기도 사용하며, 비디오를 통해 자기가 보존하고 싶은 영상을 복사해 보여 줄 수도 있다. 환자나 내담자 스스로 자기활동을 책으로 엮어 나가게 할 수도 있고 구체적인 치료기법으로 활용되고 있는 것을 사용, 응용하여 임상미술치료프로그램을 진행하면 많은 도움이 된다. 또한 치료적 효과가 가장 좋은 것은 환자와 내담자를 자유롭게 그러나 엄격하게 자제하는 것을 배울 수 있는 재료를 사용하는 것이 좋다. 그러한 매체는 아주 많다. 예컨대, 액션페인팅화 그리기 또는 포도나무 그리기, 난화와 콜라주를 합쳐서 표현하기, 누구에게 받고 싶거나 주고 싶은 선물 표현하기, 상동적 표현을 수정하기 위하여 또는 표현을 자극하기 위하여 무용이나 노래를 도입하는 감상법에 의한 그림 그리기, 사진기법, 색채치료기법, 만화그림 방식으로 대화하기 등을 활용한다. 최근에 개발된 액션페인팅 임상미술치료는 내담자로부터 즉석 이미지를 느끼게 하는 데 효과적인 기법이며 재료의 특성상 자유로움과 행동의 조절력을 기른다.

14. 임상미술치료 계획과 방법

처음 미술치료라는 학문을 접하고 막상 치료현장에 뛰어들면 막연함만이 앞선다. 과연 미술치료가 환자에게 도움이 되는 활동인가, 그리고 내가 배운 학문을 얼마만큼 적용할 수 있는가, 이러한 막연한 감이 앞서고 현장의 실무는 두렵기까지 하다. 가끔 난폭한 환자를 만나거나 비아냥거리는 환자를 만날 때, 부정적인 시각을 가진 내담자를 만날 때마다 미술치료자들은 생소함을 느끼며 내담자의 반응을 잘 이해하지 못한다. 그러므로 미술치료자는 미술치료 계획을 세우는 데 필요한 많은 지식과 응용력을 가질 수 있는 자질이 요구된다.

그럼 미술치료가 과연 유용하고 얼마만큼 환자나 내담자에게 유용한 정보를 일러주고 치료를 거두고 있는가는 미술치료 회기를 넘기면서 매 회기마다 부닥치는 어려움을 이겨 내는 과정 속에서 서서히 미술치료자나 내담자는 느끼기 시작한다.

미술치료를 계획하고 진행시키는 일은 하나의 집이라는 구조물을 짓듯이 하여야 한다. 미술치료자의 역량은 집을 설계하는 사람과도 같은 역할을 하며 내담자는 집을 짓는 인부와도 같다. 미술치료자나 내담자가 서로의 라포(공감)를 형성하지 않은 상태에서 미술치료를 처음 시행하는 것은 당연하지만 첫 대면인 환자나 내담자의 관계 형성에서의 역할은 집의 구조물을 설계할 수 있는 중요한 자리인 것이다. 막연한 기대 감은 미술치료자를 굉장한 난처함과 어려움에 직면하게 한다. 하지만 그것을 극복하는 과정이 무엇보다 중요하다. 그러기 위해서는 다양한 임상의 경험이 도움이 되기도 하지만 무엇보다도 환자나 내담자의 고민이나 고통의 정도를 얼마만큼 많이 이해하는가가 미술치료를 실행하는 데 무엇보다 중요하다.

이해의 바탕은 미술치료라는 건축물의 터 닦기에 해당한다. 가벼운 일례로 환자나 내담자의 이상행동에 대하여 막연한 추정만 하고 있는 것과 그들의 질환을 병리적 현상으로 바라보는 것에는 엄청난 차이를 가져온다. 내담자의 이상행동이나 말에 대하여 납득하지 못하고 미술치료자가 그들에 대해 냉소적인 시각을 가지고 있다면 일단 미술치료자로서 자신의 자질을 의심해 보아야 하며 이러한 일련의 과정을 통하여 미술치료는 자신이 습득한 치료적 기술을 향상시키고 끊임없는 연구와 치료자 자신의 자아성찰을 요구한다.

일단 미술치료는 건축물 구조의 설계도면이다. 이러한 가상적 설정은 추후 프로그램을 진행하면서 그 과정들을 수정 보완하기도 하지만 반복적으로 때로는 필요에 의해서 시행되기도 한다. 미술치료를 진행시키는 일은 다양한 환자나 내담자 집단의 종류와 문제들에 대한 이해에서 출발한다. 이러한 이해는 집을 짓기 위한 재료를 구입하고 집을 설계에 따른 계획성으로 집을 짓는 일처럼 조금씩 변화되는 환자와 내담자의 양상을 파악하고 느낄 수가 있다. 이는 치료계획에서 계획성을 가지고 내담자와 환자에게 향상성을 가져오는 데 기여하는 것이라 할 수 있다. 이것이 미술치료가 가지는 또 다른 측면이다.

또한 치료를 실시하면서 환자나 내담자의 말이나 표현하고자 하는 욕구를 신중하게 들어 줌으로써 경청의 자세를 길러야 한다. 이는 미술치료가 단순히 놀이를 위한 치료가 아니라 놀이과정 속에서 학습의 과정이 내포되어 있기 때문이다. 이는 치료자가 환자나 내담자 본인들에게 도움을 주고 있음을 인식하는 과정도 필요하지만 인식할 수 있는 효과적 미술치료의 기법을 활용함으로써 미술치료활동이 환자나 내담자에게 도움을 주고 있구나 하는 인식이 필요하다. 그러므로 미술치료자는 환자나 내담자 자신에게 무엇이 문제가 되고 있으며 현재 문제인지를 알아 가는 과정이며 이러한 과정 안에서 가정의 문제, 현재 환자나 내담자의 스트레스 정도, 현재의 감정상태, 사회적 역할에서의 문제, 신체적 건강에 따른 사고의 문제, 사회 역동성 속에서의 대인관계와 같은 내담자의 전반적인 과거를 알아 가는 과정으로 그림이라는 의사소통의 장르를 통하여 치료자와 환자, 내담자의 서로 협력적인 관계에서의 치료 팀과의 협력 체제를 가진다고 할 수 있다.

그러므로 미술치료과정은 복잡한 과정이므로 보다 안정되고 확고한 자신의 신념을 필요로 하며 내가 이 일을 해야 하는 선택의 의문을 해결해야만 좋은 미술치료사가 될 수 있다고 할 수 있다. 그러기 위해서는 미술치료사 자신이 충분히 과학적으로 강해져 있어야 하며 그럴 때만이 안정된 치료계획을 수립할 수 있으며 미술치료에서 향상된 치료효과를 내담자나 환자로부터 기대할 수 있다는 것이다.

즉 미술치료란 미술치료과정에서 복잡성을 단순성으로 이끌어 누구나 쉽게 알 수 있게끔 단순화시키는 작업을 하는 사람으로 미술치료의 유용적 효과를 보다 안정적으로 계획하고 계획적이고도 장기적인 안목으로 미술치료에 임해야 하는 것이다.

여기에서 우리는 6개의 과정을 통하여 복잡한 문제들의 미술 치료적 진행발전을 꾀

할 수 있다.

1) 미술치료에서 임상문제의 색출과정

환자나 내담자와의 만남과정에서 많은 대화를 나누어야 하는 것은 당연하다. 그것은 이해의 과정으로 출발이며 환자나 내담자로 하여금 "나는 당신들을 이해하고 있습니다."라는 관심의 표현이기도 하다. 하지만 다른 의미로는 대화를 함으로써 은연중에 알아차리지 못한 부분까지도 알 수가 있다. 이러한 과정은 임상에 접하는 미술치료에 초점을 두어 그림을 그리고 난 후 그림 작업의 마무리시간에 대화를 나눔으로써 환자나 내담자의 표현의도, 상징적 의미, 의식과정 전반에 대한 사정활동으로 간략하게 짚고 넘어감으로써 임상미술치료로서의 환자나 내담자의 중요한 문제를 찾아내야만 한다. 환자나 내담자의 반응을 알아차리는 데 가장 어려운 점은 표면화되어 있는 문제는 금방 알아차릴 수 있지만 은닉된 문제는 발견하기가 쉽지 않다는 것이다. 은닉된 문제들은 과정적 증거로서 찾아내야만 치료가 가능하기 때문에 시간이 해결할 수 있다는 여유로움을 함께 가지는 것이 중요하다.

임상미술치료를 하다 보면 치료의 올바른 방향을 설정하지 못할 경우가 종종 있다. 이러한 경우 도출된 문제에 대하여 효과적인 치료계획들을 나름대로 심사숙고하여야 하지만 때로는 임상가와 치료 팀과의 정보를 함께 공유할 필요가 있으며 이 경우 대부분의 문제는 정보공유를 통하여 환자나 내담자의 임상적 문제들을 알게 되는데 이러한 임상적 문제들은 환자나 내담자의 근본 문제를 알아 가는 데 중요한 역할을 할 뿐만 아니라 임상미술치료 과정에서 순조로운 진행을 이루는 데 많은 도움을 준다는 것이다. 또한 임상미술치료사는 임상에서 마주 하는 문제적 병리현상을 지식적 숙지를 할 필요가 있다. 이는 현재 보이는 환자나 내담자의 분명한 임상자료를 가장 정확하게 선별할 수 있으며 가장 정확한 상징들만을 선택함으로써 임상가와 치료팀 간의 협조로 내담자나 환자들의 문제들을 찾아 도움을 주기 위한 문제의 색출로 문제를 분명하게 함으로써 환자나 내담자 내심의 표현이 가지는 중요한 의미들을 포착하는 중요한 단서로서 이러한 단서는 향후 환자나 내담자의 문제를 찾아 도움을 주기 위한 우선순위를 정할 수가 있다. 이는 환자나 내담자가 가장 필요한 것들의 치료목표와 범위를 어느 정도까지는 설정 가능케 함으로 환자나 내담자에게 협력적인 치료 진행과정에서의 의존적 참여 동기를 부여함으로써 임상미술치료의 효과를 기대할 수 있다.

2) 임상적 문제의 발견

환자나 내담자는 오랜 기간 동안 또는 일시적인 기간 동안에 드러나는 문제에 자각성을 보이기도 하지만 자각을 하지 못하는 경우가 더 흔하다. 이러한 임상에서 보이는 독특하고 미묘한 차이를 어떻게 하면 분명히 할 수 있는지는 임상에서 접하는 임상가나 임상미술치료사에게 중요한 문제로 대두되기도 하지만 임상미술치료사의 경우 임상적 문제에 대해서는 잘 알지 못하는 경우가 더 많다. 하지만 이러한 치료에서의 임상가의 치료는 분명 과학적인 근거에 의거하여 환자나 내담자의 질환적 질병을 분류하고 치료하고 있다. 그러므로 임상미술치료사는 임상가의 치료적인 각각의 문제 질환에 대하여 명확하고 한정된 치료의 핵심이 환자나 내담자의 고유한 특성적 질환에 의해 분류되어 치료되고 있음을 알아야 한다.

모든 임상에서는 ICD(국제표준질환분류)에 의거하거나 DSM-IV-TR에 의거하여 질환적 특성을 분류하고 찾아내고 있으며 마찬가지로 진단에 도움이 되는 사인이나 은폐적인 요소마저도 위에 언급된 ICD(국제표준질환분류)나 DSM-IV-TR에 의거한 모범적인 사례에 따른다는 것이다.

임상미술치료사는 이 경우 정보의 제공자 역할과 함께 치료 팀의 일원이라는 사명감을 잃지 말아야 한다. 그러기 위해서는 환자나 내담자의 모범적인 사례들을 치료 팀과 공유하여야만 하며 많은 시간 치료 팀 간의 팀워크의 일원으로 많은 토의를 거칠 필요가 있다. 이것은 환자나 내담자를 바라보는 시각의 차이성을 좁혀 나가는 지름길이 될 것이며 치료 팀과의 관계에서 팀워크의 일환으로 활동하는 자신의 역할과 수행의 올바름에 있어서 임상미술치료사는 자신이 충분히 경험되고 취득된 자신만의 경험적 지식과 기능을 위한 임상 사례로 활용함으로써 선택에 있어서도 개인적으로 만족스럽고 구체적이며 명확한 임상자료들을 임상가에게 제공할 필요가 있다. 이는 향후 임상을 접하는 임상미술치료사들은 다양한 행동양상에서 보이는 환자나 내담자의 증후나 징후들에 대하여 당혹스러움과 놀라움으로 받아들여지기도 하지만 시간이 흐르면서 접하는 많은 임상 활동을 통하여 42가지의 분명한 문제들 중 한 가지씩 다양한 특성들을 알아 가는 과정이라 생각하며 임상을 접함에 있어서 임상활동에서의 임상미술치료의 효과적 측면들을 잘 활용할 수 있는 임상미술치료사가 되기 위한 과정으로 이러한 징후와 증후들을 직접적으로 경험함으로써 몸으로 체득되는 경험으로 부닥치면서 알아 가게 되는 것이다. 일반적으로 환자와 내담자의 징후와 증후의 시기에 많은 당혹감을 느끼는 것이 사실이며 때로는 회의감과 죄책감과 자신감의 결여로 의기소침

해질 수 있다. 하지만 이러한 과정이 준비되어 있지 않은 임상미술치료사는 이러한 과정 안에서 성숙되고 향상되는 자신의 내면을 가꾸어 가는 사람이며 이를 통하여 한 사람의 임상미술치료사가 만들어진다는 것을 상기할 필요가 있다. 또한 환자와 내담자를 접하는 병원에서의 징후와 증후는 일반적인 것이라는 것을 알아야 한다. 이러한 상황은 병원에서는 준비되어 있는 상황으로 그것에 대한 당혹감이 없이 냉정하면서도 인간미 있는 행동으로 순간적인 위기를 극복함으로써 주위를 안정시키는 역할을 치료팀과 협력하여 만들어 가야 한다는 것이다.

만일 임상미술치료사가 불안에 있다면 주위의 모든 것이 불안해 보이는 것은 당연하다. 그러므로 자신을 숙련하고 자신을 알아 가는 과정 속에 냉철함을 잃지 않는 것은 매우 중요한 임상미술치료사로서의 모습이며 이러한 과정들은 환자나 내담자의 임상적 문제의 발견에 초석이 된다는 것을 알아야 한다.

3) 임상증상의 발견을 위한 목표의 설정

일반적으로 임상가나 임상미술치료사 활동을 하면서 임상증상에 대하여 이 사람은 이런 증상을 가지고 있고 이 사람은 이런 증상을 가졌다는 단정을 짓는 경우가 많다. 하지만 정신의학이란 눈으로 보이는 어떤 현상의 특정된 과학적 입장을 견지한 학문이기에 인간 본연의 내면을 알아 가는 과정은 기나긴 시간과 지루한 인내를 요구하는 것은 당연하다고 할 수 있다. 하나의 질환을 과학적인 접근으로 한 가지 질환에 대한 명확한 근거에 의하여 질병으로 그것을 단정 짓기까지는 여러 가지 근접된 항목들을 충족시켜 주어야만 하는 것이다. 그러기에 정신의학이라는 분야에서의 임상미술치료활동은 치료과정을 과학화시켜 주는 역할과 함께 환자나 내담자에게 도움을 주고자 하는 근본적 취지가 있으며 환자나 내담자의 상황이나 내면의 의식과정을 과학적인 근거를 모으는 단초적인 역할을 한다고 보면 된다. 누구에게나 어느 정도의 자기 방어적 기능은 가지고 있다. 이것은 환자나 내담자의 경우 더 심할 수도 있으며 또는 매우 약한 방어적 기능을 가지고 있기도 하다. 그러므로 임상미술치료사는 환자나 내담자의 방어기능을 미술이라는 매체를 이용한 다양한 접근으로 거부 반응 없이 환자나 내담자의 마음을 알아 가는 과정이라 할 수 있다. 즉 이러한 임상에서의 임상미술 치료 과정은 시간을 두고 지켜봄으로써 증상의 전반적인 이해를 필요로 하며 이러한 이해는 한 가지 항목에 들어맞는 증상을 찾아가는 과정이다. 즉 시간이라는 공백의 기간 동안에 이루어지는 약물의 효능은 단지 환자를 급속 안정화시키는 역할을 함으로써 환자나 내담자 본인의 도움에 대한 절실한 자각이 동반되어야만 한다. 즉 환자나 내담자 자신의 도움이 절실히 요구되는 상황임에도 거부한다면 아무리 좋은 효능을 가진 약이나 심리치료라 하더라도 아무런 실효성을 거둘 수가 없는 것이다. 그러므로 환자나 내담자의 증상에 대한 자각은 임상에서 임상가나 임상미술치료사에게 중요한 환자와 내담자의 대면 과정을 만든다. 도움을 절실히 필요로 하는 내담자나 환자에게서 임상미술치료는 그들이 자각하지 못하는 심리적 어려움뿐만 아니라 은닉된 심리현상까지 표면화시킴으로써 임상가에게 도움을 주는 것이다. 그러므로 임상미술치료사는 자신이 바라던 바에 의한 좋은 치료가 이루어지기 위해서는 미술치료의 과정에서 포괄적이며 광범위한 목표라고 하는 어떤 주제의 항목들을 설정할 필요가 있으며 추정되는 병리적 현상에 대해서는 시간을 가지고 그것에 대한 확신이 설 때까지 임상가와 치료 팀 간의 협력에 의해서 임상미술치료에 임해야 하는 것이다.

이러한 추정의 과정에서는 특별한 기술이라고 할 만한 것은 그다지 필요성이 없으며 당면한 문제의 해결을 위한 치료의 발전적인 진행과 순조로운 진행을 위한 다음 단계로 가기 위한 점진적이며 폭넓은 목표를 설정하여야 하는 것이다.

이후 추정에 의해서 이루어진 각각의 병리적 증상의 사인들을 임상가와 임상미술치료사, 치료 팀 간의 그동안 과정들을 토의하고 지켜봄으로써 다양한 목표의 계획안을 만들고 그러한 계획안에 따른 병리적 증상을 찾을 수 있는 치료계획에서 요구되는 모든 항목들 중에서 하나의 임상적 증상을 찾아내는 데 도움을 주어야만 한다.

4) 임상미술치료에서의 객관화 성립

임상미술치료에서는 객관적으로 형성된 것들이 명확하여야만 한다. 그러기 위해서는 임상미술치료의 결과물들이 애매하거나 객관적인 주제로 받아들여질 수 없을 때 장기간에 걸친 목표와 대조함으로써 측정 가능한 임상미술치료의 결과물들이 어떠한 상태로 환자나 내담자를 호전시키는가, 또는 도움이 되었는가를 헤아릴 수 있는 상황에 근거하여 계획한 것에 대한 책임을 다하기 위함이다. 이는 계획된 것이 현재 임상미술치료의 사용에서 객관화가 되어 있어야 하는 것이며, 즉 이러한 관점에서의 임상미술치료의 작용은 건강의 유지와 보살핌에 따른 호전양상 심리학적 치료의 성과들로 측정할 수 있다.

그러므로 가능한 한 다양한 임상미술치료 계획에서 현재 사용되는 미술치료의 항목들 중에서 동일한 것, 현재의 문제 상황을 위한 것들 등 다양한 임상미술치료의 기법적인 것들 중에서 선택하여야 하며 환자나 내담자를 임상미술치료에 임하게 하기 위해서는 환자나 내담자에게 가장 근접한 것과 관련하여 임상에서의 전문적인 식견을 임상미술치료에 응용할 수 있어야 하는 것이다.

임상미술치료의 실행은 치료 목표에 근접하게 이루어지게 하기 위하여 진행과정에서 색다른 방법적인 시도들과 함께 치료적인 도움이 되는 임상미술치료를 구성하여야 한다. 그래서 장기간의 목표를 통해 임상미술치료가 거두는 성과의 결과물들을 만들기 위해서는 매번 매회 임상미술치료의 시행 때마다 목표에 잘 어울리는 임상미술치료의 기법들을 활용하는 완벽성과 준비성을 길러야 한다. 그렇지 않고 임상미술치료를 시행할 경우 많은 시행착오를 매회 겪게 될 것이며 진행에서 곤란함을 겪게 된다.

즉 잘 계획된 임상미술치료 프로그램은 치료에 도움이 되는 임상미술치료의 시행에 처음 주제의 선정에 있어서 주의를 기울여야 하며 이러한 준비는 임상미술치료의 시행에 있어서 치료의 목적과 목표를 임상에서 각각의 치료형태의 어울림으로 환자나 내담자가 잘 적응하는 데 도움을 줄 뿐만 아니라 지속적인 목표를 도달할 수 있게 한다.

즉 각각의 다양한 병리적인 문제를 효과적으로 치료에 도움이 되기 위해서는 잘 어울리는 주제를 선정하고 그리고 감정에 위안을 줌으로써 임상미술치료가 가지는 목표에 도달할 수 있게 하기 위한 아주 다양하면서도 구조적인 것들을 임상미술치료에서는 선정하여야 하는 것이다. 새로운 주제에 대해서는 각각의 임상미술치료 행위의 과정 안에서 추가적으로 계속적이며 지속적으로 개입시킬 수 있으며 모든 임상미술치료는 객관화된 실행목표를 위하여 임상에서 성공적인 목표의 문제해결을 위한 노력을 하여야만 한다.

그러므로 임상미술치료의 결과는 객관화된 결과물로 환자나 내담자에게 다가감으로써 환자나 내담자가 미술치료의 필요성을 자각하는 결과를 낳는다. 즉 잘 계획되고 잘 짜인 미술치료의 실행은 임상에서 객관화로 치료의 과학적인 접목을 행함으로써 미술이 왜 심리치료에 응용이 되었는가를 보여 주는 좋은 결과를 낳을 수가 있다. 임상미술치료에서 미술치료가 임상에 적용하기 위해서는 미술치료가 가지는 주제적인 접근을 함으로써 주제에 부각되는 목표의 치료목적이 이루어짐으로써 임상미술치료라는 과학적인 접근으로 객관성으로 누구에게나 호소력을 가지는 치료입장의 명확성이 생기는 것이라 할 수 있다.

5) 임상미술치료의 개입과 창출

임상미술치료에서는 인식이 가능한 모든 징후와 조짐에 대하여 중재적인 역할을 다하여야 한다. 또한 임상미술치료는 아주 객관화되어 있는 것으로 도움을 줄 수 있으며 임상에서는 도움을 계획함으로써 중재적인 역할과 소임을 하여야만 한다. 만일 임상에서 환자나 내담자로부터 어떠한 정보도 얻지 못할 경우에라도 너무 낙심할 필요는 없다. 임상미술치료를 행하는 회기 동안 아무런 중재의 역할을 하지 못할 경우라 하더라도 이후 계획에서 새로운 중재를 위한 추가적인 계획을 설립하여야 하며 중재적인 역할은 임상에서 기본적으로 필요로 하는 것이기는 하지만 선택적이라는 것이다.

임상미술치료를 행한다는 것은 환자나 내담자 자신이 자신을 알아 가는 과정에 도움을 주도록 프로그램화되므로 환자나 내담자의 건강증진에 도움이 되는 자료들이 제공되어야만 한다.

임상미술치료에서 중재적인 역할은 임상에서 필요로 하는 기본적인 병리적 항목들에 대한 선택의 과정들이며 임상미술치료에 있어서는 환자나 내담자에게 도움이 되는 목록들로 주제를 설정하여 임상미술치료에 임해야만 한다.

임상미술치료의 중재적인 역할에 포함되는 것은 건강에 도움이 되는 접근들로 폭넓은 범위에서 계획되며 정신적인 작용을 포함하여 건강에 도움이 되는 접근들과 다양한 생활 습관, 행위, 관습, 약물의 반응, 가족관계 등을 요약하는 치료의 핵심적 보조자료를 만들고 이것을 임상에서 임상미술치료가 가지는 효능으로 환자나 내담자의 삶 본질에 대한 향상성을 꾀할 수 있도록 도와주는 데 있다.

또한 환자나 내담자 본인들의 경험이나 임상미술치료의 실행과 연습과정에서 투영되고 반영된 것들을 서술함으로써 다른 중재적인 역할도 함께할 수가 있다.

이렇게 함으로써 임상미술치료에서 평가기준의 사용과 정보화를 추가적으로 첨부할 수 있으며 명확하고 새로운 문제에 대한 목표와 목적을 설정함으로써 환자나 내담자에게 용기를 줄 수 있는 중재적인 역할을 발견해 내는 것이다.

미술치료가 가지는 효능은 누구나 알고 있고 누구나 느끼는 현실이다. 임상미술치료의 장점은 미술치료적 기능을 통해 환자 및 내담자와 임상가들 사이의 중재적인 역할을 한다는 것이다. 환자와 내담자들에 대한 빠른 시술과 처치는 그들의 삶과 질을 향상시키며 동시에 임상가들과의 원활한 의사소통의 창구로서 기능적 소임을 다한다. 임상미술치료의 이러한 역할은 좀 더 적절한 치료가 될 수 있는 방안을 모색하게 하고 동시에 정신의학에서의 상호보완적인 성숙한 모습으로 변화를 가져오게 한다. 그러므로 임상미술가의 역할과 기능이 치료 중재라는 역할에 일익을 담당한다고 할 수 있다.

6) 임상미술치료 진단과 결정

임상미술치료사나 임상가의 완벽한 증거가 될 만한 임상자료의 제출은 임상평가의 하나로 진단에 있어서 가장 기본적인 것이다.

즉 임상자료라 함은 행동양식의 평가, 인지능력의 평가, 감정상태의 측정, 대인관계에 따른 증상의 정도 등으로 볼 수 있으며 이러한 임상척도의 자료는 임상에서 비교하여 증상에 따른 진단과 결정을 하게 되는데 이러한 임상의 자료를 진술함에 있어서 DSM-IV-TR에 기초한 정신 병리적인 항목들의 조건에서 진단을 위한 척도에 맞추어 보고되어야 한다. 또한 이러한 임상에서 보이는 척도들은 신뢰할 만한 정보들로 이루어져야 한다.

흔히 임상척도에서 어려움을 겪는 하나는 신뢰할 만한 척도의 근거에 있어서 낮은 수치를 보인다는 것이며 이것은 다른 진단의 과정으로 결정하기 어렵게 만드는 것 중 하나라는 것이다.

임상미술치료사나 임상심리사는 훈련과정에서 병리적인 현상에 국한되어 많은 시간을 훈련받는다. 하지만 이러한 활동은 부적응적 행동의 항목들이나 원인규명에는 소홀함을 보임으로써 병리적인 현상만이 최우선의 치료 목표로 봄으로써 치료의 효율성을 가져오기는 하나 근본적인 치유의 과정에서 소홀함을 면하기 어렵다.

즉 이러한 결과는 임상심리사나 임상미술치료사에게 부담이 되는 역할로 보이며 다행한 것은 미술치료 과정에서는 심리적인 근본 원인을 치유의 힘으로 돌리는 과정으로 이끎으로써 임상심리사의 역할에서 미진한 부분을 조응하고 협력하는 역할을 한다고 할 수 있다.

그러므로 위에 언급된 임상에서의 진단과 결정은 ICD(국제표준질환분류)나 DSM-IV-TR에 근거로 하는 증거들로 보편성과 타당성을 잃지 말아야 하며 세계정신보건복지기관의 역할에서 진단에 따른 보살핌과 관련하여 이는 절대적인 존재라고 할 수 있다. 이는 실제적인 진단범위 내에서 '최근에', '어떻게', '어떠한 보살핌을 받았는가?'라는 행동의 지침은 오늘날 더 많은 관심을 보임으로써 임상에서 보이는 것들의 행동에 관한 지침들이 더 많은 관심을 불러일으키고 있기 때문이다. 이는 임상에서 사정활동 전반에 대하여 완전히 이해하고 DSM-IV-TR의 규범과 항목들의 지식을 통하여 믿을 만하고 다양한 질환분류의 정확성과 평가, 행동에 관한 지침들을 마련함으로써 더욱더 효과적인 치료를 계획하는 데 많은 도움을 주게 된다.

이는 임상미술치료가 단순하게는 놀이치료 과정으로 끝날 수 있는 어떤 단순한 차원이 아니라 미술이라는 장르가 내포하고 있는 표현성에서 자유로움을 부과함으로써 환자나 내담자가 거부감 없이 실행 가능한 증거적 자료로 활용할 수 있으며 이러한 환자나 내담자의 미술표현의 근거자료들은 임상치료의 진단과 결정에 타당도와 정확한 평가, 믿을 수 있는 소중한 가치를 가진 하나의 임상적 소견의 역할을 할 수 있기 때문이다. 즉 이는 미술 표현이 의식되지 않는 무의식 일상의 표현임과 동시에 환자나 내담자 자신들만의 암호적 사인을 해독함에 있어서 매개적 역할로서의 그림을 통해 환자나 내담자의 일상을 이해하고 알아 가는 과정은 정확한 치료와 진단에 도움이 되기 때문이다.

그러므로 임상미술치료사의 위치는 끊임없이 학습되는 과정이며 사람을 사랑하는 마음으로 인간에 대한 관심을 연구하는 일로서 미술치료가 갖는 역동적인 역할을 임상미술치료사는 임상에서 경험하고 체득되는 과정에 놓이므로 자신을 알아 가는 과정이기도 하다. 즉 이는 정신 보건의 역할에서 환자나 내담자를 돌보는 힘뿐만 아니라 그들을 이해하고 진료하고 치료하는 역할로서 임상미술활동은 임상에서 유용하게 이용된다.

7) 임상미술치료의 과정

미술치료의 과정은 미술매체나 과제가 주어진 순간부터 작품의 완성 단계까지를 가리킨다. 혹은 미술치료 섹션 전체로 확대되기도 한다. 미술치료에서는 미술작품 제작과정 동안 환자나 내담자의 상호 작용, 미술매체 반응, 미술작품제작과 과정 중의 행동이나 감정의 변화 등에 관심을 갖는 것이 다른 영역의 활동들이 가깝게 예술가의 창작적 자유로운 행위와 비교될 수 있을 것이다. 또한 임상미술치료의 작품제작과정은 미술작품의 해석에 비해 너무나 많은 변수를 가지고 있지만 공통된 의사 표현양식이 존재하기에 근접한 통계 등의 방법을 이용하여 자료화하기에는 임상미술치료가 가장 적당하다. 그러기에는 인력과 시간이 많이 걸린다는 것이 단점이다. 임상미술치료에서 과정의 의미는 다음의 네 가지를 관찰하여 환자나 내담자의 작품해석에 도움을 주게 된다. 첫째, 재료나 과제에 대해 언어적으로 신체적으로 어떻게 반응하는가를 본다. 둘째, 재료나 과제에 대한 비언어적 반응을 본다. 움직임, 자세변화, 얼굴표정, 눈접촉 등이 대표적인 관찰 내용이다. 셋째, 제작과정 중 언어적 상호 작용은 어떠했는가를 본다. 넷째, 제작과정 중 비언어적 상호 작용은 그림에서 어떻게 투영되었는가를 본다.

실제로 미술치료의 진행과정은 대략 도입, 활동, 토론의 순서로 진행된다. 도입부분은 서로 친밀해지면서 편안한 분위기를 조성하는 것이 중요한데 이를 위해 긴장이완을 위한 호흡법이나 음악을 사용하기도 한다. 만약 치료가 처음 시작될 경우에는 이 시기에 치료목표를 설정하고 미술치료에 대한 전반적인 설명과 규칙을 정할 수 있다. 이미 진행 중인 경우에는 그 시간의 활동에 대해 간단히 설명하는 정도가 좋다. 활동부분은 내담자가 적극적으로 작업에 들어간 단계로서 내담자가 활동 자체에 몰입하여 깊은 경험을 할 수 있도록 불필요한 대화를 하지 않는다. 미술은 의식과 무의식의 세계를 오가며 이루어지는 것이기 때문에 치료자의 잦은 질문은 그 흐름을 끊을 수 있다. 내담자가 아동일 경우에도 시각적 표현을 언어적으로 반영해 주는 정도가 적합하다. 토론부분에서는 먼저 자신의 작품을 다시 살펴보는 과정이 필요하다. 이 과정에서 치료자와 환자, 내담자, 환자나 내담자와 작품 사이에 상호 작용이 일어나는데 관계가 안정되어 있을수록 작품 안에서 더 많은 정보와 느낌을 가질 수 있다. 그림을 그리고 나서 평가는 임상미술치료사 단독의 평가를 혼자서 마무리하여 그날 과정을 정리한다. 이후 계획을 수립할 때와 환자와 내담자의 정확한 심리적·병리적 요인을 위해서이며 크게는 환자나 내담자를 이해하기 위해서이다.

15. 임상미술치료실의 구성환경 - 임상미술치료실의 구성 그 역할

1) 공간

미술치료실은 특별한 공간이어야 한다. 즉 그곳은 자유로운 공간으로서 다른 장소에서는 행해지지 않는 일들이 가능한 공간이다.

그래서 우선은 물리적인 환경으로, 만약 그림을 그릴 때라면 좋은 조명, 적당한 온도가 갖춰져야 하고, 재료들은 잘 정돈된 채 지정된 선반 위에 놓여 있어야 할 것이다. 그리고 준비 작업 또한 규칙으로 지켜져야 할 것 중의 하나이다. 치료실에 들어서면 간단한 그림 작업복을 착용하고 임상미술치료사가 준비한 프로그램에 의하여 그날그날의 일정에 따라 스스로 움직여 공동적으로 할 것과 개인적으로 할 것을 구분하는 작은 습관적 규칙들은 결국 자신의 문제를 극복하는 역할을 하며 이러한 심리적 안정들이 실제로 행할 임상미술치료의 준비라 할 수 있다. 또한 가족이나 개인을 한 심리평가와 함께 상담할 상담실이 필요하다.

(1) 개인 임상미술치료 상담소

이곳은 미술치료로 심리평가와 부모훈련이 이루어지는 곳으로 그 평수는 4평 이상이면 적당하다. 그리고 개인 작업이 가능한 공간이 마련되어 있고 그곳에서 가까운 내부에 수도시설이 되어 있으면 된다.

(2) 집단 임상미술치료 상담소의 공간

이곳은 개인상담소와 같은 환경에 집단구성원이 미술활동을 할 수 있는 공간이면
된다. 그 평수는 개인상담소규격에 집단상담소 규격인 18평 이상의 크기로 집단인원이
한 회기에 10명 이상 들어갈 정도의 규격이면 적당하다. 치료실은 상담실과 집단치료
실을 두어야 한다.

(3) 프로텍티브 임상미술치료상담소

학대 아동을 어른으로부터 정서적, 심리적으로 보호하는 역할을 하는 곳으로 프로
텍티브 임상미술치료 상담소는 개인임상미술치료 상담소의 역할과 기능을 가지고 있
어야 한다. 또한 아동을 부모로부터 보호할 수 있는 임시 보호소가 있어야 한다.

(4) 정신보건 임상미술치료상담소

정신보건 법령에 따라 설치 운영하며 이곳은 개인상담소와 같은 환경에 집단구성원
이 미술활동을 할 수 있는 공간이면 된다. 그 평수는 개인상담소규격에 집단상담소
규격인 18평 이상의 크기로 집단인원이 한 회기에 10명 이상 들어갈 정도의 규격이면
적당하다. 치료실은 상담실과 집단치료실을 두어야 한다. 그리고 회기에 따른 자료를
정리하고 상담기록을 정리해야 하며 임상미술치료의 활동평가를 해야 한다. 문건자료
로는 초기계획서, 회기구성에 따른 프로그램계획안, 임상미술치료활동 평가서, 임상미
술치료활동 종결평가서이다.

(5) 병원 임상미술치료실

병원의 임상미술상담소는 집단임상미술치료 상담소와 같은 공간이 마련되면 된다. 하지만 병원 의료팀과의 긴밀한 협조관계와 지시와 감독을 받아 업무를 수행하는 만큼 임상미술치료를 행하는 데 의료 팀 간의 긴밀한 협조가 최우선시되어야 한다.

여기서 의료 팀이란 의사, 정신보건간호사, 임상심리사, 정신보건사회복지사, 임상미술치료사라 할 수 있다.

(6) 영재아동 임상미술 개인 상담소

이곳은 미술치료로 심리평가와 아동교육훈련과 부모훈련 및 상담이 이루어지는 곳으로 그 평수는 4평 이상, 적정규모 인원은 회기당 3여 명 안팎으로 적당하다. 그리고 개인 작업이 가능한 공간이 마련되어 있어야 하고 상담을 주목적으로 하여 1:1 개인교육을 한다. 이곳에서 학습을 목적과 부모상담, 교육을 하기에 미술치료와 미술교육이 함께 공존하는 곳으로 아동들의 정서발달과 심리적 안정감에 도움을 주어야 한다. 개인치료실과 부모 상담실, 상담실의 구분은 필요하지 않으나 아동의 프라이버시를 존중할 수 있는 상담실의 운영이 필요하다. 자격구성은 임상미술치료사 1인 이상이며 미술관련 상담자격을 갖춘 자로 구성한다.

(7) 영재아동 임상미술센터

이곳은 미술치료로 심리평가와 아동교육훈련과 부모훈련 및 상담이 이루어지는 곳으로 그 평수는 18평 이상, 적정규모 인원은 회기당 10여 명 안팎으로 적당하다. 그리고 개인 작업이 가능한 공간이 마련되어 있어야 하고 학습에 필요한 교구 및 자재가 있어야 한다. 이곳에서 학습을 목적과 부모상담, 교육을 하기에 미술치료와 미술교육이 함께 공존하는 곳으로 아동들의 정서발달과 심리적 안정감에 도움을 주어야 한다. 내부의 구성은 개인치료실과 면담실 집단치료실과 학습실, 부모 상담실로, 사무실로 면담실, 개인치료실과 부모 상담실은 같이 사용할 수 있으며 집단치료실과 학습실을 같이 사용할 수 있다. 자격구성은 임상미술치료사 1인 미술치료사 2인으로 미술 관련 자격을 갖춘 자로 구성한다. 아동 10명당 미술치료사 1인을 둔다. 아동의 자료는 3년을 보관하여 자료 및 연구 활동을 목적으로 사용한다. 그 밖의 시설이나 공간구성은 자체적으로 구성하면 된다.

2) 중개의 공간

D. W. Winnicott는 유일한 마음의 공간이 존재하며 이 마음의 공간이 자아를 다스리는 영원한 소재가 될 수 있다고 한다. 그러므로 그 중요한 가치는 개인의 내면세계나 외면세계도 아닌 안과 밖의 경계를 이루는 또 다른 하나의 공간으로 둘 사이의 중개 역할을 하는 공간으로 존재하여야 한다.

즉 치료사는 그림을 그리도록 요구하는 것이 아니라 그것을 하게끔 내담자나 환자가 느끼도록 도와야 할 것이다.

미술 치료를 통한 미술작품들은 치료대상자의 어린 시절로부터 시작된 삶을 다시 살 수 있게 할 것이며 그러한 작업들의 반복을 통해 문제를 갖는 시절을 환기하게 되고 이 중재의 공간에서 스스로를 다스릴 수 있게 되면서 자신 내면의 가치에 대한 가능성을 찾고 자신감을 갖게 된다. 그리고 그 가치의 계속됨은 밖과 안의 한계를 재구성할 수 있게 되는 것을 말하는 것이다. 그리고 스스로에 대한 자신감은 창작성과 상상력을 고무하고 불안감을 해소하는 데 도움이 된다. 그것은 다른 사람과의 관계를 증강시키고 굳건하게 할 것이다.

3) 잠재공간

D. W. Winnicott의 잠재공간이라는 또 다른 언어를 빌려 이 공간을 좀 더 해석해 보면, 이 공간을 마음의 유일한 공간으로 다양한 형태들과 연합시키는 데 중요한 것은 신체적 활동을 통해 기쁨을 갖는 데 부응할 수 있도록 해야 하는 데 있다.

투사할 수 있는 활동 그것은 물건을 서로 나누기를 할 수 있는 움직임을 말한다. 이 움직임의 형태는 "하나의 중간 대상 물체를 갖춤으로써 무의식을 조립하는 목적을 갖는다."는 착상이며 밖과 안의 두 공간 사이에 존재하면서 존재함과 비어 있음을 알 수 있게 한다. 그러므로 잠재의 공간에서 일어나는 움직임이 치료대상자와의 상호적인 관계에 기여해서 치료사는 언어적으로는 은유적이라 할 수 있지만 이러한 '밀접한 섞임'에 있게 된다. 이 은유적인 잠재적 공간이 치료대상자로 하여 자신의 창조적인 면을 보여 주고, 각자는 창작 행위를 통해 자아를 발견할 수 있으며 여러 형태의 의사소통 가능성을 연다고 말할 수 있다.

4) 미술 치료실의 구성 요소

(1) 틀

무엇보다 우선 될 것은 그 출입이 쉽고 안전한 곳에 위치해야 한다. 그래서 그 장소는 지내기 편안한 곳이어야 하고, 치료대상자에게는 작업을 할 의지를 제공할 수 있는 곳, 거기에 더해 표현의 욕구를 불러일으켜 의사를 표시하는 공간이 되도록 하여야 한다.

(2) 시간

미술 치료실은 매일 여러 시간 동안 그리고 주 중의 대부분 동안 열려 있어야 한다. 개인의 독립적인 치료실이 아니고 어떠한 기관 안이라면 다른 장소와의 순환됨과 계속됨의 리듬뿐만 아니라 멈춤을 위한 정확한 치료시간의 확정이 이루어져야 한다.

예를 들어 정신과 병동에 치료실이 존재한다면 고려해야 할 또 다른 점은 치료실로의 출입이 다른 치료대상자가 있는 치료 중간에도 가능한가 하는 것이다. 만약 그가 심리 치료적인 부분이 해결되어 심리적으로 안정되었고, 치료사가 상황을 완전하게 다스릴 수 있다 판단되면 치료실의 문은 열린 채 개방될 수 있을 것이다. 그것은 그 목적의 가장 큰 이유로 환자가 치료사의 존재함이 없이 어느 날인가 작업(작품 활동)을 할 수 있게 하는 데 있는 것이다. 물론 그렇게 되기까지의 동안은 치료실은 안전을 이유로 혹은 관찰을 이유로 자주 닫혀 있어야 할 것이다. 실제 치료 장면에서는 창작의 욕구에 대한 문제에 대면해서 치료대상자가 계속해서 창작 욕구를 갖는 것이 아니기 때문에 충분하게 좋은 환경을 갖춤으로써 창작의 의욕을 가질 수 있다는 것이다. 그러기 위해서는 집단 임상미술치료실의 개방성과 함께 이용에 불편함이 없는 개방형 치료실이 되어야 한다.

(3) 재료

각각의 미술 치료실들은 그들 나름의 표현 매개체들을 이용하게 된다. 그래서 각각의 상식과 통하는 재료들을 준비해야 할 것이다. 데생, 그림 그리기, 콜라주, 비디오, 찰흙, 조각, 인형 만들기, 사진 등등, 그 리스트를 일일이 열거하기는 힘들 정도이다. 그 모든 것 이전에 중요한 점은 창작 욕구를 불러일으키는 충분한 재료들을 갖는 것으로서 치료대상자가 다루기 쉬운 재질과 재료들이 제공되어야 한다.

치료대상자에게는 미술 치료실이 세상을 살아가는 하나의 도구가 될 수 있다. 그래서 그들이 이 공간을 활용하기 위해서는 세상의 온갖 재료들을 경험해 볼 수 있다면 더욱 바람직할 것이다. 그들은 각자의 모습을 가질 권리가 있으므로 그 재료의 다양함이 창작에 있어서도 그들 각자의 범위에서 발전해 갈 권리를 갖는 것이다.

그러므로 임상미술치료는 몸의 움직임과 여러 가지 구체적인 재료들로 그 결과물을 갖는 의미를 포함하므로 그 행위와 과정에서 정신적인 것과 물질적인 것의 어떤 결과물을 낳게 된다. 그러므로 다른 사람에 의해 표현 가능하지 않은 부호를 통한 자기만의 세계를 이러한 여러 가지 재료들을 갖고 미술 활동을 통해 스스로를 조절하면서 자신의 본원적인 감정들과 접촉하여 자신의 내면에서 저항하고 갈등하는 것을 조절할 수 있는 것이며 치료가 가능한 것이다.

(4) 임상미술치료사와 치료대상자의 관계

치료가 작은 습관들에 의해 거듭되어 가면서, 하나의 행동들로 조화되어 감을 느끼게 된다. 임상미술치료가 목표하는 바는 치료대상자로 하여 현실을 다시 적응하게 하는 것이며 그것은 표현하기로부터 출발한다. 특히 임상미술치료실이라는 특별한 장소에서는 치료사와도 특별한 관계가 형성되는 것이다. 그리하여 환자가 상상하거나 창조한 하나의 세계는 자신만의 당당한 세계를 갖게 된다. 더구나 그 세계는 그 자신의 방법으로 다스릴 수 있는 세계이며 그러한 덕분에 현실 세계에서도 더욱 편안한 자신의 자리를 찾는 데 도움이 될 것이다.

즉 표현하기 위에 기반을 둔 임상미술작업들이 자아를 알게 하고 다스리게 하는 원동력이 되는 것이다. 이것은 치료대상자로 하여금 자신에 대한 믿음을 되찾게 하는 것이며, 그것은 그의 창조적 작업에 달린 것이다.

그래서 치료시간 동안 치료사의 역할은 그의 옆에 존재하는 것이며 엄격하며 온유하게 치료대상자에게 없는 기술적인 요구에 도움을 주고—요구를 할 수 없는 경우도 고려하고— 안전함에 영향을 주는 안심자의 역할이어야 한다. 그곳을 지지하는 중요한 인물이지만 적당한 거리를 두어야 하며 그가 스스로의 능력을 갖도록 하는 것이 최상의 목표이다.

이러한 과정 속에서 미술 치료사는 치료대상자의 언어를 통한 생각보다도 더 통찰력 있는 그의 상상의 세계와 총체를 발견할 수 있으며 그 과정 과정들을 통합할 수 있는 능력이 생긴다. 그러한 의미에서 미술 치료사의 기술은 그가 일을 함에 있어 상상력의 한계를 갖지 않게 하기 위해 자신을 위한 앎과 행함에서도 한계를 긋는 습관을 버려야 한다. 20년 이상 프랑스의 정신과 병동에서 미술 치료를 하고 있는 M-C

Joulia는 미술 치료사의 역할을 이야기하면서 "만일 한 소년이 '나는 불타는 집을 그릴 것이다.'라고 말할 때 왜냐고 묻지 않는다. 단지 나는 그가 회화적으로 불꽃을 그리게 도와줄 것이다."라고 말한다. 즉 임상미술치료사는 치료대상자의 마음을 읽어 주는 지도이며 길을 가게 하는 것은 치료대상자인 것이다. 도움이란 교육적이지만 치료적인 그런 의미에서 작용하는 안내자로 남아야 한다.

(5) 병원현장의 팀 구성

임상미술치료의 환경에서 치료의 목표를 이루기 위한 의사, 정신보건간호사, 임상심리사, 정신보건 사회복지사, 임상미술치료사의 팀 구성을 빼놓을 수 없다. 팀의 구성이 어떻게 형성되는가 하는 것은 그 장소의 주요 책임자에 의해 각 미술 치료실의 성격으로 결정될 것이다. 임상가라 함은 임상심리사, 임상미술치료사, 정신보건간호사, 정신보건사회복지사이며 현장에서의 미술치료활동이 가능한 사람은 임상미술치료사이며 임상미술치료는 치료적 가치를 둘 것인가, 예술적인 가치를 둘 것인가, 아니면 재활치료의 측면을 갖게 될 것인가는 팀을 구성하여 그들 모두가 함께 관계하는 데는 치료대상자로 하여 자신의 여정 안에 그들을 다시 배치하기 위해 그리고 치료적으로 전체 목표에 대해 함께 생각해 볼 수 있게 하기 위해 필요하며 팀워크에 의한 다른 구성원들과의 조정 과정들이 필요하다.

참고자료

강순규. 아동의 색채선호와 행동특성관계. 미진사. 1990.

고흥화 외. 심리학개론. 교육과학사. 1998.

김동연 외. 재활심리학개론. 동아문화사. 2000.

김선현. 임상미술치료의 이해. 학지사. 2006.

김영민. 임상미술치료실재. 21세기 출판사. 2004.

김영민. 임상미술치료집.21세기 출판사, 한솔 출판사. 2003(2005).

김용훈 편저. 색채 메커니즘. 미진사. 1999.

김용훈. 색채 메커니즘. 법문사. 1998.

김유진 외. 최신심리학. 시그마프레스. 2002.

김재은. 그림에 의한 아동의 심리진단. 교육과학사. 1998.

김재은. 그림에 의한 아동의 심리진단. 교육과학사. 1998.

김진숙. 예술심리치료의 이론과 실제. 중앙적성출판사. 1993.

김춘일. 아동미술론. 미진사. 1985.

김학성 편저. 디자인을 위한 색채. 조형사. 2001.

김헌수 외. 상담심리학. 학술정보. 2001.

김현택 외. 현대심리학의 이해. 학지사. 2004.

김혜란. 사회복지실천기술론. 나남. 2006.

노안영. 101가지 주제로 알아보는 상담심리. 학지사. 2002.

다카하시 마사또 저. 김수석 역. 시각디자인의 원리. 지구문화사. 1999.

대한보완대체의학회 편. 보완대체의학. 이한출판사. 2004.

데이비드 A. 라우어 공저, 이대일 역. 조형의 원리. 미진사. 1985.

동부아동상담소 상담사례연구집 4호. 서울시립동부아동상담소.

로버트 P. 마리넬리, 아서 E. 델 오토 저, 한국뇌성마비복지회 역. 신체장애의 심리적 사회적 충격. 을유문화사. 1997.

류종훈. 사회복지실천기술론. 유풍출판사. 2005.

린다 홀츠슈에 저, 윤희수 역. 색채의 이해. 미술문화. 1999.

메이트랜드 그레이브스. 디자인과 색채. 이화여대 출판부. 1996.

박영수. 색채의 상징 색채심리. 살림. 2003.

박은주 편저. 색채조형의 기초. 미진사. 1995.

박은주. 색채조형의 기초. 미진사. 2001.

박혜원, 신수정 공저. 색 읽고 보는 눈. 도서출판 양지. 2000.

서문자 외. 재활의 이론과 실제. 서울대학교 출판부. 1993.

수잔 핀처 저, 김진숙 옮김. 만다라를 통한 미술치료. 학지사. 2005.

에반스 외, 성진숙 옮김. 상담의 필수기술. 나남. 2000.

오미겐타로. 조형심리. 동국출판사. 1991.

이애재. 사회복지실천기술론. 양서원. 2006.

이윤로. 사회복지실천기술론. 학지사. 2005.

이현림. 상담이론과 실제. 원미사. 2000.

장현갑 외. 심리학. 시그마프레스. 2003.

전세일. 보완의학. 아카데미아. 2005.

전세일. 재활치료학. 계측문화사. 1998.

전용호. 장애인 복지론. 학문사. 1994.

정여주. 미술치료의 이해. 학지사. 2006.

준이찌 노무라 저, 김미지자 편역. 색의 비밀. 보고사. 1994.

차동채, 김춘일 공저. 아동미술의 지도와 이해. 미진사. 1998.

최영훈. 색채학 개론. 미진사. 1999.

최영훈. 색채학개론. 미진사. 1999.

칸딘스키. 예술에 있어서 정신적인 것에 대하여. 열화당. 1998.

캐시 A. 말키오디 외. 미술치료. 조형교육. 2000.

팀 암스트롱 저, 양우창 역. 색채연습. 미진사. 1995.

파버 비렌 저, 김진한 역. 색채의 영향. 시공사. 1999.

한국미술치료학회. 미술치료의 이론과 실제. 동아문화사. 1995.

한국미술치료학회. 미술치료의 이론과 실제. 동아문화사. 2000.

한국색체연구소. 아동색채교육. 미진사. 2006.

B. M. 웰런. Color Harmony. 미진사. 1995.

Christiane Breams 저, 조현춘 외. 심리상담과 치료의 기본기술. 아카데미프레스. 2005.

Manlio Brusatin 저, 이수균 역. 色 역사와 이론을 중심으로. 미진사. 1999.

Michael Wilcox 저, 서울대학교 미술교육연구회 옮김. 색에 대한 지각. 예경. 1995.

obert C. Burns 저, 김동연, 최외선 역. 성인미술치료. 동아문화사. 1994.

Robert D. Nye, 이영란 옮김. 프로이트, 스키너, 로저스(심리학과 인간이해). 중앙적성출판사.
    1999.

William Charles Libby 저. 색채와 감성적 감각. 미진사. 1988.

강형숙. 편마비 환자의 재활과정에 따른 스트레스와 대처의 변화양상. 대한간호학회지. 1994.

김동연. 심리재활과 미술치료. 제2회 한국재활심리학회 연차학술대회 자료집.

김종상, 정상근, 황익근. 두부손상 환자에서 정신증상과 뇌손상 부위와의 관계. 대한신경정
    신의학회지 신경정신학의학 Vol.30, No.6. 1991.

김태형, 김임, 이선미, 은헌정, 김동인, 강영수. 교통사고 후 신체손상환자의 외상 후 스트레스

장애에 대한 연구. 대한신경정신의학회지 신경정신학의학 Vol.37, No.4. 1998.

이재광, 기백석, 박두병. 교통사고로 인한 두부손상환자에서의 외상후 기간과 정신과적 증상
과의 관계. 대한신경정신의학회지 신경정신학의학 Vol.35, No.1. 1996.

정여주. 재활적 의미로서의 미술치료. 장애인고용 1997. 1997.

조아라. 장애인의 사회 심리적 재활에 대한 제언. 재활연구. 1993.

최원희. 장애자를 위한 새로운 미래 재활. 재활연구. 1989.

최윤의 외. 한국·미국의 미술치료 연구동향. 미술치료연구 제12권 제3호.

한지혜 외. 척수손상환자의 정신병리와 재활. 가정의학회지 제15권 제12호. 1994.

함봉진, 이부영. 한 정신과 환자의 정신치료과정에서 나온 시각표현의 의의. 대한신경정신의
학회지 신경정신학의학 Vol.34 No.4. 1995.

황민순. 아동화의 발달단계별 표현특성에 관한 연구. 경희대학교 교육대학원 미술교육전공
석사논문. 2001.

Alschuler, R. H., & Hattwick, L. W. Painting and Personality: a study of young
children. Chicago: Univ. of Chicago Press. 1947.

Birren, F. Color Psychology and Color Psychotherapy. N.Y.: Univ. Books, Inc. 1965.

Kramer, Edith. Art with Therapy with Children. New York: Schoken Books. 1971.

Lewis, L. Symbolization in psychothepapy with patients who are disabled. Am J
psychother. 1994 Spring.

Lowenfeld, V., & Brittain, W. L. Creative and Mental Growth, N.Y.: Macmillan Co.,
1964.

Naumberg, Margaret. An Introduction to Therapy. N.Y.: Columbia University. 1973.

Naumberg, Margaret. Dynamically Oriented Art Therapy: Its Principles and Practices. N.Y.: Grune & Stratton. 1965.

Silver, Rawley. Working with Handicapped Student. National Education Association Convention, April, 1979.

Ulman, Elinor. Problems of definition. Journal of Vol.33, February 1992.

Ulman, Elinor. Variation on a Freudian Theme: Three Theorists. American journal of Vol.24, May 1986.

Wadeson, Harriet. The Dynamics of Psychothepapy. John Wiley &(p.116) Sons. 1987.

Wadeson, Harriet., Durkin, Lean, and Perach, Dorine. Advance Art Therapy. John Wiley & Sons. 1989.

 김영민

국립안동대 미술학과 졸업
2006. 6월 2일 스님과 화가의 만남전 무안스님, 김영민 개인전 (동해문화예술회관)
2005. 1월 김영민 개인전 일본 오사카(일본 이루아니 겔러리)
2004. 11월 굴렁쇠 김영민 일러스트 개인전 (일본 3A 겔러리)
프랑스 남아 예술가협회 NIMA ARTIST, 대한민국 현대미술 작가 총람집 수록 작가
프랑스 또또포트레이 당선, 파리 갤러리 뉘 당크르 64 겔러리 웹 전시 중
2002 월드컵 플러그아트페스티벌 초대전, 한국 문화예술진흥원 초대 개인전
삼성동 코엑스몰 키덜트 미술축제 초대 개인전, 개인전 8회 초대전 및 단체전
사회복지법인 무료노인 요양원 임상 미술치료 전시 기획전

현) 프랑스남아 예술협회 예술가, 한국 사회복지사협회정회원, 한국건강심리학회정회원,
    한국산업안전관리공단 관리감독자과정수료, 한국산업안전관리공단 산업간호전문수료,
    한국 임상심리학회 일반회원, 한국심리학회 준회원, 대한임상미술치료학회 정회원,
    한국미술치료학회 정회원, 한국 전업미술작가회 정회원

근로복지공단 산재의료관리원 6년 재직
용인시 서북부장애인종합복관 심리치료사, 사회복지사 재직
안식의집 무료 노인 요양원 미술치료사로 활동
현) lsdstudy.hihome.com 운영자, 블러그 다음 http://blog.daum.net/lsdstudypsychotheray 운영자
    lsdstudy 사이버 상담실 운영자, lsdstudy 임상미술치료 연구소 소장
    그림숲동화나라 소장, 임상미술치료사, 서양화가로 활동 중

『임상미술치료집』(2003. 4), 『빈자리』(2003. 10), 『굴렁쇠』(2004. 10), 『임상미술치료실제』(2004. 11)
『마음을 치료하는미술 임상미술치료집』(2005. 7), 『하나님을 죽여라』(시집, 2005. 4) 외 다수

연락처: 016-9388-5717 | 이메일: rsrrrrrr@hanmail.net | 홈페이지: http://www.kimyoungmin.co.kr

개정판
제3의 임상미술치료개론

초판인쇄	2010년 7월 23일
초판발행	2010년 7월 23일

지은이	김영민
펴낸이	채종준
기 획	이주은
마케팅	김봉환
아트디렉터	양은정
표지디자인	장선희
본문디자인	황혜정

펴낸곳	한국학술정보(주)
주 소	경기도 파주시 교하읍 문발리 파주출판문화정보산업단지 513-5
전 화	031) 908-3181(대표)
팩 스	031) 908-3189
홈페이지	http://ebook.kstudy.com
E-mail	출판사업부 publish@kstudy.com
등 록	제일산-115호(2000.6.19)

ISBN	978-89-268-0246-5 93180 (Paper Book)
	978-89-268-0247-2 98180 (e-Book)

이담
Books 는 한국학술정보(주)의 지식실용서 브랜드입니다.